高职高专精品系列教材

运输经济学

第3版

主　编　李永生

副主编　陈　京

参　编　龚纲要　王　峰　杨素梅

机 械 工 业 出 版 社

本书针对交通运输所涉及的经济活动，系统地阐述与之相关的经济学基础知识，包括交通运输微观经济理论、交通运输宏观经济理论和国际交通运输经济理论，既有经济学基本理论，又有运输实务经济分析，帮助学生掌握基础经济学理论及其在运输中的应用。全书共分 11 章，具体包括：运输经济学概述，运输需求及其效用，运输供给及其价格弹性，运输成本，运输价格、收益与价格策略，运输市场竞争及其运输价格策略，运输资源配置，交通运输与国民经济，运输宏观经济，国际运输市场，国际运输与服务贸易。

本书注重运输领域内经济学基本原理和理论的阐述，采用较为浅显的经济分析方法，由浅入深地引入交通经济分析，便于初学者掌握和理解。本书可用作运输经济管理、交通运输规划、物流管理与工程等应用型专业的专业基础课教材，也可作为交通运输行业从业人士了解运输经济基础的学习用书，对进行运输产业经济学的研究也有一定的参考价值。

图书在版编目（CIP）数据

运输经济学/李永生主编．—3 版．—北京：机械工业出版社，2019.9（2025.2 重印）
高职高专精品系列教材
ISBN 978-7-111-63942-8

Ⅰ．①运…　Ⅱ．①李…　Ⅲ．①运输经济学—高等职业教育—教材　Ⅳ．①F50

中国版本图书馆 CIP 数据核字（2019）第 214764 号

机械工业出版社（北京市百万庄大街 22 号　邮政编码 100037）
策划编辑：孔文梅　　责任编辑：孔文梅
责任校对：乔　晨　　封面设计：鞠　杨
责任印制：常天培

北京机工印刷厂有限公司印刷

2025 年 2 月第 3 版第 13 次印刷
184mm×260mm・15.25 印张・371 千字
标准书号：ISBN 978-7-111-63942-8
定价：45.00 元

电话服务　　网络服务
客服电话：010-88361066　　机　工　官　网：www.cmpbook.com
010-88379833　　机　工　官　博：weibo.com/cmp1952
010-68326294　　金　书　网：www.golden-book.com
　机工教育服务网：www.cmpedu.com

前　言

在我国社会主义市场经济建设不断走向深入、交通运输的市场化建设不断发展的进程中，将要从事交通运输物流行业的相关专业的学生必须学习和掌握相应的经济学知识，具备能够应用经济学知识分析和解决运输中的各种经济问题的能力。为了在有限的学习时间内使交通运输各专业学生能够尽量系统、全面地了解和掌握交通运输经济的规律和市场行为动机，准确地分析和研究市场行为和现象，在机械工业出版社的大力支持之下，本人主持了本书的编写，力图编写出知识范围和深度适合要求的教材，所幸在全体参编人员的努力之下，本书得以如期付梓。

运输经济学是庞大的经济学的一个分支，涉及多数经济学的基本理论，但也有其自身的内容。目前运输经济学的研究没有与交通运输业的发展同步，而是远远落后于实践的发展，只有一些运输经济学家在交通运输的部分领域进行了深入的探索和总结，还没有形成完整的体系。本书完全按照社会主义市场经济的原则和框架，以市场经济的规律和交通运输的实践为依据，试图形成一门运输经济学科的较为全面的入门教材，以适应正在发展的高级交通运输应用型专业人才培养的需要。

本书试图在更广泛的经济学领域内开展运输经济学的论述，以经济学的基本原理为基础，以市场经济的规律为核心，以运输活动的实践为依据，以国际运输经济理论发展为借鉴，针对交通运输的实践所进行的运输经济研究和归纳，对交通运输市场的微观活动和宏观经济管理、国际运输市场进行分析和阐述，叙述运输市场的构成，运输经济资源的配置和获得，运输需求和供给、弹性、边际，运输成本与收益，不完全竞争市场，以及宏观经济与交通运输，国际经济与交通运输，国际服务贸易等经济学理论。本书主要内容包括运输经济学概述，运输需求及其效用，运输供给及其价格弹性，运输成本，运输价格、收益与价格策略，运输市场竞争及其运输价格策略，运输资源配置，交通运输与国民经济，运输宏观经济，国际运输市场，国际运输与服务贸易等 11 章，形成较为广泛的运输经济基础理论体系，使读者能较为系统地了解运输经济学的全貌，从而对运输经济有更全面的认识，并对整个经济学的主要内容有所了解，理解社会经济中的普遍现象，为未来的运输经济研究打下坚实的基础。

正如在本书第一章中所说的，运输经济学的研究并没有与运输业的发展相适应，还“只是处于开始阶段”，编写内容较为完整的运输经济学教材确实具有较大的难度，也给本书的编者带来巨大的压力和挑战。

本书凝聚着全体编者的心血，他们分别是：广州航海学院李永生（第一、八、九章），广州航海学院陈京（第二、三章），广州航海学院王峰（第四、五章），广州航海学院杨素梅（第六、七章），广州航海学院龚纲要（第十、十一章）。全书由李永生统稿。

理论的发展必然具有延续性，本书同样是在本学科的先行者的成果基础上进行继承和延伸的，本书在编写中参考和引用了他们的资料和研究成果，编者向各位先行者表示崇高的敬意和衷心的感谢。由于编者的水平有限，书中或许存在着这样或者那样的不足，恳请广大读者批评指正，以促进我们的水平提高。敬请将宝贵意见提交给编辑（可发邮件至945379158@qq.com）。

本书配有电子课件教学大纲、授课计划、习题集及答案、案例、视频、图片等，使用本书作为教材的教师或学校可以登录机械工业出版社教育服务网 www.cmpedu.com 下载配套电子课件以及逐步建设的教学资源。咨询电话：010-88379375，服务 QQ：945379158。

李永生

目　录

第一章
运输经济学概述

【学习目标】

了解交通运输和经济学的基本知识、交通运输的发展历程；
掌握经济学假设和基本原理，知晓经济学的地位和作用；
熟悉运输经济学的内涵、发展以及经济学研究的基本方法；
了解各类运输市场的主要特征；
掌握交通运输的经济学性质和运输产品的特性；
熟悉运输市场及其特征、功能和市场主体。

导读

经济学及其假设

商品经济的发展是人类社会生产发展的一个必经阶段，这一经济形式的一个最重要的特点就是“商品——交换——效用”，也就是人们生产产品——把自己不需要的产品作为商品进行交换——获得自己需要的商品，或者直接提供劳务获得商品，满足效用。在此过程中产生了资源配置、市场交易、市场失灵与干预等经济行为。处在这个时代的每一个人都是经济人，都得参与到各种各样的经济活动之中，经济成为社会的基础。经济与人如此密切相关，自然成为人们重视和研究的重要问题。人们要发现经济规律，预测未来的变化，为经济决策寻找依据，同时统治阶级也需要建立适合其需要的意识形态和理论基础，为经济政策寻找理论依据。从 1776 年亚当 · 斯密的《国民财富的性质和原因的研究》(简称《国富论》) 开始，现代经济学经历了 200 多年的发展，逐渐丰富和完整。

经济学是关于经济发展规律的科学，是研究微观的资源配置、生产、流通、分配、消费，宏观的经济调控和促进经济发展，国际经济利益等的经济问题，以及这些活动中价值的创造和实现的规律，解释经济现象和人的经济行为，进行内在逻辑分析，对经济问题和经济活动结果做出预测，并通过在掌握经济规律的基础上，对经济活动进行管控、干预，优化经济资源配置的效率，实现资源的优化配置与优化再生，最大限度创造、转化、实现价值，协调社会的利益关系，提高国民和社会的福利，满足人类物质文化生活的需要与促进社会可持续发展。

同时，经济学也是一门研究人的行为规律的科学。经济学原理，不仅被用来分析包罗万象的社会现象，而且也可应用到其他许多社会学科和领域，作为研究方法和依据，深刻地影响了历史学、社会学、政治学和法学等相关学科的研究方法。

经济学一般被分为“微观经济学”“宏观经济学”“国际经济学”三个部分，分别研究个人和企业的经济关系，国家和组织的经济政策，国家与国家之间的经济关系。此外还出现了众多特殊领域的经济学，如“产业经济学”“政治经济学”“社会经济学”“技术经济学”等。“运输经济学”是“产业经济学”的一个领域，也采用经济学的基本理论和方法研究运输中的各种经济问题，涉及微观、宏观、国际、政治、社会、技术、金融等各个方面。

经济学的假设

1．理性人假设与追求利益最大化

理性人假设又称经济人假设，是经济学中关于人类经济行为的最基本的假设。其意思是指参与经济活动的每一个人都是经济理性的，都在追求自身的经济利益最大化。这种经济人包括个人、厂商，乃至于政府和其他经济组织，其行为均是利己的，做出一项经济决策时，总是深思熟虑的，都是以其掌握的市场信息为依据，遵循经济学的原理和知识，都会趋利避害，果断决策，并且能够坚定执行，还会受到激励产生反应，随机应变，目标就是使自己经济利益最大化，不会因为“冲动”“面子”“关系”等非理性原因做出决策，一般也不考虑政府中党派立场等非经济因素。

经济学认为参与经济活动的任何人都是理性的经济人，在经济活动中按照利益的驱动而行动，人们对激励会做出反应，遇到损失时会回避，降低激励时会减少反应。对激励不能产生反应的现象，则无法用经济学进行分析。

当然，实际上市场主体不会都是经济人，这也是实际经济研究和分析的重要内容，即对非理性经济行为的研究，这是经济研究和决策的重要方面。

2．完全信息假设

完全信息是指市场参与者拥有对于某种经济环境状态的全部知识，或者说每一个市场主体都需要且能够掌握进行决策和交易的足够信息，包括厂商数量和能力、消费者能力、各种商品的供求状态、市场价格及其波动、成本等信息。

当然现实经济中这种情况是不存在的，人们通过少量的信息或者替代的信息进行决策是很常见的。

3．市场出清假设

市场出清是指在市场调节供给和需求的过程中，市场机制能够自动地消除超额供给（供给大于需求）或超额需求（供给小于需求），市场在短期内自发地趋于供给等于需求的均衡状态，即价格的波动决定了消费者的购买量和厂商的生产量，并使供给量与需求量相等。市场出清假设则不考虑剩余或缺货，或者说剩余已经直接影响了前期的供给，不对后期发生影响，就是说生产直接消费，不存在剩余或缺货。这种假设只是为了经济分析更加方便。对于劳动力市场研究则是针对劳动力供给不出清、存在失业情况的研究。

4．资源稀缺和效率不一致

资源稀缺也称为资源稀缺性，是指生产资源或生产要素的相对有限性，生产要素主要包括资本、土地、劳动、其他资源。由于资源稀缺性的存在，使得人们必须考虑如何使用有限的相对稀缺的生产资源来满足无限多样化的需要。由于资源稀缺，所以人类的经济及一切活动都要面临选择问题：如何配置资源，使得资源利用的效率和收益最大。资源的稀缺分为绝对稀缺和相对稀缺，绝对稀缺形成了垄断；而相对稀缺则促进了交易和资源流动。但无论如何，利用资源是需要支付成本的。对于充沛的资源，经济学研究中则不予考虑，如空气（当然在研究空气污染时是不能忽略的）、阳光等。在经济学研究中经常把生产资源作为相对稀缺资源考虑，认为能获得更高收益就能获得资源投入。

在经济学分析中，认为不同的经济主体对资源的利用产生的效果是不同的，即效率不一致。经济学家认为各国、各地、不同的企业总是存在着生产效率的差别。因为有了生产效率的差别，会使得资源投入的标准不一样，才构成厂商的成本不同、收益不同，才有市场进入和退出；消费者消费的效率不同，才会有消费选择；不同国家的生产效率不同，才会产生比较优势。造成生产效率不同的原因很多，有资源条件、技术水平、管理水平、人员素质、文化习惯、法律，甚至气候等原因。

问题与思考：上了大学，家里把生活费给了你，你是怎样分配使用的呢？你的使用方案是最佳的吗？

第一节　运输与运输经济学

一、交通运输和运输经济学

（一）交通运输的地位

交通运输是指通过使用运输工具和设备，有目的地将人和货物从一个地方转换到另一个地方，实现空间场所变动的载运和输送活动。

交通运输是一项古老的活动，与人类的生产和生活历史息息相关，与人类社会的发展同步发展和变化，并且不断利用人类的各种技术和文明。同时，在交通运输过程中还产生了各种先进的方法和技术。从最古老的人力搬运、驯化动物驮运的畜力运输、荡桨划船和利用风力的帆船运输，到蒸汽机车和船舶运输，再到内燃机船舶和车辆运输，电力机车、喷气式飞机运输，充分体现了科学技术和人类文明在交通运输领域的发展轨迹。

随着生产的发展和商品经济的形成，运输从生产活动和商业活动中分离出来，形成独立的行业。这个行业有其专用的生产工具和特有的生产技术及特点，生产与一般生产不同的产品，因而不同于一般的生产，它所进行的是特殊的物质生产。随着运输能力的不断增长和运输规模的扩大，形成了有别于其他生产和商业活动的交通运输业。正如伟大的思想家和经济学家马克思所论述的："除了采矿工业、农业和加工制造业以外，还有第四个物质生产部门，它也经过手工业劳动、工场手工业劳动和机器生产三个不同的阶段。这就是运输业，不论它是客运还是货运。"（马克思《剩余价值理论》）。马克思在指出运输业是一个物质生产部门时，强调了运输过程的生产性质，并说明运输是投入生产要素的生产过程，具有产品生产的一般性质。

而在运输进入机器生产阶段的过程中，也经历了四个不同的发展时期。

1．以水运为主的时期

我国具有众多的江河湖泊，秦统一六国后，水上交通更加便利，在船只的制造技术上有了更大进步，水路运输成为最为重要的运输方式。中国古代各王朝通过水路将各地的粮食等物资运至京城的漕运，隋唐大运河、京杭大运河等都体现了我国古代水运的重要性。

18 世纪中叶～19 世纪初，西方各国在产业革命后，商品生产得到大规模的发展，运输规模大幅增加，尤其是煤炭运输的需要，使人们将目光转向了运输效率远远高过马车运输的船舶运输。在英国兴起了开凿运河的热潮，形成了大规模的水运网，并在欧洲大陆和美国成为共识，也兴起了运河开凿，促进了内河运输的发展。1807 年美国人富尔顿制造了世界上第一艘轮船"克莱门"号，1838 年英国轮船"南阿斯"号和"大西洋"号横渡大西洋成功，这些事件都促进了水运的兴起。这一阶段内河水运和跨洋海运得到大规模的发展，水运成为运输的主要形式。

2．以铁路为主的时期（19 世纪 30 年代～20 世纪 30 年代）

1814 年斯蒂芬森发明了机车，1825 年世界第一条铁路在英国的斯托克顿至达林顿通车，从此在西方各国兴起了铁路运输的陆地运输方式。在这约一百年的运输史上，铁路运输成为陆上运输的核心。

3．公路、管道、航空运输大发展时期（20 世纪 30 年代～20 世纪 50 年代）

1886 年世界第一辆汽车在德国诞生。起初汽车只是辅助运输工具，第一次世界大战结束后，随着汽车制造能力的提高、公路网的广泛建设，汽车运输机动性的优点得以充分发挥，汽车运输成为运输体系中的基本组成部分。20 世纪 30 年代起，随着石油运输的需要，管道运输成为建设的热点，得到较大的发展。1903 年第一架飞机在美国上天，道格拉斯飞机制造厂开始规模化制造飞机，人类的飞行梦想成为现实，现在航空运输已成为国际旅客运输最重要的运输方式。

4．建立综合运输体系的时期（20 世纪 50 年代以来）

经过几百年的发展，水运、铁路、公路、管道、航空运输都得到了充分的发展，在运输体系中起到了各自特有的运输作用。自 20 世纪 60 年代之后，随着信息化的发展、集装箱运输的普遍使用、运输管理水平的不断提升，各种运输方式以其各自的优势在运输体系中重新分工。为了满足不同运输的需要，人们将不同运输方式的优势进行组合，形成相互配合、互相联合的综合运输体系，建立起了现代运输的综合体系。

在长期的发展中，运输业成为独立的生产部门，使得运输业本身的专业化程度大幅提高，极大地提高了运输的生产效率，进而加快了商品的流通速度，扩大了商品的销售范围，促进了生产的效率和生产速度，实现了生产的专业化发展，对社会经济发展起到了巨大的促进作用。在现代社会中，交通运输已成为社会和经济的重要纽带和基础，成为带动地区经济发展的动力，是实现全国性统一市场的基础，也是国际经济发展和国际经济一体化的先决条件。

交通运输业本身就在创造着社会价值，是国民经济的重要组成部分，并且在国民经济体系中占有相当重要的位置。在我国，运输业占国内生产总值的比例相当大，详见表 1-1。

表 1-1 交通运输邮政业占国内生产总值比例（中国统计年鉴 2015）

年度	1978	1980	1985	1990	1995	2000	2005	2010	2014
所占比例	5.0%	4.7%	4.7%	6.2%	5.3%	6.2%	5.7%	4.6%	4.5%

在居民消费中，也有大约 10%以上的花费用在运输上（1989 年：英国 15%，意大利 12.9%，荷兰 11.3%）。在工业生产上，对运输就更加依赖，表 1-2 反映了我国 2005 年和 2015 年工业增加值与货运量的关系。

表 1-2 工业增加值与货物运输量的关系

地 区	工业增加值/亿元	货物运输量		平均每亿元工业增加值的运输量	
		货运量/万吨	货物周转量/亿吨千米	货运量/万吨	货物周转量/万吨千米
2005	66 425.2	1 862 066	80 258.1	28.03	12 082.48
2015	228 974	4 175 886	178 356	18.24	7 789.36

我国具有广阔的国土面积，内地实行统一的经济制度。为了建设成为统一的大市场，实现均衡发展，必须具有现代化的国内统一的运输体系。表 1-3 反映了全国货物周转量及其构成，表 1-4 反映了全国运输线路的情况。

表 1-3 全国货物周转量及其构成

年份	货物周转量/亿吨千米，构成（%）										
	合计	铁路		公路		水运		民航		管道	
1990	26 208	10 622.4	40.5	3 358.1	12.8	11 591.9	44.2	8.2	0.03	627	2.4
1995	35 730	12 870.3	36.0	4 694.9	13.14	17 552.2	49.1	22.3	0.06	590	1.7
2000	43 359	13 624	31.4	5 973	13.8	23 061	53.2	48.5	0. 11	652.5	1.5
2005	78 329.8	20 730.5	26.47	8 573.8	10.95	48 057.6	61.35	78.9	0.10	889	1.13
2010	137 329	27 644.1	20.13	43 005.4	31.32	64 305.3	46.83	176.6	0.13	2 197.6	1.6
2015	173 690	23 754	13.68	57 956	33.37	91 772	52.84	207	0.12		
	运输总量/亿吨，构成（%）										
2010	320.3	36.4	11.36	242.5	75.71	36.4	11.36	0.055 7	0.02	4.9	1.53
2015	417.1	33.6	8.06	315.0	75.52	61.4	14.72	0.062 5	0.015	7.1	1.70

（资料来源：历年国民经济和社会发展统计公报）

表 1-4　全国运输线路长度

年份	运输线路里程/万千米							
	铁路	其中：电气化	公路	其中：高速公路	内河	民航	其中：国际航线	管道
1980	5.33	0.17	88.83	0	10.85	19.53	8.12	0.87
1990	5.79	0.69	102.83	0.05	10.92	50.68	16.64	1.59
1995	6.24	0.97	115.70	0.21	11.06	112.90	34.82	1.72
2000	6.87	1.49	140.27	1.63	11.93	150.29	50.84	2.47
2005	7.54	1.94	334.52	4.10	12.33	199.85	85.59	4.40
2010	9.12	3.27	400.8	7.41	12.42	276.51	107.02	7.85
2015	12.1	7.4	457.7	12.35	12.70			

（资料来源：中国统计年鉴 2011 年、2015 年交通运输行业发展统计公报）

我国东、南临海，从南到北濒临北部湾、南海、台湾海峡、东海、黄海、渤海，有 1.8 万千米大陆海岸线，还有约 1.4 万千米岛屿海岸线。陆地上江河纵横、湖泊众多，由长江、珠江、黑龙江、京杭大运河组成的“一纵三横”内河水运网，全年通航的内河有 5 600 多条、2015 年全国内河航道通航里程 12.7 万千米，为内陆航运体系提供了便利和安全的运输条件。

在中华人民共和国成立之后，我国政府将铁路建设作为首要工作，大规模发展铁路运输，并不断加大电气化改造、复线建设、提速等改造和建设的力度，进行高速铁路建设，加大铁路线密度，使我国的铁路运输不断发展，成为国内运输体系的核心运输方式，铁路运输成为促进全国各地的经济和人员交流、带动中西部地区发展的基础条件。

2008 年 8 月 1 日我国开通运营第一条高速铁路——即时速 350 千米的京津城际高速铁路，到 2015 年年底，中国高速铁路营业里程达 1.9 万千米。中国已经拥有全世界最大规模以及最高运营速度的高速铁路网，大大改善了国人出行的效率和舒适性。中国目前已经成功拥有世界先进的高铁集成技术、施工技术、装备制造技术和运营管理技术。

公路是短途运输的主要方式，对区域经济发展起着重要的作用。近年来通过大规模的高速公路和高等级公路的建设，已基本形成了全国高速公路网的格局，使各经济中心的辐射力大幅度增加，带动了农村、偏远地区经济的发展。

（二）运输经济学的发展

交通运输不仅本身就是经济活动，而且对社会经济具有极大的影响。运输经济自然成为经济研究的组成部分，并逐步发展成为具有独立内容的经济学分支学科——运输经济学。运输经济学的发展与其他经济学分支的发展一样，从经济学本身的问题开始，经济学家们利用对交通运输的认识研究经济问题，用交通运输的实践阐述微观和宏观经济学的理论，使交通运输成为实证经济学的组成部分。而交通运输在得到大规模发展之后，对于交通运输本身的问题成为部分经济学家关心的问题，他们以经济学的基本原理和规律研究交通运输中的微观和宏观问题，研究运输的经济价值，探讨如何将有限的资源进行更大利益的配置，形成独立的交通运输经济学分支。而伴随着数量经济学的发展，数量经济学的研究方法也在运输经济学中广泛使用，促进运输经济学的进一步发展，使得运输经济学更加丰富。

但即使如此，运输经济学还没有形成完整的体系，仍未达到一门完整学科的程度。正如陈贻龙、邵振一所著《运输经济学》（2001）绪论中所说的：迄今为止，即使在运输系统高度发达的西方国家，运输经济学也未能发展成为一门成熟的学科。运输经济学这门学科尚处在其发展的前期。

1．西方经济学家的运输经济思想

（1）亚当·斯密的运输经济思想　亚当·斯密（1723—1790）是英国著名的经济学家，现代经济学的奠基人，在其1776年出版的代表作《国富论》中从多方面论述了交通运输对经济发展的促进作用。

1）运输是经济发展的基本条件。在《国富论》中，亚当·斯密通过分析世界当时较为发达地区的发展原因时认为，地中海沿岸的古代国民，可以认为是最早文明的国民，他们得益于地中海的海运条件。由于尼罗河发达的水系，能连通城市和乡村，获得水运交通的便利，他认为这种内陆水运的广泛和安全，是埃及最早发达的主要原因之一。他总结出古代的埃及人、印度人、中国人之所以富裕，均得益于内河航运的便利。

2）运输影响分工和交换。亚当·斯密与其他古典经济学家都以生产力的发展作为经济发展的标志，生产力的提高就意味着经济发展，而生产力发展来源于分工。他指出：分工起因于交换能力，因此分工的程度总要受交换能力大小的限制。良好的道路、运河或可通航河流，由于减少了运输费用，可以促使人们开拓更大的市场，因而推动了劳动分工的发展。于是他得出了在一切改良中，以交通改良为最有实效的论断。

3）运输影响资源开发和对外贸易。亚当·斯密认为便利的交通运输是矿产资源得以开发的基本条件。他列举了苏格兰的煤矿不能开采是因为缺少陆运和水运；苏格兰高地的木材只利用了树皮，而任由树木腐烂，是因为无法运输；而因为金属的价值很高，能够承担长距离的运输费用，因而金属市场并不限于矿山附近的各国，而扩及全世界。他认为制成品体积小、价值大，可以用较少的运费运到远方，所以在任何国家它们都是对外贸易的主要目的物。

4）运输与贸易的规模受该国经济发展水平的制约。运输设施和运输设备的建设都受到资本数量的限制，但必须随着其每年物产的增加而增加。

（2）李斯特对交通运输的论述　李斯特（1789—1846）是德国早期资产阶级经济学家。在他所处的时代，英国已完成了工业革命，法国和美国的工业革命也有很大程度的发展。英美等国已进入了以铁路和轮船为代表的机械化运输时代，而德国远远落后于这三国。他在周游了许多当初比较繁荣的国家之后，对各国的发展原因和德国发展方法进行了大量的研究和分析，其《政治经济学的国民体系》（1841）一书，在农业、工业革命、交通运输、国际贸易、宏观政策等众多领域进行了细致的经济学分析。他认为：运输是经济发展的重要条件，英国的发展依赖于运输的改良，美国的运输发展不仅在经济，而且在人民生活等方面都产生了重大的影响；运输既是工业和贸易发展的原因，又是工业和贸易发展的结果；运输业的发展需要国家力量积极地干预和鼓励，包括立法、税收、保护等措施，应积极发展铁路运输，特别是在殖民地贸易中，要实行运输保护。

(3)其他早期西方经济学家对交通运输的研究　1850年伦敦大学教授D.拉德那的著作《铁路经济》比较详细地讨论了运输进步的历史及其对经济和社会生活的影响，也讨论了铁路的各种运输管理以及成本、利润、运费等基本运输问题。经济学家马歇尔称赞该书为近代铁路运输经济科学奠定了基础。

对运输经济学学科体系的最初形成起着奠基作用的，是奥地利经济学家 E.萨克斯（E Sax）。1878 年他的《国民经济中的运输工具》一书较系统地讨论了运输政策和运输经营，讨论了国家在运输方面的宏观问题，也探讨了个别运输方式经营活动的微观经济问题。

2．马克思的运输经济理论

在经济学研究中，马克思极为重视交通运输的问题，在其《资本论》中，用了大量的篇幅对运输与资本主义生产和流通的关系进行了深入的分析和研究，提出了非常丰富而又极其深刻的运输经济思想和理论。其观点可以归纳为以下几方面：

1）运输是商品交换的重要手段。

2）运输是社会经济存在的基本形式。

3）运输是生产过程在流通领域里的延续。

4）运输业属于物质生产部门。

5）运输影响资本的周转。

6）运输业影响资本主义经济。

马克思的运输经济理论不仅总结了前人对运输经济的研究，并以劳动价值论为核心思想发展了运输经济理论，揭示了运输生产的一般规律，较为系统地归纳了运输对经济社会的影响及对生产方式改变的推动、对工业化的促进。马克思与其同时代或之前的经济学家一样，不是完整系统地专门研究交通运输经济，更多的是通过交通问题研究社会经济现象和发展。但这些研究和总结，为运输经济学的发展奠定了坚实的基础，是我们进行交通运输经济学习和研究的宝贵财富，可以不断从中吸取营养，也敦促我们沿着他们的轨迹前进，不懈地探索。

3．当代运输经济学的发展

交通运输曾经作为经济学研究的重要内容，促进了经济学的重大发展，但到了 20 世纪初，基于运输的战略功能被高度强化，交通运输国有化并受国家的高度干预和管制，使运输经济学的研究大为停滞。

按照英国人肯尼思·巴顿《运输经济学》第 1 章中所用的话说："（在 20 世纪 70 年代）以运输为专业的经济学家，几乎可以靠两只手数出来"。从 20 世纪 20 年代以来，这一领域已基本上处于半休眠状态。但从 20 世纪 70 年代起，情况有所改变，对该领域感兴趣的程度是几十年来所未曾见过的。但是与许多其他经济研究领域相比较，运输经济学仍是相对被忽视的。自 20 世纪 60 年代以后对运输经济学研究的兴起，人们在新的形势下又重视起运输经济学的研究，拉科夫斯基（Rakowski，1976）将其归纳为：①运输实际分布问题以及称为商业后勤学（物流管理）新领域的发展问题的研究；②对城市运输所有方面扩大的兴趣（社会福利）；③对发展中国家运输领域的大量研究。此外还有将运输与土地利用相结合的研究。国家干预的撤销和运输市场化程度的深入发展，使得运输经济学的研究具有更为广阔的空间。国际运输和运输福利、第三世界运输投资效应继续成为人们关心的对象，计量经济技术、成本投资分析成为促进运输经济学发展的新手段。

按照赵锡铎编著的《运输经济学》（1998）的总结：在第二次世界大战之后出现的一系列新情况，使运输经济学得到长足的发展。一是运输业本身出现的新情况，如西方国家小汽车迅速发展，航空运输迅速崛起，铁路运输逐步衰落，城市交通拥挤问题日益突出，市内公共交通日趋凋敝，因而运输问题越来越引起人们的广泛关注；二是世界银行及工业发达国家向发展中国家提供运输方面的贷款项目，用于新建公路、铁路、港口等交通基础设施，而贷款之前要进行项目评估及可行性研究与论证，这对运输经济学的发展也起了很大的推动作用；三是经济学的宏观和微观理论都有不同程度的进步，于是吸引了较多的经济学家逐步加入运输经济学研究的行列。

二、运输经济学研究的内容

（一）运输经济学研究的范围

运输问题过去曾经是促进经济理论发展的重要原因，是经济学家解释消费者剩余成本分配、改进边际成本、国际经济学研究的出发点或者实证分析依据。而在经济发展和政府投资等经济研究中，交通运输更是直接的手段和工具。

运输经济学以经济学的基本理论为基础，按照运输生产的实际，研究如何利用和配置社会资源进行运输生产，如何将运输产品分配到社会各需要的阶层，并实现社会福利的最大化，以及研究交通运输对其他国民经济部门的影响，国际运输与国际收支等运输本身及与运输相关的经济问题。具体来说，运输经济学主要研究以下问题：

运输业及其构成和特性；

运输与国民经济发展；

运输企业与运输产品，运输供给；

货物和人员运输的经济问题，运输需求；

运输市场的构成和运作规律；

运输的不完全市场；

运输投资和运输资源配置；

运输与产业布局；

运输与环境保护；

运输社会功能和福利研究，运输与就业；

政府运输政策研究；

通过运输研究城市化、环境保护等社会问题；

国际运输与国际服务贸易；

国际运输的比较优势等。

我国的运输经济学不仅要研究交通运输的一般经济现象，还要根据我国的社会实践和社会主义生产目的、社会主义体制的特征、社会主义法制的原则，研究和揭示交通运输的客观经济规律，研究运输业对国民经济和人民福利的相互发展关系，探索解决运输资源的稀缺性，对运输资源的利用实现最为合理的配置，指导运输企业生产力的发展和效益的提高，在更高的程度上满足不断增长的社会需要，获得尽可能大的经济效益和社会效益。

（二）经济学和运输经济学研究的方法

1. 经济学研究的一般方法

运输经济学是从经济学分离出来的一个分支，属于产业经济学的范围。整个经济学的发展，总是带着交通运输经济活动的痕迹。交通运输活动与其他部门的经济活动都是在同一个经济学范畴内，大多数现象都服从经济学的基本规律和经济理论。因而运输经济学研究的主要原则也是采用经济学的基本方法进行。

（1）局部均衡和一般均衡方法　局部均衡分析是假设其他条件不变，分析单一或个别的经济现象，发现其变化规律和均衡关系，并进一步说明在假设条件发生变化时的均衡变化的方法。

一般均衡分析是把经济中不同的部分作为一个有机的整体，从相互关系中研究某个部分怎样形成均衡和均衡中的经济关系。

（2）静态的、比较静态的和动态的分析　静态分析主要研究什么是均衡状态和达到均衡状态所需要的条件，而不管形成均衡状态的变化过程和达到均衡状态所需要的时间。

比较静态分析主要是通过对不同的均衡状态进行比较，来发现导致均衡状态变化的因素。

动态分析是在一定条件下对某个经济变量的随时间因素发生的变化过程以及变化的结果所进行的分析，强调的是变化过程和发现变化的规律。

（3）实证分析和规范分析　实证分析是以已经发生和存在的事实为依据，通过一定的分析工具，寻找规律和原因结果关系，得出“是什么”的结论。实证分析的正确与否，可以通过现实情况的变化得以判断。

规范分析是在一定的哲学、文化、宗教、道德的前提下，对经济现象进行好、坏的判断，并进行肯定和否定，得出“应该是什么”的结论。

2. 运输经济学研究的方法

毕竟运输经济学所研究的对象具有其自身的体系结构和运输生产实践以及运输经济的特点，在运输经济学研究中需要遵从运输生产的基本规律，结合运输生产的实际进行，更要遵循社会主义市场经济建设的需要进行运输经济学研究。

（1）运用社会主义市场经济的观点和方法　对作为社会主义市场经济组成部分的交通运输经济的研究，必然要遵循社会主义市场经济的基本原则和社会主义的经济思想。遵循辩证唯物主义和历史唯物主义，坚持实践的观点，以生产力的发展为标准，遵循有利于社会主义生产力的发展、有利于增强社会主义国家综合国力、有利于提高人民的生活水平的“三个有利于”的原则，采取对立统一、一分为二、实事求是、符合科学的方法进行研究和探索。坚持解放思想，突破传统的束缚，理论联系实际，遵循科学发展观，有一定超前性地对在深化改革和中国特色的社会主义建设中出现的现实问题进行深入研究和探索。反对片面主义、主观主义、唯心主义的形而上学研究。

（2）系统性　交通运输是一个由多种因素组成的系统，但是交通运输本身也是社会经济系统的一个子系统，与社会经济的其他部门之间存在着千丝万缕的联系，其内部各因素之间也联系密切，甚至具有相互替代的能力。因而在运输经济学研究中不仅要将运输经济作为完整、复杂的有机体，而且还要放在国民经济的大系统乃至社会的政治文化、国际经济和政治系统中去分析问题、寻找规律，以系统性的理论进行运输经济研究，从不同的角度分析问题。只有以全局的观点看待运输问题，才能更加全面和准确地了解和掌握运输经济的本质和内在规律。

（3）国际比较分析　在运输经济学研究中不仅要结合我国的交通运输实践和社会实际，还要重视其他国家和民族的运输实践，学习和了解别人的运输经济研究成果和经验总结，吸收先进的成果和精神财富。通过对交通运输发达国家的研究，吸取别人的经验和总结他人的教训，使我们少走弯路，提高我们的发展速度和资源利用率。国际比较必须要有分析，要取其精华、去其糟粕，防止盲目照搬和崇洋媚外。

（4）定性和定量分析相结合　定性分析是在一系列原则指导下所进行的性质判断的分析方法，以揭示事物之间的联系和影响的关系，如供给量增加，价格下降。定量分析是通过一个因素的变化量，通过数理逻辑关系，推定出另一因素的变化程度，如供给量增加 x，价格下降 y。在运输经济研究中，通过定性分析确定相互之间的变化关系，为研究指明了方向，建立了基础标准。同时，通过定量分析，确定因素变化的程度，提高分析的精确性，以便更为精准地把握运输经济规律，并为所要采取的措施订立准确的指标和精确的方案。

第二节　交通运输的性质及其功能

【导读案例】摘自“‘十三五’现代综合交通运输体系发展规划”：“十二五”时期，我国各种交通运输方式快速发展，综合交通运输体系不断完善，较好完成规划目标任务，总体适应经济社会发展要求。交通运输基础设施累计完成投资 13.4 万亿元，是“十一五”时期的 1.6 倍，高速铁路营业里程、高速公路通车里程、城市轨道交通运营里程、沿海港口万吨级及以上泊位数量均位居世界第一，天然气管网加快发展，交通运输基础设施网络初步形成。铁路、民航客运量年均增长率超过 10%，铁路客运动车组列车运量比重达到 46%，全球集装箱吞吐量排名前十位的港口我国占 7 席，快递业务量年均增长 50%以上，城际、城市和农村交通服务能力不断增强，现代化综合交通枢纽场站一体化衔接水平不断提升。高速铁路装备制造科技创新取得重大突破，电动汽车、特种船舶、国产大型客机、中低速磁悬浮轨道交通等领域技术研发和应用取得进展，技术装备水平大幅提高，交通重大工程施工技术世界领先，走出去步伐不断加快。高速公路电子不停车收费系统（ETC）实现全国联网，新能源运输装备加快推广，交通运输安全应急保障能力进一步提高。铁路管理体制改革顺利实施，大部门管理体制初步建立，交通行政审批改革不断深化，运价改革、投融资改革扎实推进。

问题与思考：我国交通处于怎样的地位？如何看待我国交通的高速发展？交通运输业的高速发展带来怎样的社会影响？

一、交通运输的经济性质

1．运输业的组成

运输业是指组成运输的完整的产业结构，在现代社会中，它已成为独立的产业部门。

交通运输在经济社会中提供运输产品，具有唯一的存在目的，因而可以将为了运输目的的生产和服务归类为运输业。由于运输工具和运输方法的不同，构成运输业的运输方式包括铁路运输、水路运输、公路运输、航空运输、管道运输五类运输方式。

运输活动除了具有交通工具的运输主体外，为运输工具的运输活动提供服务的众多环节也是运输业的组成部分，包括港口、车站、机场、货运站以及相关的装卸、搬运、理货、仓储等服务环节。那些为交通运输提供服务的代理人、经纪人等市场中介组织也属于运输业的组成部分。分工承担运输管理的行政机关与部门、行业组织、律师等也属于运输业的范畴。

从广义上还可以将道路建设、道路和航道维护、运输工具维修归纳到运输业之中。

2. 运输业的性质

（1）运输业是社会生产的生产部门　在产品的生产过程中就必然存在着运输的过程，零件从一道工序运输到另一道工序，部件从一个车间运输到另一个车间，这里的运输很显然就是生产的组成部分。其过程需要投入生产设备（物化劳动）和劳动，并以消耗物化劳动为主，也具有生产运输产品的产出能力。而使产品进入流通中的运输显然也没有改变其生产的特性。由社会提供的专业运输也只是在运输的规模和能力上有更强的表现而已，是在流通过程中追加的生产性活动。因而从事运输活动的运输业自然就是社会生产中的一个生产部门，一个特殊的生产部门，是社会再生产的组成部分。

（2）运输业属于第三产业　当前国际上普遍采用三次产业分类法对产业进行分类。根据英国经济学家科林·克拉克（Colin Clark）所进行的分类：第一产业是直接对自然界存在的劳动对象进行加工生产的产业部门，包括农业、畜牧业、狩猎业、林业和渔业；第二产业是对初级产品进行再加工生产的产业部门，包括制造业和采掘业；第三产业是不直接创造物质资料，但对第一、第二产业提供生产性作业和服务，以满足人类生产和生活需要的各类产业部门，包括建筑业、运输业、旅游业、通信、商业、金融、专业服务、行政管理、军队和律师业等。该分类显然将运输业划分为具有服务特性的第三产业。我国国家统计局自 1986 年起，也把运输业的经济指标统计列入第三产业。作为第三产业的运输业被普遍认为是服务性行业，而为生产运输的服务看作是生产服务性行业。

（3）运输业是经济与社会的基础结构　运输是生产的组成部分，也是人民生活的基本条件。运输保证了资源的开发和利用，促进了社会分工的发展，实现了商品的交换，带来了国际经济和文化的交流。可以说运输是经济和社会的基础结构，处于基础设施的地位。基础设施是一国为发展生产和保证生活供应，创造共同条件而提供公共服务的部门、设施和机构的总称，主要有：

1）公共设施。电力、通信、自来水、卫生设施、污水排放、垃圾处理、管道煤气等公共设施。

2）公共工程。道路、河堤、为灌溉和泄洪的水坝、运河等工程。

3）运输设施。市区和城市间的铁路及车站、市区交通设施、港口、航道、机场等设施。道路、航道、公共运输工具、场站等运输设施和公共交通服务，是社会重要的基础设施，具有社会公益性，属于社会的公共产品，需要先行于国民经济的发展，政府管制和扶持程度较高，甚至于需要实行国家投资或者垄断经营。而从事运输的竞争性经营活动往往由市场决定。

（4）运输业是资金、技术密集型产业　运输业的资产由两大部分组成，一是不可移动的固定资产，如道路、港口、场站；另一类是可移动的资产，主要是运输工具、装卸设备等。其中高速公路、港口、机场、航道、地铁、铁路线、管道建设，都是资金高度密集型的资产，需要巨大的投资。国家的基础设施建设资金相当一部分是用在运输设施建设之上。移动资产中的大型集装箱船舶、飞机、电气化机车等造价也不菲。2015 年 4 月，20 000TEU 集装箱船，造价为每艘 1.586 亿美元。

交通运输的发展可以说就是科学技术发展的表现，其科技性不仅表现在道路、桥梁、航道、场站建设和运输工具制造中，也表现在运输生产之中。

（5）运输业的发展和状态与社会经济发展密切相关　一个国家和地区的运输系统是和它的经济系统紧密相关的。社会经济的发展带来了大量的物资运输，促进了运输业的发展。当经济发展具有足够的经济能力时才能进行交通运输设施建设，发展交通运输。可以说运输业的状态反映了一个国家和地区的经济发展状态和生产力的水平。

同时，运输系统也会对社会经济发展和变革产生影响：

1）运输业的发展会促进自然资源的充分利用，不仅使资源开发能力提高，而且使资源利用效率也随之提高。

2）运输业的发展促进社会分工的发展，使社会的分工更加细致，分工的范围更加广泛。

3）运输业的发展扩大产品销售的空间，拓宽优势产业的发展规模。

4）运输业的发展促进商品的流通，稳定社会物价，保证人民生活的水平不断提高。

5）运输业的发展使得现代城市结构发生了本质性的变化，扩大城市化的范围，形成星形和放射状的城市结构，使城市与农村的结合更加紧密。

6）国际运输的发展促进国际经济一体化的发展，使国际经济往来更为密切。

7）运输业的发展对社会人文结构产生根本性的改变，促进人员往来、文化交流，促使民族交融。

8）运输业一直都是一国国防的重要部分，发展运输业能够加强国防能力。

二、运输产品及其特性

1．运输产品的概念

交通运输的基本功能是借助运输工具实现货物和人员等运输对象的空间位置的变化。在这个活动中，运输生产者投入运输设备和劳动力进行生产，其生产的产品就是将所承担运输的对象从起始地运到目的地，也就是使被运输对象的空间发生变更，运到的货物还是托运的货物，人还是那个人，并没有生产出新的劳动产品。因而可以说运输生产的产品是一种空间的效应，被运输对象在运输之后所处的环境和空间地点发生变化，被运输的对象不发生变化。

一般的物质生产通过投入活劳动、设备和原材料，对原材料进行物理或化学的改变，形成新的劳动产品，以产品所具有特定的形状、成分、功能，来满足社会生产和生活的需要。一般的物质生产的劳动产品在生产后，经销售才能实现消耗。运输的生产同样消耗所投入的活劳动和设备，生产的产品是运输对象的空间变换和时间的延续，以运输对象的空间位置变换来满足社会生产和人民生活对运输产品的需要。

2．运输产品的性质

（1）无形性　运输生产没有实物性的产品存在，其产品是无形的。无形性决定了运输产品不能通过试用的方式检验质量，也就决定了运输产品没有退货。运输生产的过程中，作为其产品载体的货物或旅客不因运输生产而改变，由此形成了运输对象的表面状况不发生变化的运输质量标准。

（2）不可储藏性　既然运输产品是无形的，那么也就无法储存运输产品。产品不能储存满足了“产品及时出清”的微观经济学市场理论的假设条件，因而运输也常常被用来作为证明经济学原理的实证分析范例。由于产品不能储存，运输供给与运输需求的矛盾往往较为尖锐，使得运输市场的波动极为剧烈。虽然说运输产品不能储存，但运输能力可以储备，通过富余运输能力的储备，可以满足需求高峰时的使用，因此也造成运输工具非高峰时期的使用不充分性。

（3）运输产品生产和消费的同一性　工农业生产和消费是相分离的，生产在先、消费在后。运输生产和消费是同时进行的，生产者和消费者同时参与生产（消费）的过程，双方在运输过程中都承担责任和义务，生产完毕也就意味着运输消费完毕。也就是说，运输产品不可重复消费。在运输完毕后需要继续运输则是下一次消费的过程，如返回原地的退货运输也是独立的运输过程。

（4）运输产品没有所有权　运输产品没有明确的所有权，运输方与被运输方的运输交易中不涉及运输产品所有权的认定和转移，在运输过程中也不发生运输对象、运输工具等的所有权转让。运输产品不能确权，不能直接对运输产品进行内外部划分，必须通过运输工具所有权、货物所有权来解决产权的经济关系。

（5）运输产品的价值体现在商品的价值实现和旅客的旅行效用之上　运输产品的价值可以说是运输方投入的劳动和物化劳动的消耗数值，但也可以表现为物质经运输后其本身使用价值的实现，或者通过运输后价格的增加。因而运输产品的价值是一种对运输对象追加的价值。这种价值通过商品的价格和旅客获得的效用得以体现。

对于货物和旅客而言，除乘游艇旅游、乘车兜风外，完成运输过程并不是其最终的目的。因而运输产品的价值，也仅仅是实现其最终目的的成本，在社会物质生产和经营中人们总是不断设法使之减少。这也就是在现代物流领域人们不断追求降低运输成本的原因。

（6）各种运输方式之间的产品替代性　尽管各种运输方式的技术、方法不同，但所有运输方式的产品都是实现运输对象的空间变换，提供的是相同的产品，因而不同的运输方式具有相互替代的能力。但不同运输方式所需要的运输客观条件不同，经济性能也不同，因而可以通过建立综合的运输体系，使各种运输方式既能充分发挥其运输效能，又能实现运输产品价格的降低。各种运输方式相互合作和分工，形成社会完整的综合运输体系，获得最高的运输效应和社会效应。

第三节　运输市场

【导读案例】广州航运交易所位于广州港口中心，为华南地区首家、国内第三家航运交易所。广州航运交易所是不以营利为目的的事业单位，着重建设船舶交易市场及信息平台，开展船舶交易服务及其相关的经纪、评估、验船、融资、法律等业务；发展航运人力资源供求市场及信息平台，开展船员人事代理、人才测评、劳务中介等服务；建设船舶舱位、货源供求市场；发展临港大宗货物交易市场及信息平台，促进煤炭、油品、钢材、粮食、木材等临港大宗商品的现货交易和期货交易市场发展。

问题与思考：

1. 广州航运交易所是一个有形的市场，市场还能有无形的吗？
2. 谁是市场的主体？市场有哪些要素？
3. 市场的信息平台功能会有哪些信息呢？

一、市场和运输市场

市场是交换的场所、渠道和纽带，是交换参与者进行交换活动的场所。市场是生产力和经济发展的必然产物，也是实现社会分工和商品生产的必要条件。市场是现代经济社会的基础，是社会的重要组成部分，一切经济活动都离不开市场。

运输市场是运输生产者与运输需求者之间进行运输产品交换的场所和渠道。运输市场是运输活动的客观反映。在具体研究分析时，可以将运输市场分为狭义的运输市场和广义的运输市场。

狭义的运输市场是指运输经营人提供运输设施和运输服务，来满足旅客或者货主对运输需要的活动场所，是从形态上可以感觉得到、看得见、摸得着的场所。在狭义市场中重视对供求关系的研究和分析以及对交易的规律、交易的实现、交易的保障和交易利益的分析。

广义的运输市场是指运输产品交换的全过程，以及对运输各要素所进行的协调、供求关系的调节、运输资源的配置、运输各方竞争活动、运输产品价格的生成、运输企业收益的控制、政府对运输活动的管制和干预等一系列活动过程，是有关运输产品和资源交换关系的总和。广义的运输市场包括运输生产者、运输需求者和运输产品交换各种中间人之间的关系，以及在运输产品交换中发挥作用的一切机构、部门与交换主体之间的关系，政府对运输的影响行为，运输的变化对社会经济的影响等传导机制和功能要素。

二、运输市场的基本要素

1. 运输企业、货主和旅客

运输企业、货主和旅客是运输市场的主体。运输企业既包括运输经营企业和运输辅助企业，也包括各种运输方式的运输经营者、港口及场站经营者。运输企业是运输市场的供给一方，在运输市场中提供运输服务。

货主和旅客是运输市场的需求一方，包括需要运输的各种经济组织、个人、政府、军队等。他们也是运输市场的主体。而货物是运输的对象，是运输产品的载体。旅客具有双重身份，既是运输主体又是运输对象。

2．运输产品

运输产品是运输对象所发生的空间移动效果，是运输需求方所希望发生的结果。运输产品是运输市场的客体、运输生产的目的。而作为被运输对象的物品和旅客是运输产品的载体。在运输过程中，运输对象不发生性质的改变。

3．市场行为

市场行为是指运输的主体双方对运输产品交易的决策和行动过程。也可以说，是运输企业在运输生产中追求利益最大化和运输需求者为实现效用最大化所进行的信息搜寻、决策、交易磋商、承担义务和享受权利的过程。

4．市场秩序

市场秩序就是市场行为的规律性，也就是运输市场按照市场规律进行自我调节的能力。运输市场的活动要遵循市场经济的基本规律，通过供求关系的互动使各方都实现参与市场活动的目的。如果在市场中各主体的信息不完备，市场不能灵敏地反映价格及其变化，没有共同遵从的游戏规则时，就会出现市场失灵，造成市场秩序混乱。只有维持稳定的市场秩序才能保证市场功能的充分发挥，保证运输参与者的利益。

市场秩序由市场机制和市场规则组成。

（1）市场机制　包括以下内容：

1）供求机制：市场供给和需求的相互影响形成了市场价格，价格的变动反映了供需变化的机制。

2）竞争机制：是参与市场活动各方的自主决策行为和能通过比较选择进行交易的机制。竞争机制使得优胜劣汰、适者生存。

3）风险机制：是市场主体对于其自主决策和选择自行承担后果的机制。当其承担的后果具有较大风险时，可以获得较高的报酬；而其决策没有风险时，只能获得一般的收益。

4）价格机制：是价格变化对供求的影响关系。当价格上升，供给增加，需求减少；当价格下降，需求增加，供给减少。

5）出入市场机制：当运输市场有高额利润存在时，大量资源流入，供给增加；而当运输市场有亏损时，部分运输资源退出市场的机制。出入市场机制是市场调控资源流动的基本机制。

（2）市场规则　包括以下内容：

1）价值规律：即价值决定价格，价格是价值的反映的规律。等价交换是市场主体之间所进行交换的原则，表现为高质高价、低质低价的原则。

2）法律制度：法律是社会意识形态的集中体现，并通过国家机器强制实施。统治阶级根据其意愿制定法律制度，任何参与市场活动的主体都需要遵从法律的规定。市场主体只能在法律制度的框架内追求利益最大化。统治者通过惩罚违法行为达到维持市场秩序的目的。

3）交易规则：是市场交易习惯的表现或者强制规定的规则。交易规则能够统一交易内容，简化交易过程，降低交易成本。

4）政府调控：政府为了国家的需要以及保持经济发展或者维持充分就业，通过实施宏观措施对市场进行干预，纠正市场的盲目性和引导市场的发展，维持市场的稳定和秩序。

但是政府调控也会因政策错误和时滞而失败，反而造成市场混乱。

三、运输市场的功能

（1）信息传递的功能　信息的发布和传递是市场最基本的功能。市场信息的核心是价格信息，伴随价格信息还传递着诸如交易者信息、交易量信息、产品信息等。运输生产者在市场中发布运输产品和价格信息，市场中介机构在市场中传播信息，运输需求者在市场中搜寻信息和确定交易；或者以上相反的过程，由此构成运输市场信息的完整流动过程。

可以说，信息是市场的核心和灵魂，因信息的集中和传递形成了市场，信息是市场的各种功能的基础。因而无论有形的运输市场还是无形的运输市场，其核心功能都是信息的输入、传递以及信息被使用的过程。

（2）资源配置及优化功能　运输市场不仅进行着运输产品的交换，而且通过供给和需求的竞争产生市场价格。当市场所形成的价格为运输经营者带来巨大的收益时，将会使大量的社会资源流入运输行业，增加运输供给；反之则会使运输资源流出运输市场。同时市场的优胜劣汰机制会使存在于运输市场中的资源得以优化，强者越强，占有资源越多。

（3）结构调整和产品开发功能　在市场竞争中的运输生产者，为了降低生产成本，获得更高的收益和竞争优势，致力于不断追求新技术的使用，不断扬长避短，发挥最佳的能力和优势，使得运输供给的能力不断增长。

整体运输市场价格的变化，影响到工农业产品运输和流通成本的变化，也使得社会产品的结构发生变化。有价格竞争力的产品就会在很短的时间内扩大市场的占有率，加快产品的推广，但也缩短了产品的生命周期。

（4）分配和监督功能　在市场中运输供给者向需求者提供运输产品或者服务，从而获得经济收入和报酬；运输需求者支付费用获得运输产品，满足生产和生活的需要，享受消费的效用或者获得其他市场中交换的资源。双方各取所需，重新分配社会资源。

通过市场中不断的信息交换，运输产品消费者不停地比较，使得满足市场需要的运输产品更加受到市场的欢迎，劣质产品被淘汰，实现市场的监督功能。

四、运输市场的特征

1. 运输市场的基本特征

1）运输市场是国民经济市场体系的重要基础。

2）运输市场主要是为社会提供运输劳务。

3）运输市场与商品市场的发展成正比关系，随着商品市场的发展，运输市场也在不断扩大。

4）运输市场的区域性极强，在市场空间布局上存在着不同程度的自然垄断。

5）运输市场的供求和价格波动性极强。

6）运输市场竞争复杂。运输市场的竞争不仅是在同一运输方式的内部竞争，运输方式之间还存在着替代的竞争关系。

2. 我国社会主义运输市场建设的特征

我国的运输市场是社会主义市场经济的组成部分，运输市场在以公有制为主体、多种所有制经济共同发展，以按劳分配为主体、多种分配方式并存的社会主义市场经济的制度基础上发展，是在国家宏观管理之下对运输产品和资源配置进行调控的市场。运输市场必然在社会主义制度、社会主义的生产目的、价值规律、企业主体、价格机制和分配制度、市场统一与开放、政府宏观调控措施和社会主义法制建设的各方面具有与社会主义市场经济共同的特点。具体来说，社会主义运输市场需要具有以下特征，这也是我国社会主义运输市场建设的目标：

（1）充满活力的微观基础　在市场中活动的主体，是依据产权清晰、权责明确、政企分开和管理科学的现代企业制度构建的市场主体，是能在市场中追求利润最大化经营目的的主体。企业在市场中能够自主决策，自负盈亏，打破运输企业封闭的经营模式，实行多种经营、横向联合，增强对运输市场的适应能力。

（2）统一的国内运输市场　我国所要建设的是社会主义统一的市场体系，也就需要建设统一的国内运输市场体系，打破地区、行业的封锁，实现运输资源的全国流动。同时，由政府宏观统一调控全国的运输市场，实行共同的市场规则。

（3）遵循价值规律的市场调节　价值规律是市场经济的灵魂，是市场的尺度。违反价值规律的市场调节措施都不会成功，更无法实现市场调节的目的。政府所进行的市场调节必须遵循价值规律，以市场可接受的方式行事。

（4）社会主义法制　市场经济是法治的经济，需要通过统一、透明的法律制度维护市场的正常运作，保护正当经营和合法行为。市场中活动的主体，对法律有规定的严格遵守，法律没有规定的，按照法律所赋予市场主体的权利行事。

（5）国有的必要性　一般认为涉及国家安全的行业、自然垄断的行业、提供重要公共产品和服务的行业以及支柱产业和高新技术产业中的重要骨干企业有必要由政府直接控制和提供产品。另外，对我国来说，社会主义市场经济建设时间还很短，自然形成的市场极其有限，现代产业和经济活动市场还未形成，这些只能够由政府主导建设，以加快市场的成长和成熟。

交通运输中的一部分公共道路建设和城市公共交通运输、特殊位置的港口设施、主干铁路线及运营、表示国家主权的海港引航等的经营属于公共产品或者具有自然垄断特性，必须要采取国有、国营的方式。为了更好地利用市场优化和促进效率的能力，国营的运输服务可以与市场调节更加紧密地结合，通过专营权竞争、政府经营和市场经营并存、多家国有企业竞争等市场机制促进效率的提高。

（6）运输体系相互配合　运输体系中的各种运输方式均具有其各自的经济和功能特性，各种方式之间既具有竞争性，也具有互补性。几种运输方式的经济特性如图 1-1 和图 1-2 所示。对于长距离、低价值的大宗货物，宜采用水路或铁路运输；高价值货物适合航空运输或集装箱运输；短途货物适合公路运输；巨量的液体、气体应开发管道运输。通过各种运输方式的协调，可发挥其各自最大的经济效益，降低社会的流通成本。

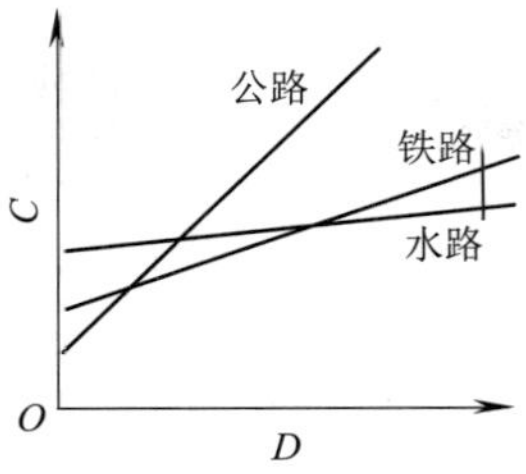

图 1-1　几种运输方式运距与运输成本的关系

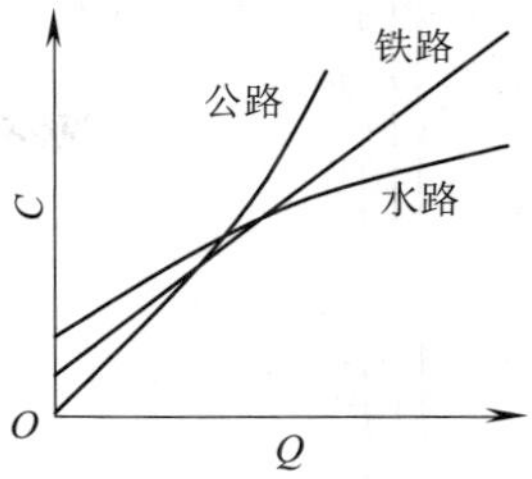

图 1-2　几种运输方式运量与运输成本的关系

五、运输市场分类

运输市场虽然说所提供的是相同的运输产品，但不同的运输方式在运输体系具有不完全相同的市场参与者和运输对象，而不同的运输市场也具有不同的性质和规律。

1. 按运输方式划分

1）铁路运输市场。

2）水路运输市场。

3）公路运输市场。

4）航空运输市场。

5）装卸搬运市场。

2. 按运输对象划分

1）货运市场。

2）客运市场。

3. 按运输范围划分

1）国际运输市场。

2）国内运输市场。

3）地区运输市场。

4. 按供求关系划分

1）卖方运输市场。卖方运输市场是指运输供给一方占主导地位的运输市场。在这种市场中，运输供给不能满足运输需求，运输价格高涨。在这种市场中运输企业重视追求外延扩大再生产，强调运输数量，往往不重视质量管理、成本管理，忽视技术进步，处在运输卖方市场时运输往往成为限制社会经济发展的瓶颈。

2）买方运输市场。买方运输市场是指在运输市场中运输需求方占主导地位的状态。在买方市场中，运输供大于求，运输竞争激烈，运输价格低廉。在这种市场中，运输方精打细算，以降低成本、提高运输效益为企业管理的核心，更愿意接受新技术和新的管理方法，服务质量高。基于交通运输的基础设施性质，交通运输应该适当超前于经济发展，因而运输市场为买方市场是常态。但作为国民经济的基础产业，过低的价格也会使得运输业无法积累或维持困难，或者发生不正当竞争行为，也会影响经济发展，政府的适度保护颇为必要。

3）均势市场。均势市场是指运输市场上买卖双方力量对比相当，处于均衡的状态。这是一种比较完善和理想的市场状态，供需大体平衡，价格相对稳定，市场能得到健康的发展。

思考题

1．交通运输在国民经济中有什么作用？
2．运输经济学主要研究什么？
3．如何认识交通运输的经济性质？
4．运输产品有什么特征？运输产品的价值体现在哪里？
5．运输市场有哪些基本要素？
6．运输市场有什么功能？
7．主要的运输方式有哪些？
8．你如何看待经济学，想在本课程中学到什么知识？
9．交通运输对你有什么影响？如何看待这个行业的发展？

第二章 运输需求及其效用

【学习目标】

了解需求并熟悉运输需求；
掌握运输需求量变化和运输需求变化，熟悉运输需求的影响因素；
熟悉运输需求的价格弹性；
了解运输需求的效用；
掌握运输需求的替代。

【导读案例】2017年年初，波罗的海国际航运公会（BIMCO）发布了的2017年航运市场预测报告。该报告警示，由于根据国际货币基金组织的预测，2017年的全球GDP增速将可能达到2009年以来的最低水平，2017年注定将会是艰难的一年。

全球经济概况：全球经济——航运之不可奢望太多！

全球经济将依然保持疲软微弱的增长态势，投资缺乏，相应的，对于航运未来的需求也将保持较低增长态势。

多年过去了，整个世界似乎依然在应对着2008年经济危机所造成的巨大改变与挑战，很多问题也似乎未得到最好的解决，许多重要的经济体仍然处在“复苏”的模式。

而对于航运市场来说，仍将需要多年的时间来通过提高船队利用率之后才能得到明显的改善。现在几乎整个行业的各个板块都存在运力过剩的局面，运力过剩局面亟待解决。

从经济层面上来看，2016年欧洲经济略有改善，而美国和日本几乎停滞。整体来看，除某些地区间的贸易活动之外，国际间贸易的增长速度并未有明显的好转。

从航运业来讲，寄期望于原材料、能源、生产设施的不平衡所带来的流动需要，与世界经济的增长并没有直接的关系。而中国在2016年仍然是世界航运进出口的中心。

2017年全球GDP的增长一定会给航运业带来好处吗？未必见得。目前全球GDP的增长很大程度上是依靠服务行业在驱动，新兴经济体所带来的“贸易产生的GDP”增速作用显然有限，所以对于我们之前习惯于GDP增长正比于贸易增长正比于航运需求增长的模式，需要重新审视。

资料来源：国际海事信息网

问题与思考：运输需求与其他需求一样吗？如何度量需求？如何预测需求？运输需求变化会带来什么变化？了解运输需求变化有什么作用？

第一节 运输需求

一、需求与需求量

1. 需求

在生产或生活中，个人和企业出于各种各样的原因会以一定的价格购买形形色色的商品或劳务，如购买日常用品、原材料、生产设备和技术，从市场上雇佣劳动力等。这种购买的发生需要具备两个条件：一是消费者有购买的主观愿望，二是消费者具有货币支付的能力。

在经济学中，把消费者在某一特定时期内在不同的价格水平下愿意并能够购买的商品和劳务的数量，称为需求。需要特别指出的是，需求是购买愿望和货币支付能力的统一，如果只有购买的愿望，则只能称之为需要或者愿望，而不能是需求。例如，想拥有一辆汽车是绝大多数家庭的愿望，对汽车的愿望是普遍和强烈的，但是目前市场中由于家庭收入的限制以及昂贵的汽车销售价格和使用费用，使得绝大多数家庭并不具备对汽车的购买能力。所以很多家庭有购买汽车的“需要”，但却不能构成对汽车的“需求”。一个有1 000万户居民的地方，对小汽车的需要是每户一辆。假如在某一价格条件下，只有1/5的居民对小汽车有支付能力，这样对小汽车的需求量是200万辆；而在价格为0时，需求量就可能是1 000万辆。这种不同价格所对应的需求量的关系就是居民对小汽车的需求。因而经济学中的需求是一组价格与需求量的关系。

汽车销售过程中开展的信贷业务，目的就在于开发消费者的需求，使之通过贷款而具备支付能力，形成需求，当然这种情况就属于需求的变化。

需求可以分为两种：个人需求和市场需求。个人需求是指单个消费者，或者是家庭、单位对某种商品的需求，表现为在某一价格范围“有”或“没有”需求。某一商品不同价格水平对应的所有消费者或家庭的需求总和即是该产品的市场需求，表现为在不同价格条件下个人需求量的合计。个人需求是构成市场需求的基础，市场需求量则为一定价格前提下所有个人对某物品的需求量的总和。

消费者对一定商品所愿意支付的价格，称为需求价格。它取决于商品对消费者的边际效用。

2．需求量

消费者在某一特定时期以一个特定的价格计划购买的商品或劳务的数量称为需求量。某一特定时期的设定，是设定了收入、习惯、环境等非价格的消费影响因素。需求量一般随商品自身的价格上升而减少，或随商品自身的价格下降而增加。从需求和需求量的概念上可以看出二者的区别：需求量对应的是某一特定价格下的具体数量，而需求则是每一可能价格水平下的需求量的组合。

3．需求表、需求曲线与需求函数

根据商品价格与需求量的关系所列成的表称为需求表。表 2-1 即为某种商品的需求表。

表 2-1 需求表

价 格	8	7	6	5	4	3	2	1
数 量	0	1	2	3	4	5	6	7

根据此表绘成的曲线就是需求曲线，如图 2-1 所示。

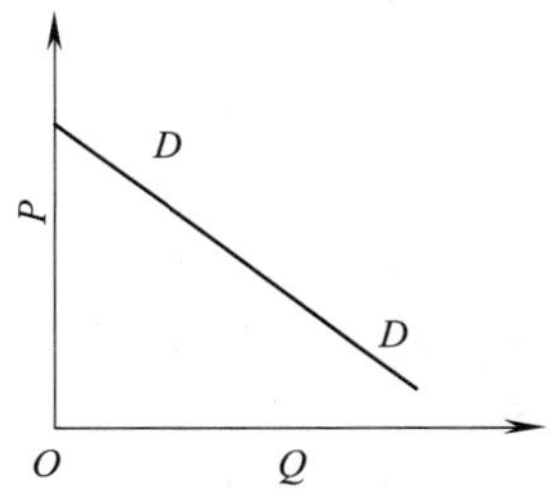

图 2-1 需求曲线

以 P 表示价格，Q 表示需求量，DD 表示需求曲线。

需求曲线反映了在其他条件不变的情况下，商品价格与需求量之间的关系，仅价格变动时，需求量是沿着曲线上下变动的。对于一般商品，需求曲线向右下方倾斜，表明价格与数量之间存在反方向变动的关系。这是因为在其他条件不变时，一般商品都具有在价格低时需求量大，随着价格的上升，需求量减小的现象。这种变化关系可能是线性变化，也可能是曲线变化，至于需求曲线倾斜的斜率则是由商品的价格弹性决定的。

对于以上价格 P 与需求量 Q 的关系用函数表达为

$$Q=f(P)$$

式中 Q—— 需求量；

P——价格。

4．需求曲线的例外

一般商品的需求量与价格成反比，即随着价格的增加，需求量减少。因此，需求曲线是一条向右下方倾斜的曲线。但是，有些商品并不是这样。按照西方经济学家的看法，可能会有以下几种情况发生：

第一，某些商品的价格越下降，需求量越小。例如，珠宝、项链这类奢侈品，是代表一定社会地位与身份的，如果价格下降，它们不能代表这种社会地位与身份，对它们的需求量就只会减少。这类商品本身就是价格昂贵的奢侈品。

第二，某些商品的价格越高，需求量就越大。例如，古董、古画、名贵邮票这类珍品，往往是价格越高，越具有投资价值，从而对它们的需求量就越大。这类商品被称为投资品。当投资品价格上涨时，买入意愿更加强烈，卖出意愿减弱；当投资品价格下跌时，买入意愿减弱，卖出意愿增强。这也体现在股票市场的“买涨不买跌”现象。

以上两种情况下，需求曲线可能呈现向右上方倾斜的情况，即价格越高，需求量越大；价格越低，需求量越小。价格与数量之间存在正比关系，这种商品称之为奢侈品或投资品。奢侈品需求曲线如图 2-2 所示。

第三，某些低档商品，大幅度降价时，人们减少消费，而价格上升时反而增加消费。英国人吉芬发现，1845 年爱尔兰大灾荒时，土豆的价格上升，需求量反而增加。这种特征的商品称为“吉芬商品”或者劣质品，即人们收入增加时对便宜的低档品的消费减少，而在收入减少时，对低档品消费增加，尽管其价格在升高。价升量加的吉芬商品如图 2-2 所示。

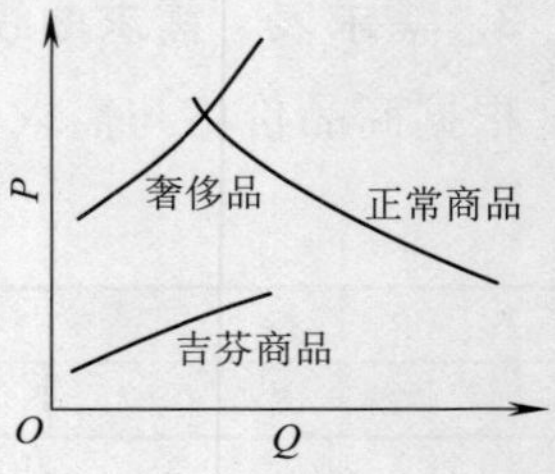

图 2-2 商品需求曲线

5. 影响需求的主要因素

（1）消费者的客观需要　需要是需求产生的基础，消费者对各种商品的需要强度是不同的，一般生活必需品对任何消费者来说都是必要的，有些商品则只是某些消费者需要的。不同的消费者对不同的商品有不同的需要。

（2）购买者的货币收入水平或可支配的资产　在一个社会中，人们具有不同的收入和资产，对于不同的价格就会有不同的需求。收入水平与可支配的资产决定了可购买的商品或劳务的最大数量，这既适合个人，也适合于整个市场，总收入决定总需求。

（3）特定商品或劳务的市场价格　无论是个人需求还是市场需求，都是在某种价格水平条件下实现的。商品价格不同，需求就不同，商品价格是影响需求的基本因素，也是最重要的因素。

（4）相关商品或劳务的价格　市场上可供消费者购买的商品有很多，它们之间有的可能相互替代，如不同款式的小轿车等，即替代品；有些商品可能相互补充，如汽车与汽油等，即互补品。无论是替代品还是互补品，一种商品的价格变动对相应的商品需求都会产生影响。一般来说，一种商品或劳务的价格变动，会引起其替代品的需求同方向变动，会使互补品的需求按反方向变动。例如，某种商品自身价格上升，其需求量减少，而其替代品需求增加、互补品需求减少。

（5）收入分配的状况　收入分配的状况是指收入分配的集中程度。如果社会收入分配集中程度比较高，少数人在社会收入分配中占有较大比例，就可能将较多的社会收入用于购买奢侈品；同时，低收入阶层用于购买基本生活资料的社会收入就较少，从而基本生活资料的市场需求就会受到限制；相反，如果收入分配的集中程度较低，收入分配范围较大，低收入阶层得到较多的收入，基本生活必需品的需求就会较大。因此，收入分配的状况会影响各种商品或劳务的市场总需求。

（6）消费者对未来的预期　预期至少从两个方面影响市场需求：首先，消费者对特定商品的价格预期明显地影响需求。例如，在消费者预期价格将上升时会迅速购买，增加当前的需求量；预期价格将下降时，会延迟购买，减少当前的需求量。在企业预期原料价格将上升时会增加当前的购买并囤积，预期原料价格将下降时会延迟购买减少需求量。其次，对某种特定商品特别是耐用消费品而言，消费者对该商品的市场前景的评价对该商品的需求具有显著的影响。例如，如果消费者断定某耐用消费品将被新产品替代，势必延期购买，以等待购买新产品。

（7）广告宣传与消费示范　消费者只能对已经认识、信任和喜爱的商品产生需求。因此，对于新产品和具有替代性的商品而言，广告宣传和消费示范对市场需求具有巨大的影响。

（8）政治、法律、宗教和风俗习惯等非经济因素　这些因素对某些特殊商品和服务具有特殊的影响。如宗教信徒对宗教用品具有需求，不同的民族也有一些特殊传统和习惯，都会形成一些特殊的需求。而政治法律制度则会强制性地改变某些消费习惯，从而改变需求结构等。再如，人口数量、人口流动、地理环境、气候等因素，当然还有一些随机需求都会影响到需求。

在现实中，以上这些因素，甚至还有其他因素共同作用，决定了整个社会的需求。

6．需求与需求量的变动

对于需求与需求量的区别，还可以从两者变动的角度来理解。需求量的变动是在保持其他影响因素不变的情况下，单纯由商品自身价格因素引起的消费者对该商品的购买数量发生的变动。而需求的变动则是指除商品自身价格以外其他因素所引起的整体需求量的变动。二者的关系可以用图 2-3 来予以说明。

图 2-3a 中，当某一商品的价格由 P_0 变动为 P 时，需求量沿曲线 D_0 由需求量 Q_0 变动为 Q，这就是需求量的变动。

图 2-3b 中，当价格保持不变时，其他因素的变动，如消费者收入的增加等，需求曲线由 D_0 变动为 D，形成需求的变动（增加）。从整体上看，需求曲线 D 在同一价格水平下对应的需求量要大于 D_0，$Q>Q_0$。

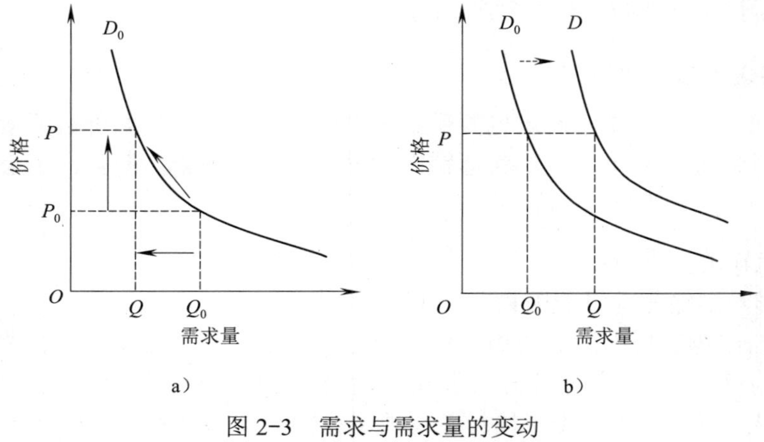

图 2-3　需求与需求量的变动

a）需求量的变化　b）需求的变动

二、运输需求的产生

运输需求是指在一定的时期和价格水平下，运输的消费者对于运输服务愿意并能够购买的数量。运输需求产生的基础是运输能够满足客货空间位移的需要。

1. 生产环节对运输的需求

工农业生产活动需要投入大量的生产要素，如机器设备、原材料、能源等。在社会化大生产条件下，这些要素不可能全部由当地供给，必然需要从其他地区输入，这也就产生了对运输的需求。一个地区经济发展程度越高，生产规模越大，对运输的需求也就越大，运输条件的改善反过来也会促进生产的发展。现代生产都采取规模化的方式生产，其原料、产品都对运输带来了巨大的需求。

2. 流通环节对运输的需求

农业、制造业的产品生产出来之后，必须经过流通环节才能到达消费环节。在流通过程中，实现产品空间位置的转移必然形成对运输的大量需求。这种需求随着社会流通规模扩大而不断增加。

3. 社会分工对运输的需求

分工通过专业化生产可以大幅度地降低生产成本，提高生产效率，促进生产力的发展。但随着社会分工程度的提高，对交换、流通的需求会越来越大，进而对运输的需求也会越来越大，并且具有需求链的特征。

4. 人民生活对运输的需求

生活中的许多方面也会产生大量的运输需求，如公务出行、旅游观光、文化交流、人际交往、人民群众的日常生活等。

运输需求根据运输对象的不同，可以划分为货运需求和客运需求两种，货运需求在运输需求中占较大比重。而客运需求则在快速、便捷、舒适方面有较高的要求。

三、运输需求函数及影响因素

1. 运输需求函数

同其他需求一样，运输的需求也要受到多方面因素的影响，如价格因素、工业生产规模、人口状况、产业结构等，我们将运输需求描述成这些因素的函数，用公式表示为

$$Q=f(x_1, x_2, x_3, \dots, x_n)$$

式中 Q——运输的需求量；

x_n——影响运输需求量的因素。

对运输的需求量表现为运量与周转量两个方面。运量是指运输的旅客和货物的数量，是以人次、吨为单位的。周转量则还要反映运输距离上的指标，它等于运量与运距的乘积，以吨千米或是人千米为单位。由于周转量反映了运输工具的投入数量和时间，一般情况下，运输需求采用周转量这个指标来表示。

在运输需求函数中，客运需求和货运需求分别有各自的影响因素。

2. 影响客运需求的主要因素

（1）人口数量及构成情况　客运需求的变化与人口数量成正比关系，人口数量的增加必然会带来客运需求的增加。城市的客运需求就要比农村高出许多，我国目前城市化进程加快，必然会带来更大的旅客交通压力。同时人口的年龄构成、性别构成、文化程度构成也会对客运的需求产生不同程度的影响。

（2）居民收入水平　运输需求的产生基础在于移动的需要，但必然需要有居民支付能力的支持。以人均收入指标反映的居民生活水平的高低对于客运需求的影响甚大。居民收入的提高，必然会带来更大的探亲访友、旅游观光以及文化娱乐等方面的出行需求。

（3）工农业生产的发展　工农业生产的发展将会带来公务、商务出行的大量增加，由此带来客运需求的大量增加。改革开放后，随着社会主义市场经济的建立，地区之间、城乡之间、产销之间的联系日益频繁，人员来往不断增加，客运需求增长相当迅猛，特别是由于农村运输条件的改善，在很大程度上也促进了农村经济的发展。

（4）人口的流动　近年来，在我国由于人口流动所带来的运输压力日益增大。农民工进城务工形成的民工流，学生放假形成的学生流，“春节”“清明”的返乡潮，“十一”黄金周的旅游观光流，形成了大量的人口跨地区流动，这种运输需求表现出了极强的时间和地域特征。

3. 影响货运需求的主要因素

（1）国民经济发展的规模和速度　经济规模的增长，意味着更多的原材料的运输需求、更多的生产环节内部的运输需求、更多的流通环节的运输需求。经济增长的速度在很大程度上刺激着运输需求的增长速度。在工业化时代，运输需求增长的速度要高于经济增长的速度。人们常常采用经济增长速度预测运输需求的变化。

（2）经济行业和部门结构　不同的行业、部门对于运输的需求是不同的，我们用产品的运输系数来描述不同产品的运输需求：

产品运输系数=某种产品的运输量/该产品的生产量

当产品运输系数高的行业和部门在国民经济中的比重增加时，即便此时经济总量没有增加，也会带来运输需求的增加。

（3）生产力布局　生产力布局决定着运输网络的布局，运输网络布局的合理性影响着货流的流向、流量和运输距离，不合理的运输网络布局会导致大量不必要的运输需求，从而影响生产的总成本。所以，在进行生产力布局的同时，合理的运输网络布局必须予以考虑。

（4）运输行业的发展　交通运输业的重要目的是保证最大限度地满足国民经济发展对运输的需要。因此，交通运输作为一个独立的经济部门，在社会再生产过程中处于“先行”的战略地位。这一点早已是世界各国的共识。新的运输工具的出现，运输能力的增加，运输速度的提高和质量的改善，运输成本的下降，都会刺激运输需求的增加。

四、运输需求的特征

1. 派生性

运输需求是由于消费者对商品的需求派生出来的，运输并不是最终的目的。派生需求一般不能独立存在，派生需求受到本源性需求的约束。派生性需求对价格的敏感性较低。

因而运输需求与一般商品需求不同的是，大多数情况下运输需求受价格因素的影响并不十分显著，如图 2-4 所示。

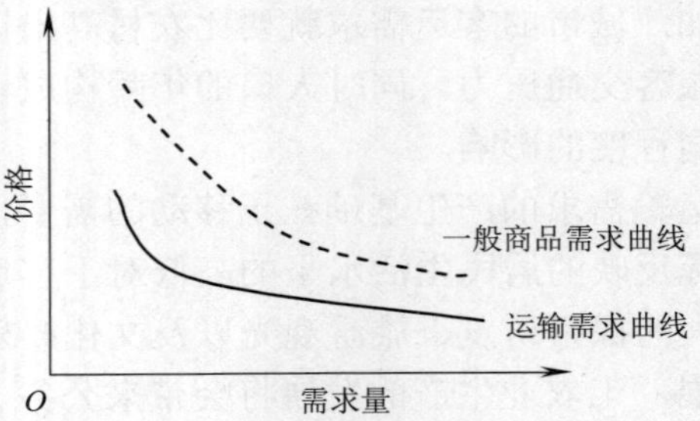

图 2-4　运输需求曲线与一般商品需求曲线

国外的许多研究都表明，在某种限度之内的价格变化，对于旅行或是运输服务的需求量只有较小的影响。举例来说，远洋货物运输的运价变化不会带来太大的海上货运需求量的波动，这一是由于跨洋的海运服务缺少替代，二是由于需要海上运输的货物的需求对价格并不敏感，三是因为运费在货物最终销售价格中占的比重较小。我国的情况也是如此，交通运输部门曾在每年春运期间施行的浮动票价政策不仅没有降低对运输的需求，相反的是，每年对运输的需求逐年上升。另外，运输需求在航空运输领域的表现则比较特殊，基本上符合一般商品的需求特征。造成这一现象的主要原因是我国航空运输领域的高价位和不规范竞争，使得航空运输领域的降价空间过宽。不过，从整体上来看，基本上还是遵从运输需求曲线向右下方倾斜的特征。

2. 部分可替代性

在一定的范围内，对于同一运输需求，消费者可以根据需要选择由公路还是由铁路或是其他运输方式来完成。运输的这一特征促进了各种运输方式间的竞争，改善了各种运输方式的服务能力和质量，这一改善同时也影响到了同一运输方式内部的竞争。在一种运输方式中，当其价格较高时替代性特别明显，如图 2-4 中运输需求曲线处于右端部分的高价格低需求量时。这种替代是相对的，在特定条件下，某一类型的运输方式几乎是某些消费者的首选，如经济收入较高的消费者在进行超过 2 000 千米以上的旅行的时候，几乎都会选择航空运输。

3. 不平衡性

例如，城市交通运输的高峰期一般集中在上下班时间，其他时间段的运输则相对较为缓和。上下班时间交通的流量集中在沿居住区与工业区、商务区之间的连接线上，或者说是运输需求集中在运输网络的某些部分。城市交通运输设施的建设和运输能力的安排必须要考虑运输的不均衡性。

第二节　运输需求的价格弹性

【导读案例】 许多年来，航空公司用所谓的收入管理来增加利润，其做法包括市场促销和差别定价。一般来说，公务舱乘客必须满足客户和市场机会对确定的时间和地点的要求，他们通常一接到通知就要马上动身，航空公司利用这种情况向公务舱乘客要高价，而且不要求他们必须提前购票。相比之下，假期旅行者可以在许多目的地之间选择（包括不坐飞机旅行），并在很久之前就预先做好出行的计划。这些可以由旅行者做主的出行需求对价格变化很敏感，因此，航空公司就对这些机票实行优惠、出低价，以吸引乘客提前购票。优惠低价票往往有许多限制，如要求提前付款出票且不能退票等，而正常机票就没有这些限制。

问题与思考：航空公司制定不同价格的依据是什么？类似的情况还有哪些？

在经济学上，把需求量对价格的敏感程度称为需求价格弹性，试图从量的方面分析价格变动对于需求量的影响到底有多大。例如，价格上升或下降了 5%，对应的需求量的变动到底是多少？这就要进行影响程度的分析，确定价格与需求量变化的相关程度，经济学上采用需求价格弹性来表示。需求价格弹性作为价格、市场理论的一个重要组成部分，具有重要的现实经济意义。

一、需求价格弹性

弹性原是物理学的概念，意指某一物体对外界力量的反应力。这一概念应用到经济领域，是指一种商品的需求量对其价格变动的敏感程度，即反映价格变动的比率所引起的商品需求量变动的比率，简称为需求弹性。

1．需求价格弹性的含义及表达式

不同商品的需求价格弹性大小是不一样的，一般用弹性系数来描述。需求价格弹性系数等于需求量变动的百分比除以价格变动的百分比。如果以 E_d 表示需求价格弹性系数，以 $\Delta Q/Q$ 表示需求量变动的比率，以 $\Delta P/P$ 表示价格变动的比率，那么需求价格弹性系数的一般公式为

$$E_d = \frac{\Delta Q / Q}{\Delta P / P}$$

例如，某种商品价格变动 10%时，其需求量变动为 15%，则这种商品的需求价格弹性系数为 1.5。弹性系数实际表明的是当价格变动 1%时，其需求量相应的变动量的问题。

在理解需求价格弹性的含义时要注意以下几点：

1）需求价格弹性反映的是价格变动所引起的需求量的变动程度，或者说是需求量变动对价格变动的敏感程度。所以，价格是自变量，需求量是因变量，二者不能进行互换分析。

2）需求价格弹性系数是需求量变动的百分比与价格变动的百分比的比率，而不是需求量变动的绝对值与价格变动的绝对值的比率。因为绝对值是有计量单位的，而不同的计量单位之间是不能相比的，但是采用百分比的形式，可以消除计量单位的影响，需求量的变动与价格的变动就具备了可比性。

3）需求量对价格的反应一般是反方向的，所以需求价格弹性系数一般也为负值。对于某些特殊商品，如果价升量加，其需求价格弹性系数也可能为正值。弹性系数的正负取决于商品价格变化与需求量变化的方向是否相同。应当注意的是，在正常情况下，我们说商

品需求价格弹性系数为 1，指的是其绝对值为 1，其算术值应当为-1。因而在概念表达上需求价格弹性均用绝对数表示，但在数量计算时需要使用算术值。

2．需求价格弹性的分类及其经济意义

1）$E_d=1$，即需求是单位弹性。在这种情况下，表示需求量变动的比率等于价格变动的比率。即价格每升降 1%，需求量也随之降升 1%。这种情况在现实中是比较少见的。

2）$E_d>1$，即需求富有弹性。在这种情况下，表示需求量变动的比率大于价格变动的比率，或者说少量的价格变化带来大量的需求量变化。一般工业商品大都属于此类型。

3）$E_d<1$，即需求缺乏弹性。在这种情况下，表示需求量变动的比率小于价格变动的比率，需求量对价格不敏感。如大米、蔬菜等生活必需品大多属于此类型。表 2-2 为美国经济生活中某些商品的需求价格弹性。

表 2-2　美国经济生活中某些商品的需求价格弹性

商　品	需求价格弹性	商　品	需求价格弹性
买来的食品	2.27	饮料	0.78
金属	1.52	烟草	0.61
家具	1.25	食物	0.58
汽车	1.14	住房服务	0.55
煤气、水、电	0.92	服装	0.49
石油	0.91	书、杂志、报纸	0.34
化学制品	0.89	肉	0.20

资料来源：斯蒂格利茨，《经济学》（上册）。中国人民大学出版社，1997。

二、运输需求价格弹性

1．运输需求价格弹性的含义

前面在运输需求的特征中我们已经提到，在一定限度、范围内，大多数情况下运输需求受价格因素的影响并不显著。但并不能因此就认为货主或旅客在选择运输方式、选择运输线路、选择运输工具时对于运输价格会不加考虑。

需求可以分为市场需求和个人需求，一般来讲，个人需求对价格是较为敏感的。比如，如果航空运价可以降低到铁路运价的水平的话，那么大多数人在进行长途旅行的时候，是会优先考虑航空运输的。有时，在低价位的运输线路上，价格的些许优势也可能会带来较大的需求增长。在我国的许多城市公共交通发展中曾出现过这样的情况，在某一线路上部分新型车辆以较高的价位（如 2 元/位）投入运营，而同一线路上的未更新车辆以原有价格（如 1 元/位）运营，尽管有车型、舒适度上的劣势，但未更新车辆却凭借仅有的价格优势（1 元/位）抢走了大部分的客源，而新型车的状况只是等到票价完全统一以后才扭转过来。

各种运输方式之间具有明显的替代性特征。消费者在考虑运输方式的选择时，考虑的是各种运输方式的价格给自己带来的影响。因此，尽管整个运输市场的需求不会因价格的变动发生显著的变化，但在对于不同运输方式或运输工具的个人需求上，运输需求仍然表现出了对价格的敏感性。

我们再来看另一种情况，就是对于“一定限度、范围内”的理解。这里所说的“一定限度、范围”，应该理解为在传统上的各种运输方式所适运的货物（或旅客）的种类、时间、距离、价值等概念。例如，将货物从仓库发送到消费者的配送活动，其运输任务基本上是由汽车来完成的，而不会有其他的诸如铁路、航空参与进来。在这个范围内，运输需求缺乏显著的价格弹性。但对于超出这个范围的运输需求，其价格弹性会变得更加明显。例如，正常情况下，对于低于 500 千米的旅行，只有少数人会选择航空的运输方式。但是，正是这部分运输需求对价格的变动明显敏感，航空票价稍高一些，这些消费者就会放弃乘坐飞机转而去寻求其他的运输方式。这就给我们提供了这样一种思路，即在考虑成本的前提下，适当降低运输的价格可以开拓常规市场以外的运输需求。

2．运输需求的交叉弹性

在需求弹性理论中，还有这样一种情况，即一种相关产品的价格变动，造成另一种产品的需求量的变动，这种变动需要用需求交叉弹性来衡量。需求交叉弹性表明的是在两种商品之间，当其中一种商品的价格发生变化时，另外一种商品的需求量因此而发生变化的敏感程度，即反映一种商品价格变动的比率所引起的另一种商品需求量变动的比率。以 E_{XY} 表示 X 商品对 Y 商品的交叉弹性，则 X 商品对 Y 商品的交叉弹性的弹性系数为

$$E_{XY}=\frac{\Delta Q_X / Q_X}{\Delta P_Y / P_Y}=\frac{\Delta Q_X}{\Delta P_Y}\times\frac{P_Y}{Q_X}$$

式中 Q_X——X 商品在 P 价格时的需求量，ΔQ_X 为需求量变量；

P_Y——Y 商品价格，ΔP_Y 为价格变量。

$\Delta Q_X/Q_X$ 表示 X 商品需求量变动的百分比，$\Delta P_Y/P_Y$ 表示 Y 商品价格变动的百分比。

商品之间的相关关系可以分为两种，一种为替代关系，一种为互补关系。如果两种商品之间存在着替代关系，则一种商品的价格和它的替代品的需求量之间呈同方向变动，相应的需求交叉价格弹性系数为正值。如果商品之间存在着互补关系，则一种商品的价格与它的互补品的需求量之间呈反方向变动，相应的需求交叉价格弹性系数为负值。若两种商品不存在相关关系，则相应的需求交叉价格弹性系数为 0。

在运输中，运输需求与货物需求具有互补关系，运输需求量与货物的价格之间反向变化；而不同的运输方式之间则可能存在着替代关系。

三、影响运输需求价格弹性的因素

1．影响一般商品需求价格弹性的因素

（1）商品的可替代品数目和可替代程度　一般来讲，一种商品的替代品数目越多，可替代程度越高，其需求弹性就越大；反之，越不容易被替代，其需求弹性就越小。因为若易被替代，如果价格上涨，消费者就会少购买这种商品，转而寻求其替代品。

（2）商品本身的被需要程度　如果商品分为必需品和奢侈品的话，则必需品的弹性较小，如大米、蔬菜等；奢侈品的弹性就大，如出境旅游、购买珠宝等。

（3）商品支出在消费者家庭预算总支出中所占比重的大小　一种商品的支出在家庭总支出中所占比重较大，消费者在购买该产品时对价格就会表现得特别敏感，因而需求弹性大；

反之，所占比例小的话，需求弹性就小。例如，肥皂、食盐等的需求就缺乏弹性，因为一般消费者只在这一类商品上花很少的钱，价格高低一般不会影响其消费量，需求弹性就小。

（4）商品的功能用途　某种商品如果具有多种用途，往往会使这种商品更富有弹性，因为价格上升会减少这种商品的用途，而价格的下降可以扩大其用途。铝具有多种用途，如果铝的价格下降，人们会在更多方面扩大铝的使用；而食用油仅能作为食物，用途单一，弹性就小。

（5）商品使用时间的长短　这里指的是商品的耐用程度。一种商品使用寿命短的话，其弹性就小；时间长的耐用品的需求弹性就比较大。

此外，时间、消费习惯、收入水平、地区差异、商品质量、售后服务等多方面因素都会影响需求的价格弹性，而且往往是多因素共同作用。比如，某一商品的替代性很弱，而且用途又很重要，可以肯定其弹性较小；如果其替代性强，但用途又很重要的话，就不好下结论，需要对其替代性和重要性进行分析并参考其他因素做具体的评估。

2．影响货运需求价格弹性的因素

价格弹性表明了价格对需求的影响程度。为了发挥价格对供需的调节作用，一般情况下，我们希望市场需求是弹性需求，以便采取有效的措施，在可能的情况下，改变市场的需求弹性。因此，了解运输价格需求弹性的影响因素，将有助于制定合理的运输价格。

一般来说，货运需求价格弹性主要受以下几方面的因素影响：

（1）是否具有可以替代性的运输服务　一个地区，如果有几种运输方式，或者虽然只有一种运输方式，但是有多家运输服务部门可以满足市场对于运输的需求，这就会给消费者带来更多的选择机会，使得运输服务的替代性增强，从而形成较大的运输需求价格弹性。反之，若没有可替代性的运输服务，需求者选择的机会就少，弹性就小。

（2）运输费用在产品总生产费用中所占的比重　货运需求价格弹性往往取决于货物的价值。货物的价值越高，运输费用在总生产费用所占的比重就越小，货物的所有人对于运价的敏感程度就越低，他所关心的可能是其他的问题，如安全性、快速性、服务质量等。因此，货运需求价格弹性就会很小，工艺品、贵重物品的运输大都如此。如果货物的价值较低，则运输费用在产品总生产费用中的比重就大，运输费用的多少，将直接影响产品的价格，从而影响其销售。在这种情况下，运输的消费者对于运价就会比较重视。如果定价过高，消费者有可能就会去选择其他的运输方式。所以，所运输的货物价值越低，其价格弹性就越大，如蔬菜运输。

（3）时间的紧迫性　价格弹性的大小还同货物的季节性以及市场状况有关。当某种货物急于进入市场销售，或者是属于易腐易烂的食品等货物，其运输的需求者一般宁愿选择价格较高但速度快的运输方式，尽快把货物推上市场，而不会去选择速度慢、运价低的运输。因此，在这种情况下，货运需求价格弹性就小。反之，如果货物的所有者有充分的市场时间的话，那么他会选择运输速度慢但价格较低的运输方式，或者干脆等待运输价格的下降。此时，货运需求价格弹性就比较大了。

3．影响客运需求价格弹性的因素

在所有影响客运需求价格弹性的因素中，最重要的因素就是旅行的目的。某些类型旅行的价格弹性远低于其他种类的旅行，特别是返乡探亲需求等，对于运输价格的变化反应比其他原因的旅行要迟钝得多。

再有就是居民的收入水平，在居民的收入水平较高的地区，其运输需求对价格的变动就不敏感，人们旅行时一般只求安全、舒适、快速。而在低收入的地区，运价对旅行者的影响较大，因为经济性是旅客考虑的主要因素之一，在这种情况下，价格需求弹性必然要大一些。

出行的距离也影响着价格的弹性，在同一运输方式内部，运距越长，其对价格的敏感程度就越高。运输距离越长，运输的总价格就越高，价格变动的百分率所影响的运输费用的绝对量就越大，给运输需求的消费者的心理上会带来一定的影响。这一规律同样也适合于货物运输。

四、运输需求弹性的价格分析

在运输价格调整的过程中，运用价格弹性可以回答下面的两个问题：

第一，价格上涨或下降一个百分点对于运输需求量有什么影响？

第二，如果要需求量增加或减少一个百分点，价格需要做怎样的调整？

例如，某地区汽车客运市场的价格弹性系数 E_d 为 2.3，如果运价制定部门要提价 10%，对需求量有什么影响？

运用弹性的定义：$E_d=(\Delta Q/Q)\div(\Delta P/P)$，已知 $\Delta P/P=+10\%$，$E_d=-2.3$ 则可以计算出需求量变化的百分率为：$\Delta Q/Q=E_d\times(\Delta P/P)=-2.3\times10\%=-23\%$

如果运输管理部门需要运输需求量增加 15%，则运价应做怎样的调整？

同理，已知 $\Delta Q/Q=+15\%$，则 $\Delta P/P=15\%\div(-2.3)=-6.5\%$，即运价应调低 6.5%。

但是，旅客运输定价目前尚无法完全由运输企业自行制定。虽然如此，企业仍然可以在国家允许的一定范围内来确定运输的价格，采取合理的浮动方向和大小，提高企业的竞争力，提高企业的经济效益。一般情况下，企业不会选择在其需求曲线的非弹性区间降价，因为这样做会减少总收入，而且产量的增加又会增加总成本，其结果将是利润的急剧下降。当然，企业即使在有需求弹性的范围内降价，也不一定具有良好的经济效益，这要看降价导致的收入增加是否超过新增加产量的成本增加量。实际上就是要考虑降价或涨价所造成的机会成本的分析。

根据运输需求的价格弹性分析，一般可以采取以下两种价格策略，以求得利润的增加。

（1）低价策略　也称为薄利多运，当市场运输需求弹性系数大于 1 时，企业可以采取薄利多运的定价策略，所谓“薄利”就是降低单位产品的利润水平，其表现形式就是降低价格。“多运”是指在需求弹性系数大于 1 的情况下，由于价格的降低导致运量大幅度上升，从而使总的利润增加。

采取低价策略有三个约束条件：

1）从企业内部看，拥有剩余运力，能满足降低价格后所引起的需求量的增加，否则，运力不足，将蒙受“薄利”的损失。

2）需求弹性系数大于 1，即一定的价格下降能引起更大的需求量上升幅度，否则，会得不偿失。

3）运输收入量（边际收入）扣除税金的增量以后，仍大于成本的增加量（边际成本），这样，企业就能增加利润额。否则，薄利虽能多运，但不能增大企业总利润，甚至可能减少企业的总利润。

低价策略一般能达到以下几个目的：获得企业经营规模的最大化；求得较高的市场占有率；求得运输工具较高的利用率，以获得一定的边际收入。

低价策略分析：

1）在既定的需求状况下，降低原有的运价，扩大原有的运输量，如图 2-5 所示。

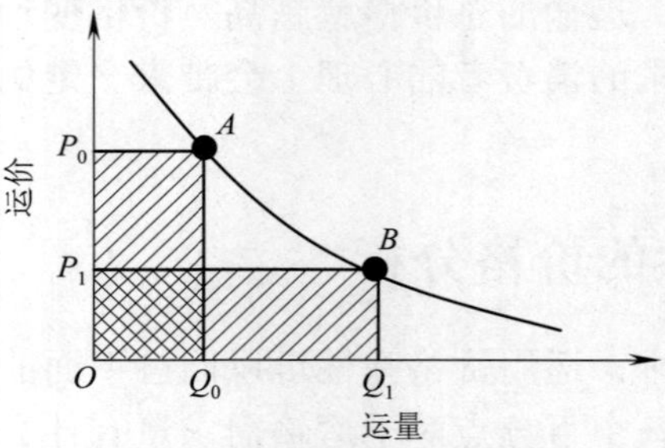

图 2-5　低价策略收入分析

运价从 P_0 下降到 P_1 时，运量从 Q_0 大幅度增加到 Q_1，运输的收入从两个矩形面积比较看，降价后的收入 OP_1BQ_1 要大于降价前的收入 OP_0AQ_0。

2）若受其他因素的影响，需求曲线上升，即对运输的需求增加，就不一定会采取涨价的策略。因为企业追求的是尽可能大的总利润，而不是单位利润。只要具备上述三个约束条件，企业通过相对降价的办法，即在其他企业涨价的情况下，自己不涨价，扩大运量，实际上也可达到薄利多运的目的。

（2）高价策略　其目的仍为取得尽可能多的利润，所谓“高价”就是保持较高的价格利润水平，甚至宁愿维持较低的运量。

采用高价策略有如下约束条件：

1）在市场上无相近的竞争者，能够维持较高价格的厚利局面。

2）运输需求缺乏弹性。

3）降低价格所损失的利润大于因降价而扩大运量所得到的利润。

以下两种情况都是高价策略：

1）在既定的运输需求状况下，减少运量，提高运价，提价带来的收益的增加，大于运量减少所导致的收益损失，则总收益增加，如图 2-6 所示，$OP_1AQ_1>OP_0BQ_0$。

2）虽然有一个更高的需求状况出现，但是在扩大运量时并不比直接提价有利，企业自然采取高价策略。

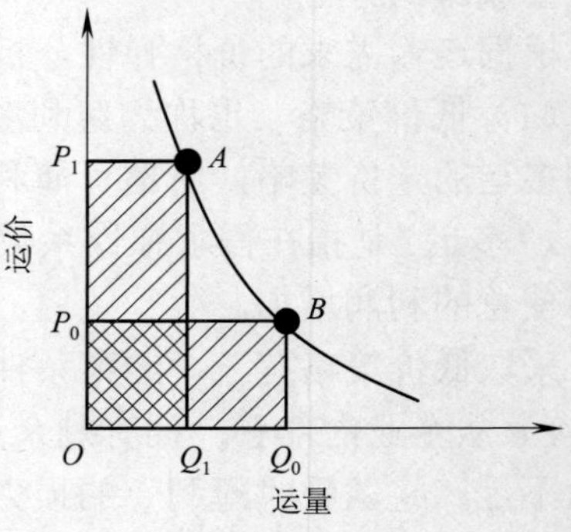

图 2-6　高价策略收入分析

高价策略会受到替代运输的限制，即若价格过高，会导致运输需求者转向低价的替代运输，则难以实现高价。尽管市场竞争性不强，高价策略也可能对运输供给者不利，高价高利润必定会吸引新的供给者进入市场，形成新的竞争局面。因而在运输供给普遍增长的情况下，高价策略只能在特殊市场中进行，如豪华客运、特种货物运输等独立子市场。

五、运输需求弹性的预测分析

运输需求弹性的预测分析属于经济预测的范畴，对运输需求弹性预测的方法大致可以分为两大类：

（1）定性预测方法　定性预测方法是指预测者经过调查研究、掌握资料后，凭借个人的知识、经验，有时也包括粗略的计算，对经济现象的发展前景、性质、方向和规模等，做出推断和预测。这种方法的预测结果，取决于预测者的经验、学识水平、能力，以及对资料的了解程度，因而带有比较浓厚的主观色彩和个人随意性。这种方法又扩展为专家预测法、专家会议法、德尔菲法（Delphi）。

定性预测应用于无法建立有效数学模型的场合，以及那些后果难于直接测定或无法验证的场合。其优点是对资料的要求低，一般无严格规定，能考虑各种各样的因素，包括政治的、气候的和心理的等这些无法测定的因素，简单、易行和综合性强；缺点在于预测结果往往因人而异，受人的主观影响较大，精度难以估计和控制。

（2）定量预测方法　定量预测是指根据准确、及时、系统、全面的调查统计数据和资料，运用统计方法及数学模型，对经济现象或经济系统的发展规模、水平、速度和比例关系等做出数量上的估计预测。定量预测的常用方法有时间序列预测法、回归分析预测法、经济计量模型预测法等。定量预测的优点是受人为的因素影响较小，客观确定性强，精度高；缺点是对资料要求较高，对非定量的影响因素难以考虑，计算复杂，计算量大。

第三节　运输需求效用

【导读案例】中国历史上，曾因大米集中交易而形成了“四大米市”：湖南的长沙、江苏的无锡、安徽的芜湖、江西的九江。因这“四大米市”均在江南，又被称为“江南四大米市”。“米市”的形成除了这四个地方都地处出产大米的中心位置，有广泛的大米来源，便于大米集中之外，还有一个非常重要的因素，就是这四个地方都位于长江的干流、支流以及京杭大运河的交汇处，水运条件非常优越。在旧时代农业商品经济不发达的情况下，“江南四大米市”凭借沿江交通便利、粮食生产丰富、商贸流通发达的优势，形成了规模化的运作模式，对促进当时的粮食生产和流通起到了积极的作用，提高了所在区域的社会经济、农民生活和商业经贸的水平。

问题与思考：对于这种因运输便利所形成的经济发展现象，你能举出一些事例吗？是否一定都会这样，有什么原因吗？城镇化与运输条件有没有关系？

前面几节的介绍围绕运输的需求量与价格之间的关系，即一般情况下运输需求与价格之间会呈反方向的变动，但是没有提及为什么在价格与运输需求之间会形成这样的一个特征。这一节将从效用论出发来探究二者之间的深层联系。

一、效用与运输产品效用

1. 效用

首先要从消费者为什么要购买某种商品说起。消费者购买某种商品的目的是为了从消费中获得最大的满足。何为满足？如何衡量？在经济学中，对于满足程度的衡量使用了“效用”这样一个概念。效用这个词，最常使用的地方是心理学，以之来说明人类的许多行为可以用追求快乐和避免痛苦来解释。后来，这个词的含义被移用到消费者的行为问题上来了。一个人购得了一种商品，总是有一种满足感，好比追求到了某种程度的快乐；而购买商品总是要支出货币，支出就好比是一种“痛苦”，要尽可能地减少。因此，所谓效用，就是指一个人在占有、使用或者消费某种商品或服务时而得到的快乐或者满足。

效用是一个模糊的概念，因为它是主观的东西而非客观之物。效用是对欲望的满足程度，而欲望又是人们想得到而没有得到的一种心理状态，对一种心理状态的满足自然是主观的。这种主观的心理感受，其本身并不涉及是非的价值判断，也就是不考虑欲望的好坏。效用的复杂性主要表现在以下几个方面：

1）效用有共性，也有个性。食品能填饱肚子，衣服能遮体御寒，这是共性。南方人多习惯吃大米，北方人则多喜欢吃面食；有的人喜欢穿素色衣服，有的人偏爱花色衣服，这是效用的个性。

2）效用在很大程度上受经济条件的制约。汽车、花园别墅、游艇可能对一部分收入较高的人有现实的使用意义，而收入较少的人是不会过问它们的，认为把钱花到其他地方效用更大一些。所以，效用可以认为是收入的一种函数。收入的多寡决定了人们对某种商品的效用感受的不同。

3）效用可以由其他因素派生。军火只有在战争中显示威力，但必要的储存所造成的威慑也是一种效用。自行车在西方国家一度被淘汰，但是健身与环保理念却又使自行车的使用盛行起来。一个有吸引力的广告，也会增加消费者心目中的效用。

4）效用会因人、因地、因时而异。同是一杯水，对于长途跋涉、口干舌燥的旅行者来说会让他感到非常满足，而对于一个随处都可以喝到水的人来说，就显得没有多大效用。同样的食物，对于饥肠辘辘的人来说，其效用就大，酒足饭饱之后再吃就觉得索然无味，其效用就小。从时间的意义来看，效用有点类似于“时髦”这个概念，服装款式变来变去，忽而新潮，忽而复古，正是为了迎合、吸引顾客的效用倾向。长城在古代有它战争需要的效用，在今天又有体现民族精神的效用。

2. 运输产品效用

讨论运输产品效用，实际上是在讨论为什么消费者要购买运输产品，以及运输产品能在多大程度上来满足消费者的需求。

一般情况下，消费者购买运输产品，是为了在最后的目的地能得到某种利益。自然也有“爱驾车兜风者”和“旅行家”等原因来选择运输产品的，但毕竟是特例。大多数的客运需求是为了达到自己“运动”至某一地的愿望。货运的需求则是来自于经济的目的，虽然客观上运输实现的是物品的使用价值与价值的统一，但消费者在选择的时候，是不会去考虑这一点的。货物运输的使用者会把运输当作是生产中的一个环节，是生产函数中的一个成本，并总是要使之尽可能的低，以期获得更大的收益。同时，无论是货运需求还是客运需求，大都有及时性、安全性、简便性等共性的要求。

运输产品效用具有如下特征：

1）满足消费者“位移”的需要。这是各种运输方式的共同特征，也是运输最为重要的效用。但各种运输方式在满足消费者需要的时候又各自表现出自己的特征，铁路、公路、水运、航空和管道都可以由消费者根据各自的情况来进行选择，从而达到运输的最大效用。条件允许的前提下，大批量的原油运输最好使用水运或管道来进行，如果使用航空运输的话，恐怕没有一个人会觉得有这种必要。

2）运输产品效用受消费者收入水平的约束。人们在选择各种运输方式的时候，虽然目的都一样，但优先考虑的要求却不尽相同，经济收入较低的消费者在选择的时候只要运输的价格能够足够低就认为是效用很高，而经济收入较高的消费者就可能会对价格有所忽略，转而寻求运输的及时、舒适、服务质量等方面的满足。即便时间允许，如果让高收入人群在长途出行的时候选择铁路运输，恐怕就不会有多大效用，而对于低收入人群来讲，铁路运输的效用就是较高的了。

3）运输产品的效用本身就是一种派生效用。这一特征来自于运输需求本身的派生性。从整个社会再生产的角度分类，所有产品可以划分为最终产品和中间产品两部分，最终产品是指用于最终消费的产品，而中间产品是指在生产环节消费的产品，是生产最终产品的消费。运输消费几乎都源自于人们对中间产品和最终产品消费需求的派生要求，极少有“为运输而运输”的情况，因此，运输产品的效用首先就是要保证其他产品效用的实现。无法想象，如果将一个产品以非常高的运输质量，运送到并不需要这个产品的消费者手中时，这样的运输自然也就谈不上什么效用了。所以，可以说运输的效用就是要“在合适的时间，用合适的方式，将合适的货物，送到合适的地方”，当然还要加上一点，就是“以合适的价格”。

二、效用的基数度量

效用的度量是一个棘手的问题，因为说到底，效用是一个心理感受问题。对心理感受的程度做出一个定量的测定，确实是非常困难，甚至可以说是无法计量的，它并不具备物理上的形态。当你在广州旅游的时候喝了一场早茶，你也许感到非常满意，但你绝对无法说你的效用是 10 个点，还是 100 个点，所以说，效用是个捉摸不定的问题。它涉及很多领域，有物质上的因素，有精神上的因素，或多或少还带着一点神秘的色彩。比如，晕船的游客绝享受不到“两岸猿声啼不住，轻舟已过万重山”的效用。所以说，效用还是有大小之分的。

如何来衡量效用的大小？19 世纪西方经济学家认为，效用大小是可以用计量单位来衡量的，就如同千克可以来衡量物体的质量，人次、吨千米可以用来衡量运量一样，计量效用大小的单位被称为“效用单位”。例如，使用公路运输给消费者带来的满足程度是 30 个效用单位，用铁路运输是 20 个效用单位，吃一个苹果给消费者带来的满足程度是 3 个效用单位，而两瓶啤酒则可能是 4 个效用单位，同时认为，任何一个消费者都是理性的，都谋求在一定收入水平下效用的最大化。用效用单位来计量效用大小的效用分析理论被称为“基数效用论”（Cardinal Utility）。

尽管基数效用论对效用的衡量方法令人怀疑，但毕竟这种理论提供了一种衡量效用的实用的方法，还是有着很强的现实意义的。效用可以用总效用和边际效用两个指标来衡量。所谓总效用是指从消费一定量物品中所得到的总满足程度，用 TU（Total Utility）表示。在单位时间内，一般情况下，消费的商品数量越多，消费者得到的总效用就越大。边际效用是指消费量每增加一个单位所增加的满足程度，用 MU（Marginal Utility）表示。边际效用是两个增量之比：

$$MU=总效用增量/消费量增量=\Delta TU/\Delta Q$$

三、边际效用递减规律

我们举一个例子说明效用的变化过程：一个从来没有坐过飞机的人，第一次要坐飞机的时候，可能晚上会兴奋得睡不着觉，因为他对乘坐飞机有一种非常强烈的渴望，而且可能他会为了能够乘坐一次飞机而推掉其他一些重要的事情。用经济学的术语来描述这一次的运输过程的话，就是这次运输的边际效用非常高。但是，随着第二次、第三次乘坐，如果每次出行都是乘坐飞机的话，他可能就不再愿意推掉其他的重要事情来争取乘坐飞机的机会。所以，尽管总效用仍在增加，但是每一次运输消费所带来的满足程度却在下降，即消费量每增加一个单位所带来的满足程度在下降，我们就说边际效用降低了。如果他因多次乘坐飞机而患上经济舱综合征的话，那就不光是边际效用在下降，而且总效用也会下降，因为此时乘坐飞机对他而言已经是一种痛苦，没有任何的满足感可言了。我们可以对这个例子定量说明，具体见表 2-3。

表 2-3　消费者乘坐飞机的总效用与边际效用变化表

X（乘坐飞机的次数）	0	1	2	3	4	5	6	…
TU	0	8	14	18	20	20	18	…
MU	0	8	6	4	2	0	−2	…

从表 2-3 可以看出，当对 *X* 的消费量从 1 个单位增加到 2 个单位时，所获得增加的效用（边际效用）为 6；当对 *X* 的消费量从 2 个单位增加到 3 个单位时，边际效用降为 4；当 *X* 的消费量从 3 个单位增加到 4 个单位时，边际效用降为 2；当 *X* 的消费量从 4 个单位增加到 5 个单位时，边际效用降为 0；*X* 的消费量为 6 时，边际效用为负值。

这种边际效用数值的变化反映了总效用以递减的速率增加的倾向，称为边际效用递减规律，如图 2-7 所示。其内涵可以表述为：消费者随着对某种商品的消费量的增加，从中获得的满足程度的增量（即从所消费的商品中最后增加的一个单位带来的效用增加值）呈递减的趋势。

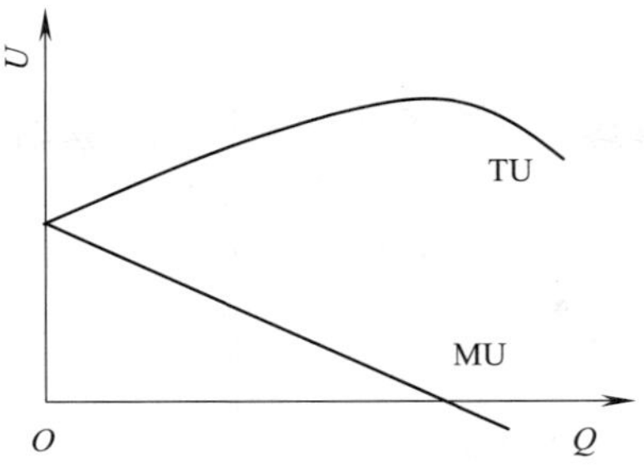

图 2-7 总效用与边际效用

那么，为什么边际效用会递减呢？经济学传统上有两种解释：其一是从人们主观的满足程度的角度分析，当人们消费某种商品的数量逐渐增加时，他们对这种商品的需求欲望与满足程度会随之降低；其二是从商品用途的多样性去分析，每种商品都有多种多样的用途，当消费者只有少量此类商品时，按照理性的行为准则，他会将这种商品用于最需要的地方，而当他可以拥有更多此类商品时，他就会将其一部分用于其他用途，这就会造成这种商品最后一单位带给消费者的效用一定小于前一单位带来的效用。这就导致了边际效用递减现象的发生。

这一规律几乎适用于所有的商品领域的，当然也包括运输商品的领域，前面所举的关于乘坐飞机的例子就表明了这一规律。同样，在其他运输领域当中也会有相类似的情况发生。

四、消费者均衡

由于边际效用具有递减的规律，因而人们对一种商品或劳务的消费数量并不是越多越好。在货币收入一定的条件下，消费者对一种商品或劳务的消费量的增加，就是对另一种消费量的减少。对消费者来说，他怎样才能花费一定数量的收入使购买各种商品或劳务所获得的总效用，或者说总的满足感达到最大化？

消费者均衡是研究单个消费者如何把有限的、既定的收入分配在包括运输服务的商品或劳务的购买上以获得最大的效用。这里的均衡反映出消费者有理性的购买行为，是用既定的货币收入购买到最大的效用，也就是说，消费者所追求的目标是效用最大化。

在研究消费者均衡时，有三个假设条件：消费者的偏好保持既定；消费者的货币收入保持既定；商品和劳务的价格保持既定。

效用的基数度量利用边际分析法，得出消费者均衡的条件，是消费者使用全部收入所购买的各种商品或劳务所带来的边际效用，与为购买这些商品或劳务所支付的价格的比例相等，也可以说，消费者通过每单位货币所得到的边际效用都相等。

假设：消费者用既定的收入 M 购买 n 种商品或劳务，各种商品或劳务的价格分别为 P_1，P_2，P_3，…，P_n，购买量分别为 Q_1，Q_2，Q_3，…，Q_n，各种商品或劳务的边际效用为 MU_1，MU_2，MU_3，…，MU_n，每一单位货币的边际效用为 MU_m，则消费者效用最大化的均衡条件用公式表示为

$$P_1Q_1+P_2Q_2+P_3Q_3+\cdots+P_nQ_n=M$$

$$MU_1/P_1=MU_2/P_2=MU_3/P_3=\cdots=MU_n/P_n=MU_m$$

第一个式子是消费者均衡的限制性条件，说明消费者的收入是既定的，购买各种商品或劳务的总支出不能超过收入，也不能小于收入。第二个式子是消费者均衡的条件，即每一单位货币无论购买何种商品或劳务得到的边际效用都相等。也就是说，每一种商品的消费量，达到所增加消费量的最后一货币所产生的效用为 MU_m。

五、运输产品消费者剩余

西方经济学者根据边际效用论认为，消费者根据边际效用的大小，对不同效用的商品支付不同的价格。效用大的商品，消费者愿意支付较高的价格；效用低的商品消费者愿意支付较低的价格。同时商品的边际效用比较高的时候，消费者愿意支付较高的价格，随着消费数量的增多，边际商品的效用呈递减趋势的时候，消费者愿意为之支付的价格就会逐次降低。但事实上商品的市场价格大都固定在某一价格水平上，并不会根据边际效用取价。这样在消费者愿意支付的价格和商品的实际销售价格之间就会存在一个差额，这个差额被称为消费者剩余。

比如消费者对于第一件商品愿意支付的价格为 8 元，而实际的销售价格为 6 元，那么消费者在消费第一件商品时的消费者剩余为 8−6=2（元）。在消费第二件商品时，消费者愿意支付的价格为 7 元，那么消费者剩余就是 7−6=1（元）。在图 2−8 中，阴影部分表示实际支付的价格，而空白部分 *ABC* 为消费者愿意支付的价格与实际价格之间的差额，即消费者剩余。随着消费数量的增加，消费者愿意支付的价格越来越低，直至消费者愿意出的价格低于商品的正常售价时，消费者剩余就变为负值，商品的边际效用低于消费者的付出，消费者将不会再愿意购买新的商品。除非商品降价，以创造新的消费者剩余，商品的促销打折会带来销售量的增加就是这个原因。

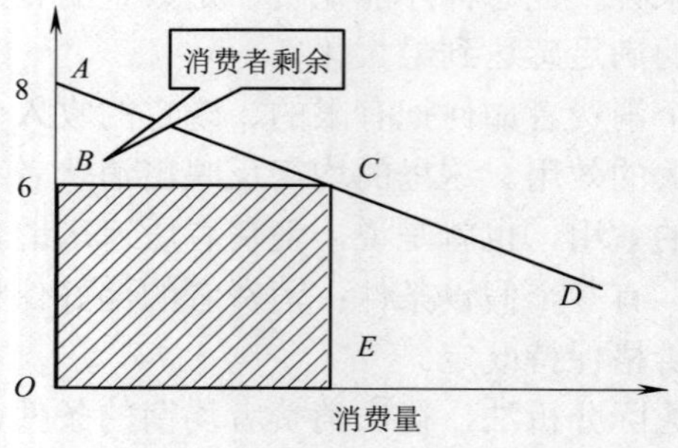

图 2-8　消费者剩余

这一理论很好地解释了需求价格弹性，即为什么价格的降低通常情况下会带来需求量的增加。运输产品也具备一般产品的这样一个特性。我们应当利用边际效用递减规律和消费者剩余理论，研究消费者需求规律，分析消费者收入水平、心理偏好及本企业条件，以正确制定运输价格、确定运输的质量和档次，做好运量的安排工作，实现社会和经济效益的最大化。

在实际应用中，这一理论有着重要的指导意义，运价的制定不能仅仅考虑运输的成本，还应顾及消费者剩余，以满足社会普遍的运输需求，这一点突出表现在公共运输领域（如城市公交系统）的运价制定上，这一部分的运输中，消费者的收入水平较低，较高的运价会大大降低消费者剩余水平，会削弱消费者对于公共运输系统的需求，转而去寻求其他价格更为低廉的运输方式（如自行车），这就会给城市道路管理带来压力。如果由于低价政策而带来企业亏损，就应当由政府承担。还有一个比较有意思的例子，就是铁路客运票价的确定，采用的是两部分定价法。对于基本的社会普遍服务的要求（仅仅是移动，由硬座席位承担），其消费者主要是较低收入人群，采用较低的定价；而较高收入人群的运输需求（不仅仅是移动，而更多考虑的是舒适、安全等，由卧席承担），就采取高水平的定价方式（通常是硬座席位的三倍）。另外，政府在确定指导性的基础运价时，也要考虑消费者剩余的情况，基础价格要定得适当，如果基础价格太高，消费者剩余较少，消费者没有兴趣消费；如果基础价格定得太低，消费者则会过度消费，同时运输产品的生产者也没有积极性。

第四节　运输需求的替代性

【导读案例】青藏铁路的修建，有人用“举世瞩目”这个词来形容，可见其意义之重大。过去，西藏的交通运输设施十分落后，运输体系以公路和航空运输为主，管道运输为辅。但在 5 条进出藏的国道中，实际上只有一条青藏公路常年畅通，85%的进出藏物资、90%的进出藏人员由它完成。青藏铁路的开通打破了西藏的交通格局，由于铁路运输价格低廉、安全舒适、运载量大，对青藏公路运输产生替代作用，青藏公路的运输压力将减少。这不仅可以降低内地和藏区交流的成本，促进各地区经济发展实现多赢，而且随着物流、人口流、信息流、资金流的增长，将从根本上改变西藏过去的闭塞、落后状态，形成新的价值观、消费观、思维方式和行为方式，使西藏地区更快地走向现代化。

问题与思考：有了铁路，公路运输还有必要存在吗？为什么？

一、序数效用论、需求的无差异曲线与产品替代

1. 序数效用论

基数效用论采用了效用的数值来衡量商品的效用大小的时候，面临的一个关键问题就是很难确定一个效用的数值，其量的标准不好确定。于是，西方经济学家们又提出了一个序数效用论，认为消费者主观感受到的满足程度是无法具体衡量的。但是，由于满足有程度的不同，可以采用序数来比较效用的大小。例如，旅行乘坐飞机所得到的满足程度是高于乘坐汽车的，消费者更加偏好飞机的消费，所以，乘坐飞机的效用在次序上是先于汽车的，因此，乘坐飞机的效用排第一，乘坐汽车的效用排第二。如果乘坐汽车的效用大于喝一杯水的话，那么乘坐飞机的效用也大于一杯水，喝一杯水的效用在次序上就应该排第三。用序数来衡量效用回避了效用的具体数值，这样就比基数效用论所受的限制条件要少一些，如消费者的一些心理假设和效用单位的确定等限制条件。

序数效用论以消费者偏好做前提，提出了三个假设条件：

1）对于任何 X、Y 两类商品的组合 A 和组合 B（X、Y 的数量不同），消费者偏好可以分为三种：对组合 A 的偏好大于对组合 B 的偏好；对组合 B 的偏好大于对组合 A 的偏好；对组合 A 和组合 B 的偏好相同。如果对组合 A 和组合 B 的偏好相同，就称为组合 A 和组合 B 是无差异的。

2）如果消费者对于组合 A 的偏好大于对组合 B 的偏好，而对组合 B 的偏好大于对组合 C 的偏好，那么他对组合 A 的偏好必然大于对组合 C 的偏好。

3）如果两类商品组合的区别仅在于其中一种商品数量的不同，而全部商品对于消费者而言都是有效用的，那么消费者总是偏好拥有更多商品数量的那一种组合。

例如，消费者对于 2 千克牛肉和 5 瓶啤酒的组合的满意程度大于 1 千克牛肉和 7 瓶啤酒的组合，那么就表示前者的效用水平大于后者的效用水平。如果满足程度一样的话，则认为效用无差异。

2. 需求的无差异曲线

无差异曲线就是用来表示消费的两种商品的不同数量组合具有相同效用的曲线。在曲线上任意两点的商品组合，对于消费者而言效用是相同的。

无差异曲线（图 2-9）表示对某一消费者提供相同总效用的所有产品 A 和 B 的组合。I_1 是一条无差异曲线，I_1 上的 A 与 B 分别代表了 X 与 Y 两种产品的不同数量的组合。A 点相对于 B 点来说，Y 商品的数量有所增加，而 X 商品的数量有所减少，但商品组合对于消费者的总效用不变，消费者得到的满足感是没有差别的，即消费者对于 A 组合和 B 组合的偏好程度是完全相同的。

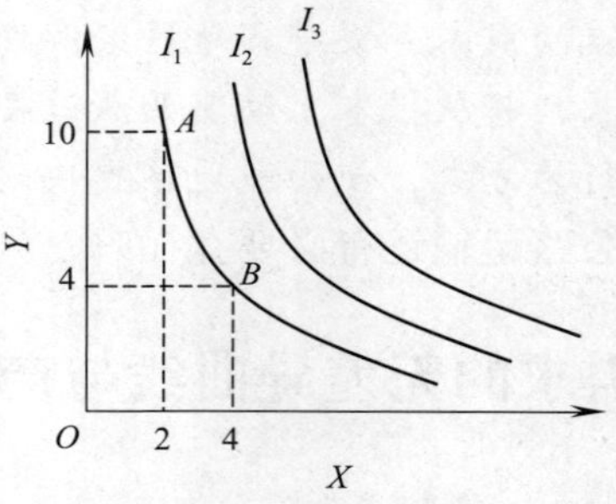

图 2-9　无差异曲线

如果根据序数效用论的第三条假设来看，通过商品组合的数量比较，我们很容易就可以看出，三条无差异曲线的效用水平是不相同的，I_3 的效用水平是要大于 I_2 的，而 I_2 的效用水平又是要大于 I_1 的，即从效用的角度看，$I_3>I_2>I_1$。

无差异曲线有以下几个重要特征：

1）任何两条无差异曲线不会相交。因为一旦两条曲线相交，就意味着两条曲线在交点处的效用水平是相同的，而无差异曲线上任意两点的效用水平又是完全相同的。那么这两条曲线表示的就是同一个效用水平的商品组合，这两条曲线也就没有任何的区别了。

2）一个坐标平面内存在着无数条无差异曲线，离原点越近的无差异曲线表示的效用水平越低，而离原点越远的无差异曲线表示的效用水平越高。在图 2-9 中，I_2 距离原点的距

离较 I_1 远，因此，I_2 所表示的效用水平也相应要高于 I_1 所表示的效用水平。

3）无差异曲线向右下方倾斜并且凸向原点。因为总效用不变，一种商品数量的增加必然使得另一种商品数量的减少，所以更多的 X 商品意味着更少的 Y 商品，X 和 Y 的负相关决定了曲线是向右下方倾斜的。曲线凸向原点表明曲线的斜率随着 X 的增加而下降，这一点我们将结合边际替代率的概念在下面予以讨论。

4）无差异曲线的每一点的斜率表示两种商品的边际替代率。

3. 产品替代

当消费者沿着同一条无差异曲线来变换自己对两种商品的数量组合时，这种组合的总效用并不发生变化。但是我们会发现，在总效用不变的情况下，在 X 商品和 Y 商品之间存在着一种相互替代的关系，即增加一定数量的 X 商品需求，就会降低一部分对 Y 商品的需求。在图 2-9 中，无差异曲线 I_1 中，X 商品的数量由 A 点的 2 个单位上升到 B 点的 4 个单位，Y 商品的数量则从 A 点的 10 个单位下降到 B 点的 4 个单位，即 1 个单位 X 的变化，将会引起 3 个单位 Y 商品的变化。边际替代率就（MRS_{XY}）是用来描述这种数量对比关系的：在维持总效用水平不变的情况下，增加一单位的某种商品的消费时所需减少的另一种商品的消费数量。用公式来表示就是

$$MRS_{XY}=\frac{-\Delta Q_Y}{\Delta Q_X}$$

ΔQ_X 和 ΔQ_Y 分别表示 X 商品和 Y 商品的变化量，当商品数量的变化趋于无穷小时，无差异曲线上某一点的斜率就代表了该点的边际替代率。

如果我们把边际替代率和边际效用递减规律结合起来，就可以发现在一般情况下边际替代率是递减的。即在维持总效用水平不变的情况下，消费者在选择增加单位数量 X 商品时而愿意放弃 Y 商品的数量，会随着对 X 商品拥有数量的增多而不断降低。这是因为当 X 商品的消费数量增加时，消费者对它的偏好程度会下降，或者说 X 商品的边际效用会降低，而同时 Y 商品数量的不断减少，会使得 Y 商品的边际效用升高，这就使得边际替代率不断下降，在无差异曲线的图形中就表现为曲线的斜率不断下降，从而曲线就凸向原点。当然也有例外的情况，如两种商品是完全替代产品，即这两种商品对于消费者具有完全相同的效用时，那么边际替代率是不变的。再有就是互补关系的商品，如汽车和轮胎之间的边际替代率恒定是零。

二、消费预算线和消费者最佳购买量的决定

1. 消费预算线

无差异曲线只是表示消费者主观上对两种商品或劳务不同组合的偏好，边际替代率则表示消费者对这两种商品或劳务相互替代的能力的主观评价。那么，决定消费者对这两种商品或劳务的购买量的客观因素则是：这两种商品或劳务的市场价格以及消费者用于购买这两种商品或劳务的总支出。比如，在长途旅行中全程各区段都有公路和铁路两种运输方式供游客选择，在各路段选择哪种运输方式，既取决于游客对这两种运输方式的偏好，也取决于这两种运输方式的运价和游客为这次旅行在交通运输方

面所预算的费用。

消费预算线又称家庭预算线、等支出线，是一条表明在消费者收入与商品或劳务价格既定的条件下，消费者所能购买到的两种商品或劳务最大数量组合的线。令 Q_X 和 P_X 代表 X 商品的数量和价格，Q_Y 和 P_Y 代表 Y 商品的数量和价格，M 代表消费者的收入，则消费预算线的方程式表示为

$$P_XQ_X+P_YQ_Y=M$$

如图 2-10 所示。

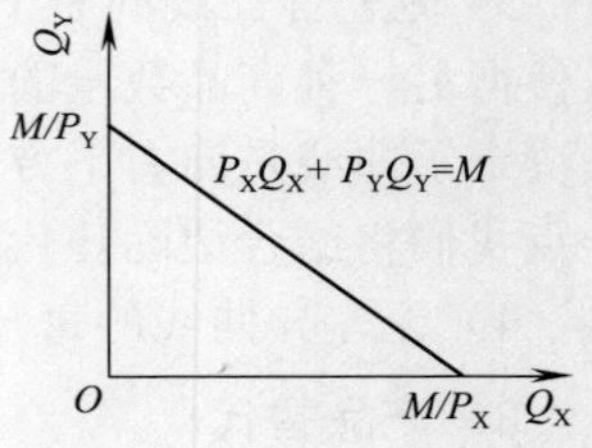

图 2-10 消费预算线

2．消费者最佳购买量的决定

序数效用论把无差异曲线与消费预算线结合在一起来研究消费者的均衡。这时，关于消费者均衡的三个假设条件依然是：消费者的偏好保持既定；消费者的货币收入保持既定；商品和劳务的价格保持既定。如图 2-11 所示，把无差异曲线和消费预算线放在同一个坐标系里，消费预算线必定与无差异曲线中的某一条切于一点，在这个切点上就实现了消费者均衡。

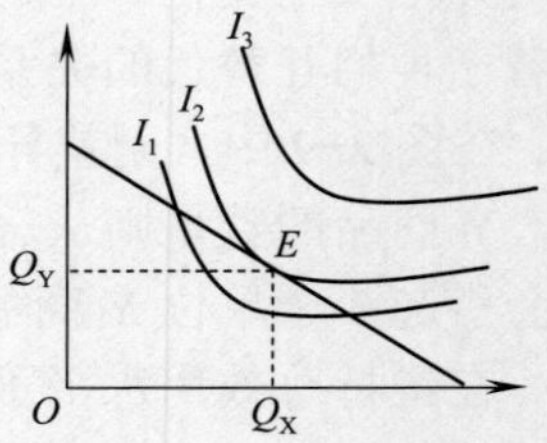

图 2-11　消费者均衡

三、运输产品替代

运输业的各种运输方式都具有替代性的特征。由于运输的这种替代性，任何一种运输方式价格的变化，都会通过市场方式引导社会资源在各种运输方式间的调整分配，最终实现运输产业结构的合理化，促使运输资源得到最佳位置和充分利用。我们在前面讨论运输需求价格弹性的时候，在某种程度上已经反映了运输的替代性问题：如果存在满意的替代运输方式，则价格的上升就会导致需求者转向寻求另一种替代的运输方式。因此，能够相互替代的运输方式往往具有较高的价格弹性。

在一个相对稳定的时间和地域环境中，对应一定的经济发展水平，消费者对于各种运输方式的需求也维持在一定的稳定水平上。举个例子，根据距离不同，某企业由不同运输方式完成的货物运输量所占比重见表 2-4。

表 2-4　某企业不同运输方式完成的货物运输量比重表

运　　距	占总运量比重	公路运输完成	铁路运输完成	其他运输方式完成
300 千米以下	33.3%	82.7%	16.4%	0.9%
300～500 千米	21.0%	52.4%	46.3%	1.3%
500 千米以上	45.7%	34.3%	64.2%	1.5%

在 500 千米以内的运输需求中，公路运输的优势是比较明显的；超过 500 千米，铁路运输的需求则有显著的上升。这是与两种运输方式基本的技术经济特征相适应的，在这两个运距范围内，铁路运输和公路运输各自处于较为垄断的优势地位。当我们考察企业在 300~500 千米的运距范围内所选择的运输方式时，会发现公路运输和铁路运输所完成的运量差别并不大。假定无论是由公路运输还是由铁路运输或是其他运输方式来完成，企业的

这一部分的货运任务总量不会发生大的变化，即可以认为运输的总效用是不变的。由于其他运输方式在货物运输总量中的比重较小，可以忽略不计，那么由公路运输和铁路运输组成的运输方式组合，消费者可以沿无差异曲线选择两种运输方式各自承担多少数量的运输任务。现在假定铁路运输价格下降，企业看到这一情况后，会相对增加铁路运输的比重而降低公路运输的比重，以降低运输的总成本。同时，由于原有的总效用水平不变，所以这种价格下降的结果就会使一部分公路运输被铁路运输所替代。

我们需要对公路运输予以特别的关注，因为公路运输在门到门运输中的重要地位是无可替代的。经济越发展，就对运输有更大的需求，特别是对适应大量运输的航运、铁路运输需求会大幅度上升，必然会增大作为其后续运输环节的公路运输需求。公路运输价格如果上涨，会使得消费者使用其他运输方式替代，从而减少对公路运输的需求，其他运输需求的上升又带动其后续环节公路运输需求的上升，但从运输总的周转量来看，毕竟有一部分需求是由其他运输方式完成的，因此，运输价格的上升还是会产生其他运输方式的替代。

四、影响运输替代的因素

影响各种运输方式之间替代程度的因素有很多。

1）运输价格的水平。某一运输方式的价格水平越高，被替代性就越强。可以这样来理解，价格很高的运输方式，如果不属于奢侈品的消费，其需求价格弹性就大，这样，当运输价格上升时，其需求量下降就很快，将使得该运输方式更容易被其他运输方式替代。而价格降低将会使消费者选择使用这种运输方式来替代其他类型的运输方式。

2）运输对象。运输对象在某种程度上几乎决定了运输方式是否可以被替代。有些运输对象的性质使得这一类型的运输几乎是不可能被替代的。比如内陆的大量原油的运输绝大多数要通过管道运输来完成，而不可能被铁路运输或是公路运输来替代。从整个市场的情况来看，有着特种运输需求的运输对象所面对的运输方式基本上都是不可替代的。

3）运输方式之间的关系。如果两种运输方式之间是竞争的关系，则这两种运输方式在一定运输范围内是有着较强的替代性的，一种方式价格的下降将导致另一种方式需求的下降。如果二者之间表现为互补关系，就像在联合运输中表现的那样，例如，煤炭经过铁路运输到港口转由船舶进行下一阶段的运输，则如果铁路运输的价格升高，除了将影响铁路运输的需求量，还将影响船舶的运输需求，使船舶运输需求量减少，其他方式的联合运输同样存在类似的情况。这种联合运输使得各种运输方式间失去了替代性。

4）消费者的偏好。消费者对于某一类运输方式的偏好，将会使得这一类运输方式被其他运输方式替代的可能性大大削弱。

5）消费者的收入水平。由于运输商品同一般商品一样，其被替代程度也要受到消费者收入水平的制约，消费者收入水平越高，则其通常所选择的某种运输方式被替代的可能性就越小。

其他的一些因素，如地理环境，运输的时间要求、质量要求，市场环境等也对各种运输方式之间的替代起着一定程度上的影响。

五、收入效应与替代效应

运输产品价格变化对运输需求变化的影响可以分解为收入效应与替代效应两部分。收入效应是指运输产品的价格变化会对消费者的实际收入水平产生影响。举个例子来说，企业现在有 3 000 吨矿砂需要运输，如果运输的价格为每吨 10 美元（我们在这里只做一般性讨论，忽略掉了运距的影响），那么企业为这一批货物的运输需要支付 30 000 美元。现在运输的价格下降为每吨 5 美元的话，30 000 美元就可以运送更多的矿砂，虽然货币总量并没有发生变化，但这 30 000 美元购买运输产品的能力却增强了，也就是实际收入水平提高了。如果企业仍然只有 3 000 吨矿砂需要运输，那么就可节余 15 000 美元用来购买其他商品。这就是所谓的收入效应。收入效应表明：价格的变化意味着货币购买力的变动，如商品价格降低，在货币收入既定的条件下，意味着实际收入的增加，从而使商品需求量增加；反之，商品价格上升，既定的货币收入的购买力减小，从而使商品的需求量减少。

替代效应则是在实际收入不变时，一种运输方式价格的变化对其相对价格（相对于其他运输方式的价格）的影响，以及因此产生的需求量的变化。当一种运输方式的价格下降时，相对于其他运输方式而言，这一种运输方式变得比以前更便宜了；而对于这一运输方式来说，其他运输方式就相对变得昂贵了，尽管其他运输方式的实际价格并没有发生变化。这就会促使消费者用这一相对便宜的运输方式来替代那些变得相对昂贵的运输方式。例如，铁路运输价格的降低，对消费者而言就更具有吸引力，从而使得消费者选择铁路运输来替代那些相对显得昂贵的运输方式，如公路运输、水路运输等。由于较低的价格增强了该运输方式的相对吸引力，消费者将增加购买，这就是替代效应。

综上所述，收入效应与替代效应相结合，表示了当运输价格发生变化时对运输需求量的影响。其中，收入效应改变了消费者的效用水平，而替代效应则不改变消费者的效用水平。

思考题

1. 什么叫需求？哪些因素影响需求？
2. 需求量变化与需求变化有什么区别？
3. 影响运输需求的因素有哪些？运输需求又有什么特征？
4. 运输需求价格弹性表示什么意思？通过它可以进行哪些分析？
5. 影响运输需求价格弹性的因素有哪些？
6. 如何理解效用和边际效用递减规律？无差别效用反映了什么现象？
7. 消费者剩余是什么意思？
8. 运输替代是由什么原因造成的？如何分析替代的程度？
9. 当某汽车运输公司在 A、B 两地间往返客运线路的票价由 8 元/人上升到 10 元/人时，客运需求量由 50 人下降为 32 人，请问该公司在 AB 线上的客运需求价格弹性是多少？属于哪种弹性类型？

10．某城市地铁交通的需求价格弹性为 2.4，当票价为 10 元/人时，需求量（客运量）为 10 000 人。请问当票价下降到 8 元/人时，需求量是多少人？该地铁公司的总收益将如何变动？变动多少？

11．某产品价格从 10 元上升到 12 元，销售量从 120 个减少到 100 个，试计算其需求价格弹性。若发生反向变化，情况又会怎样？为什么会这样？

12．如果没有消费者剩余，会是一种怎样的情况？利益到哪儿去了？

13．为什么需求曲线会向右下方倾斜？

第三章
运输供给及其价格弹性

【学习目标】

掌握运输供给和运输供给量的定义；
掌握运输供给函数，认识运输供给量变化和供给变化；
熟悉运输供给的特征；
了解运输供给价格弹性；
了解各种运输方式的供给特点。

【导读案例】

案例一 运力过剩是当今航运界面对的一大难题，不少业界人士不断推测无货可运船只的数量。马士基公司 2008 年 12 月初时曾在其网站上宣布，经过一段时期对欧亚线、泛太平洋线和中美至亚洲线的调整后，部分货船未获重新安排新航线。由于运费受压，运费水平甚至不足以补足成本，将船只“封存”更符合经济效益。该公司将 8 艘 6 500 标准箱的货船“封存”，准备至 2009 年年中再重新启用。运费水平是决策的关键因素，马士基会继续积极控制成本，包括整合航线、货船减速和共享船只。假如市场情况未见改善，将会“封存”其他货船，直至运费回升。

案例二 2009 年有专家预测航运市场情况：在 2009 年世界金融危机影响下，国际航运市场不景气将持续 3～5 年，BDI 指数下跌到 1 000 点之下后，拆船业也将兴旺 3～5 年，并保持一定的发展规模。全球运输处于买方市场，船东将越来越希望把一些老船拆除，当时欧盟海事委员会正计划推动成员国船东加快拆船，以应对气候变化和经济危机两大问题。至 2014 年，全球有 4 300 艘船被拆解。

问题与思考：运输供给与其他商品的供给有什么异同？自 2009 年国际航运运价下跌后，为什么船公司会封航、停航船舶？以上案例中船舶“封存”与“拆解”有什么不同？运输企业的运价与运力之间有什么关联？

第一节 运输供给

一、运输供给与运输供给量

1. 运输供给

运输供给是指在一定时期内、一定空间里和不同价格水平下，运输生产者愿意而且能够提供一定数量的运输产品和服务的能力。运输供给必须同时具备两个条件，即运输生产者有出售运输服务的愿望和提供运输服务的能力。因此，也可以说运输供给就是不同价格下运输供给量的对应关系。

运输供给包含如下四方面内容：

（1）运输供给能力 通常用运输工具的运输能力来表示，说明能够承运的货物和旅客的数量与规模。

（2）运输方式 一般指五种现代运输方式：水路运输、公路运输、铁路运输、航空运输、管道运输。

（3）运输布局 指交通运输生产的空间分布与组合，即各种运输方式的线路和场站组成的交通运输网与客货流的地理分布状况。

（4）运输经济管理体制 指运输供给的组织结构，包括企业结构、企业制度、管理方法、国家运输政策及法规等。

运输供给是由现有的社会运输能力所确定的，或者说，现有的运输能力是运输供给的基础因素。当现有的运输能力发生变化，如运输基础设施建设增加、运输工具增加或减少时，运输供给就会发生改变。

2. 运输供给量

运输供给的大小通常用运输供给量来描述。运输供给量是指在一定时间、空间和一定的条件下，在不同价格下运输生产者愿意而且能够提供的运输服务的数量。“一定的时间、空间”和运输需求量中时间、空间的含义是相同的；“一定的条件”指的是影响运输供给的诸多因素，如政府对运输业的政策、运输服务的价格、运输服务的成本等。

运输供给量可表示为影响它的诸多因素的函数

$$Q_s=f(P, b_1, b_2, \cdots, b_n)$$

式中 Q_s——运输供给量；

P——运输服务价格（运价）；

$b_1,\cdots,b_n$——除运价以外的其他影响因素。

上式为运输供给量的一般表达式。实际使用中，可通过对具体问题的分析和数据处理确定出具体的表达式。

3．运输供给表与供给曲线

根据运输价格与供给量的关系所列成的表称为供给表（见表 3-1）。

表 3-1 供给表

线路1	价格	1	2	3	4	5	6	7
	数量	1	2	3	4	5	6	7
线路2	价格	1	2	3	4	5	6	7
	数量	2	4	6	8	10	12	14
线路3	价格	1	2	3	4	5	6	7
	数量	3	6	9	12	15	18	21

在影响运输供给量的诸多因素中，运输服务的价格是最灵敏、最重要的因素。运输供给曲线就是假定其他因素不变，反映供给量同价格之间关系的曲线。此时，运输供给函数可简化为

$$Q=f(P)$$

在一般市场中，供给量是随商品价格的变动而变动的，Q 与 P 同方向变化。如果商品价格下跌，供给量就会减少；商品价格上涨，供给量就会增加。即供给量随运价上涨而增加，随运价下跌而减少，这是运输供给的一般规律。如图 3-1 所示，S 为运输供给曲线。

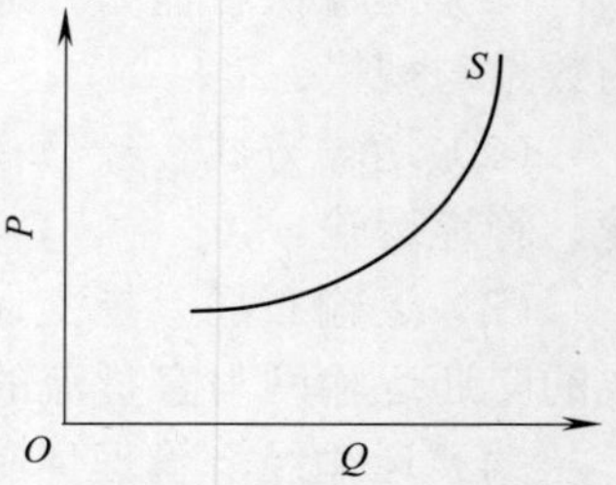

图 3-1 运输供给曲线

运输供给曲线可分为企业供给曲线和行业供给曲线，它们分别表示单个企业和整个行业提供运输服务的数量同运输价格之间的关系。在几何上，整个行业供给曲线可由众多单个企业供给曲线叠加而成，即将同一价格下的企业供给量相加，得到该价格下的行业供给量。

供给规律的形成是由生产者追求利润最大化的行为决定的。在各种生产要素价格（生产成本）以及其他因素不变的条件下，某种商品价格的上升会使生产者的利润增加，从而促使生产者加大对该种商品的投入，以增加供给；如果该种商品的价格下降，生产者获利减少，生产者就会将其掌握的生产资源转用于其他商品的生产，从而使该商品的供给减少。

二、运输供给的特征

1．运输设施的能力决定着运输供给能力

运输业的生产活动是通过运输工具使运输对象发生空间位置的变化，在运输过程中并没有产生新的物质产品。运输产品的生产和消费是同时进行的，它不能脱离生产过程而单独存在，所以，不能像一般工业一样，可以将产品贮存起来，这就是运输产品的不可贮存性。

一般工业可以通过产品贮备的形式适应市场供需变化，而运输产品的非贮存性，决定了运输业不能采取储存产品的形式，而只能采取运输能力贮备的形式来适应运输市场变化。

运输业有着固定设备多、固定资产投资大、投资回收期长等特点，运输能力通常按运

输高峰的需求设计，具有一定的超前量。运输能力的超前建设与运输能力的贮备对运输市场来说，一方面可以适应市场需求增长的机遇，另一方面则可能因市场供过于求而产生风险。运力贮备越大，承担的风险越大，适应市场需求的能力也大；相反，运力贮备小或没有贮备，承担的风险小，但适应市场需求的能力也小。这一点在国际航运市场上尤其明显。

2．运输供给的不平衡性

运输供给的不平衡性主要表现在：第一，受市场运价和竞争状况影响的波动性大。当市场繁荣时，刺激运力投入；当市场萧条时，迫使运力退出。第二，运输需求的季节性不平衡，导致运输供给出现高峰与低谷供给量的悬殊变化。这都带来运输供给量在时间分布上的不平衡。第三，由于世界经济和贸易发展的不平衡性，运输供给在不同国家（地区）之间也呈现出一定的不平衡性。经济发达国家（地区）的运输供给量比较充分；而经济比较落后国家（地区）的运输供给量则相对滞后。运输供给的不平衡性在我国国内市场上表现得不是很明显，而在国际运输市场上表现突出。供给与需求的平衡是暂时的、相对的，而不平衡却是绝对的、长期的。

3．运输供给利用的不充分性

运输业是特殊产业部门，其生产与消费过程是同时进行的，运输服务的生产过程，既是运输对象发生位移的过程，亦是运输服务的消费过程。但这并不意味着运输产品的生产必然能与运输产品的消费相结合，现实中生产与消费脱节的现象不可避免。例如：运输需求在运输时间上的波动性、在运输方向上的单向性、个别运输需求对运输工具的适应性等都会导致运力浪费；为实现供需时空结合，企业要经常付出空载行驶的代价，这种由于供给与需求之间在时间、空间上的差异性所造成的生产与消费的差异，使运输供给者必须承担运力损失、空载行驶等经济上的风险。所以，运输活动的经济效果取决于供需在时间与空间的正确结合上，这就要求运输企业掌握市场信息，搞好生产的组织，运用科学管理方法提高企业经营管理水平。

4．运输供给的成本转移性

同运输生产的时空差异带来运力浪费情况相反的是，运输供给能够在较大范围内超额生产，并不带来成本的明显上升。这种情况在我国各种方式的旅客运输中较为普遍。运输企业可以在成本增加很少的情况下，在需求允许时，增加供给量（运输工具超载），但伴随而来的是运输条件的恶化，运输服务质量的下降，使得本该由运输企业承担的成本部分地转移到消费者身上。运输供给的成本转移还体现在由运输活动带来的空气、水、噪声等环境污染，能源和其他资源的过度消耗，以及交通阻塞等成本消耗也部分地转移到运输业外部的成本中。

5．运输供给的可替代性与不可替代性

在现代运输业中，铁路、公路、水运、航空、管道等多种运输供给方式同时存在，各种运输方式中的千千万万个运输供给者同时存在，并都有可能对同一运输对象进行空间位移。在这种情况下，运输需求者完全可能根据自己的意愿来选择任何一种运输方式中的任何一个运输供给者，这就是运输供给的可替代性。这种可替代性形成了运输业者之间的竞争。但这种可替代性又是有一定条件的，因为运输需求和运输供给有时空特定性的特点，各种运输方式的技术经济特征不同、发展水平不同、运输费用不同、运送速度不同，运输总供给中的分工和地位不同，都决定了运输供给的可替代性会受到不同程度的限制。因此，运输供给的可替代性与不可替代性是同时存在的，运输市场的供给之间既存在竞争、垄断，也存在协作关系。

6．运输供给变化的周期长

运输供给的变化主要指运输设施的建设和运输工具的投入与退出。运输设施的建造一般都需要较长的时间，而运输工具建造也都需要一定的时间，如一艘船舶从设计到造好一般需要 4 年时间。建造好的运输设施和运输工具都具有较长的使用寿命，要退出市场极其不易，这使得运输供给的调整极为困难。相比较而言，运输供给的增加要快过退出。

三、运输供给与运输供给量的变化

运输供给表示在不同价格水平下，运输生产者愿意且能够提供的运输服务，它表示的是供给量同运价之间的一种对应关系，一个特定的运输供给对应一条特定的供给曲线。而运输供给量则表示在某一确定价格水平上，运输生产者提供的运输服务数量，它对应于供给曲线上的一个点。运输供给量的变动就是当非价格因素不变时，供给量随运价变化而沿供给曲线移动，每一运价水平对应一个供给量。运输供给的变动是非价格因素变化时导致的供给曲线的整体位移。如果供给发生了变动，即使价格不变，运输供给量也会发生变化。

如图 3-2 所示，当运价从 P_1 升到 P_2 时，供给量从 Q_1 升高到 Q_2，这是供给量的增加；若为反方向，价格由 P_2 降到 P_1，则供给量从 Q_2 降低到 Q_1。在不考虑其他因素时，当运价较低时，运输厂商会控制成本，减低消耗，降低运输工具的运作效率，减小运输供给量；当运价上升时，运输厂商愿意更充分地利用运输工具，多装快跑，扩大运输供给量。因而，运输供给曲线一般表现为向右上方倾斜，如图 3-2 所示。运输供给曲线可以是直线型，也可以是曲线型。

如图 3-3 所示，当非价格因素发生变化，导致运输供给曲线由 S_0 变为 S_1 或 S_2，此为运输供给的变动。其中 S_0 变为 S_1 被认为是供给减少，一般是运输设备拆解报废，运输能力减少；而增加运输能力，投入更多的运输设备，则会使得 S_0 变为 S_2，称为供给增加。

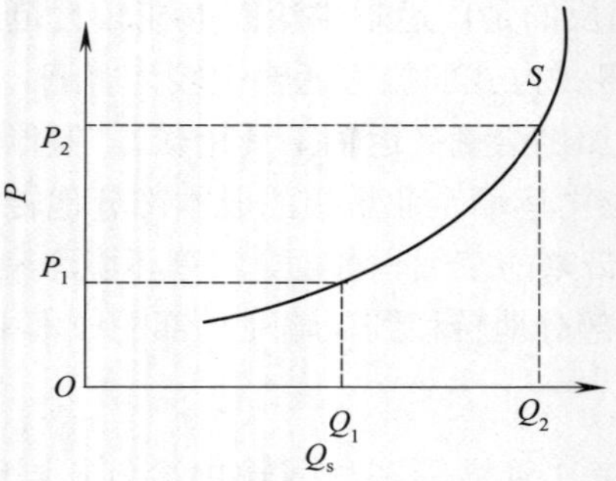

图 3-2　运输供给量的变化

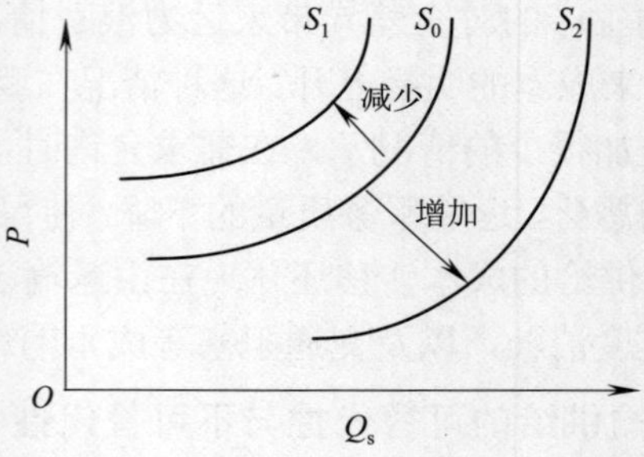

图 3-3　运输供给的变化

四、影响运输供给和供给量的因素

影响运输需求的某些因素同样会影响运输供给，当然还有其他因素，影响运输供给的因素主要有以下几个方面：

1．经济因素

一个国家或地区的经济状况直接影响着运输供给的发展。综观世界各国，运输业发达、运输供给水平较高和运输供给能力较强的国家，是经济发展水平较高的一些发达国家，而广大的发展中国家，大多是运输业落后、运输供给短缺的国家。从一国经济发展的历史也可以看出，运输供给能力和水平是受制于该国当时的经济发展总水平的。国家或地区的经济实力越强大，越可能拿出更多的国民收入投入到运输基础设施建设和运输设备制造中去。从一个国家不同地区的局部运输供给也可以看出上述规律性，如我国的珠江三角洲地区、长江三角洲地区、京津冀地区等是我国经济发达地区，其运输基础设施比较齐备、运网密度较大、运输配套水平较高，所以这些地区是我国运输供给水平较高、运输供给能力较强的地区；而我国经济相对落后的地区，也是运输供给能力相对较弱的地区。

2．政治与军事因素

运输业是一个国家重要的基础产业。它不仅关系到一个国家经济的发展、政治的稳定，而且也关系到国防的巩固。各国政府一般都对运输业实行不同程度的干预，因此政治和军事因素也对运输供给产生重要的影响。运输政策是影响运输供给的重要政治因素，它是一个国家为发展运输业而制定的准则，是经济政策的组成部分。运输政策的制定需要从经济、政治、军事以及国际社会等各个方面加以考虑，因而是国家利益的重要体现。特别是对运输业的重要领域，如国际航运业，各国政府或给予财政支持，或给予行政和法律保护，这些扶持和保护的政策措施无疑对运输供给能力的增加提供了有力的支持。

军事运输是一个国家运输业的重要组成部分，运输经济学的研究对象虽然不包括军事运输，但军事因素对运输业的影响是显而易见的。一个国家运输网的规划、设计和建设不能不考虑到国防建设和军事上的需要，军事运输要利用民用运输线路，战时，民用运输也要服从军事需要；同样军事运输线路在平时也可以转为民用运输，我国在 20 世纪 70 年代所修建的“战备公路”至今仍在经济建设中发挥着重要的作用。

3．技术因素

科学技术是推动社会发展的第一生产力，也是推动运输业发展的第一生产力。新型运输工具的出现、运输工具性能的重大改进，都是科技进步的结果。科学技术对于提高运输生产效率、降低运输成本、提高运输服务质量、提高生产的组织管理水平起着重要作用。从运输工具的发展史就可以看到科学技术在提高运输供给中的巨大作用。因此，科学技术的应用既提高了运输供给量，也提高了运输供给能力。先进的管理技术使得运输效率得以大幅度提高。

4．市场价格因素

市场价格因素的影响体现在运输服务价格、运输服务成本、运输的相关市场的价格等方面。运输产品价格是影响运输供给量的重要因素。在其他因素不变的情况下，运价同运输供给量呈同增、同减趋势。当运价降低时，运输企业往往采取降低运输设备运转速度以减少耗油，不去异地载货而宁愿原地等待以减少成本支出，甚至停航封运等措施，使得市场的运输供给量减少。反之，运价增高时，运输企业会不断挖掘潜力，多装快跑，提高运输工具的使用能力，使得市场的运输供给量增加。运输价格是由运输成本决定的，引起运输成本变动的因素很多，主要是生产要素价格和生产技术状况。生产要素价格上涨，必然导致运输成本的增加，使运输供给减少。生产技术的进步则意味着运输能力的提高或运输成本的降低，其结果是能够在原运价水平下，增加运输供给量。运输的相关市场如运输工具的制造市场、运输工具的买卖市场等，其价格也将影响投放到运输市场上的供给能力。如船舶买卖市场的动态，往往反映闲置吨位的进出市场的趋势。

价格因素不仅是影响供给量的重要因素，还是影响供给的重要因素。由于市场价格的上升，也会刺激社会资源向运输领域转移，使得造船量、造车量增加，运输供给得以提高。反之，市场萧条，大量运输工具报废或拆解，使得运输供给减少。

第二节 运输供给的价格弹性

一、基本概念

运输供给的价格弹性（简称供给弹性）是指在其他条件不变的情况下，运价变动所引起的供给量变动的灵敏程度，表示为

$$E_{\mathrm{S}}=\frac{\Delta Q/Q}{\Delta P/P}=\frac{\Delta Q}{\Delta P}\times\frac{P}{Q}$$

运输供给的价格弹性也可以表达为，运输价格变动一单位时，运输供给量变动的程度。

供给曲线上某一特定点处的价格弹性称为这一点的点弹性。点弹性可以表达为

$$E_{\mathrm{S}}=\lim_{\Delta P\to 0}E_{\mathrm{S}}=\frac{\mathrm{d}Q}{\mathrm{d}P}\times\frac{P}{Q}$$

供给曲线上某一段弧处的价格弹性称为这段弧的弧弹性。弧弹性可以表达为

$$E_{\mathrm{S}}=\frac{Q_2-Q_1}{P_2-P_1}\times\frac{P_1+P_2}{Q_1+Q_2}$$

由于运价同运输供给量同方向变动，所以供给弹性的数值为正值，这样，供给量对运价变化的反应程度可以用供给弹性值的大小衡量。

$E_{\mathrm{S}}>1$，供给富有弹性；

$E_{\mathrm{S}}<1$，供给缺乏弹性；

$E_{\mathrm{S}}=1$，供给是单位弹性。

供给曲线上每一个点，表示一定的供给状态。根据供给曲线上的特定点，可检验其供给弹性的状态特征，即是富有弹性还是缺乏弹性。

如图 3-4 中 S 为一条供给曲线，要检验 S_1、S_2、S_3 三个特定点的供给弹性，可采用简便的切线判断法。分别做 S_1、S_2、S_3 处的切线 L_1、L_2、L_3，并与坐标轴相交。切线 L_1 与运价轴 P 首先相交，则 $E_{\mathrm{S}}>1$，如 S_1 点；切线 L_3 与供给量轴 Q 首先相交，则 $E_{\mathrm{S}}<1$，如 S_3 点；切线 L_2 穿过原点，则 $E_{\mathrm{S}}=1$，如 S_2 点。

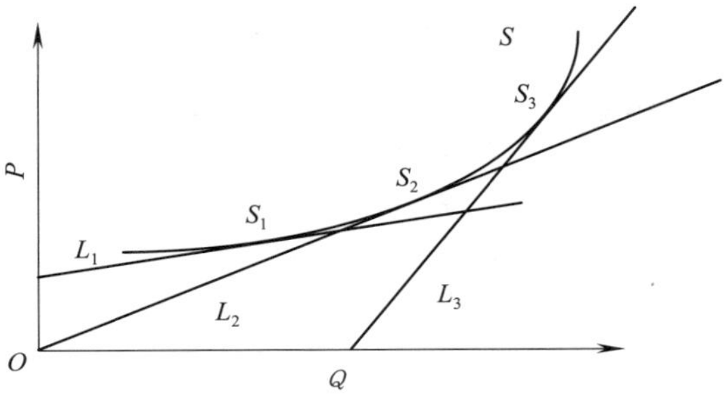

图 3-4 运输供给价格弹性

如果供给曲线为直线，则：过价格轴的供给曲线 $E_S>1$；过供给量轴的供给曲线 $E_S<1$；过原点的供给曲线 $E_S=1$；平行于供给量轴的供给曲线 $E_S=\infty$；垂直于供给量轴的供给曲线 $E_S=0$。通常在运输市场上，供给弹性呈现为富有弹性和缺乏弹性两种情况。

二、影响运输供给价格弹性的因素

（1）运输生产要素适应运输需求的范围大小　运输服务就是使运输对象发生空间位移，但由于个别运输需求的差异性，会导致运输服务的生产要素的差异性。如果运输生产要素适应运输需求的范围大，则供给弹性就大；如果运输生产要素适应运输需求的范围小，则供给弹性就小。如杂货船与油轮相比，杂货船适运货物范围广，在运输市场上便于灵活调配，供给价格弹性大；而油轮专用性较强，较难转移到其他货类市场，因此供给弹性较小。

（2）调整运力的难易程度　一般来说，能够根据价格的变动灵活调整运力的产业，其供给价格弹性大；反之，难以调整的，其价格弹性就小。定期船市场与不定期船市场相比，前者调整运力较困难，供给价格弹性较小，后者调整运力较容易，供给价格弹性较大。

（3）运输成本增加幅度大小　如果一种运输服务增加供给引起的成本增加较大，那么，其供给弹性就小；反之，如果增加的成本较小，则其供给弹性就大。如公共汽车运输在满员情况下还能超员运输，其成本随运量变化而增加的幅度小则供给价格弹性大。相对而言，处于运量饱和的货物运输再增加运量，就须增加运输工具、驾驶操作人员等，因此成本增加幅度大，此时的供给价格弹性小。

三、运输供给价格弹性的特点

（1）同考察期间的长短有关　运输业是资金密集型产业，初始投资大，建设周期长，运力贮备风险较大，所以短时间内调整运力不易做到，供给价格弹性较小。但从长期考察，运输市场在运价的作用下，供给与需求会趋于相互适应，表明在长期内，运输供给具有足够的弹性。

（2）同运输市场上供需的相对状况有关　当运输需求低迷时，通常运输市场供给过剩，因此具有较大的供给价格弹性；运输需求旺盛时，通常运输市场供给紧张，即使价格上升，也无大量供给投入，因此供给弹性较小。

（3）同运价波动的方向有关　运价朝不同方向变化时，运输供给价格弹性大小亦不同。一般来说，运价上涨时，刺激供给增加，运输供给弹性较大；运价下跌时，供给并不情愿退出市场，只有实在难以维持，才被迫退出市场，故供给弹性较小。

（4）同运输市场范围有关　运输经营者往往是分布于各个地区的承运人，其行动基本上是相互独立的。各个经营者无力左右运输市场的价格，只能在一定的运价水平下采取一定的营运策略。当运价上涨或下跌时，运输经营者将采取复运或停运、租进或租出运力、买入或卖出运输工具、推迟或提前报废运输设备等策略以增加或减少运力供给。若市场上在较长时期内运价坚挺，就会刺激运输经营者竞相投资订造新运输设施或工具的兴趣，增大供给能力，因此，个别的供给弹性较大。

从整个运输市场考察，可能与个别供给有所不同。在短期内运价上升，虽有租进或买进运输设备等活动，但是在新运输设备投入市场之前，整个市场的供给量不会有显著增加。其主要增加的运力是复运运输设备和加速运输的结果。当运价上涨并且在一段时间内保持较高的水平时，必然会引起运输工具价格的上升，这时，用巨额投资建造新运输设备的热情会有所减弱。因此，整个市场的供给弹性相对较小。

四、运输供给交叉价格弹性

两种商品之间可能存在替代或互补的关系。运输是一种服务，是一种特殊商品，不同运输方式之间存在某种程度的可替代性和互补性。商品之间的替代关系导致商品间的竞争，而互补关系则导致两者之间的协同。因此，有时要研究在运输企业、各运输方式之间的供给交叉价格弹性（交叉价格弹性一般也称为交叉弹性），即某种运输服务价格的变动引起的另一种运输服务供给的变动灵敏程度，表示为

$$E_{SAB}=\frac{\Delta Q_A/Q_A}{\Delta P_B/P_B}=\frac{\Delta Q_A}{\Delta P_B}\times\frac{P_B}{Q_A}$$

式中　E_{SAB}——B种运输服务价格变化引起A种运输服务供给的变化的弹性值（即A对B的交叉价格弹性）；

Q_A，ΔQ_A——A种运输服务供给量及供给量变化值；

P_B，ΔP_B——B种运输服务价格及价格变化值。

理论上，若A、B相互独立，不可替代，则 $E_{SAB}=0$；若A、B可替代，则 $E_{SAB}<0$；若A、B互补，则 $E_{SAB}>0$。若 $-1\leqslant E_{SAB}\leqslant 1$，则A、B间交叉弹性小；若 $E_{SAB}<-1$ 或 $E_{SAB}>1$，则A、B间的交叉弹性大。具体如图3-5所示。

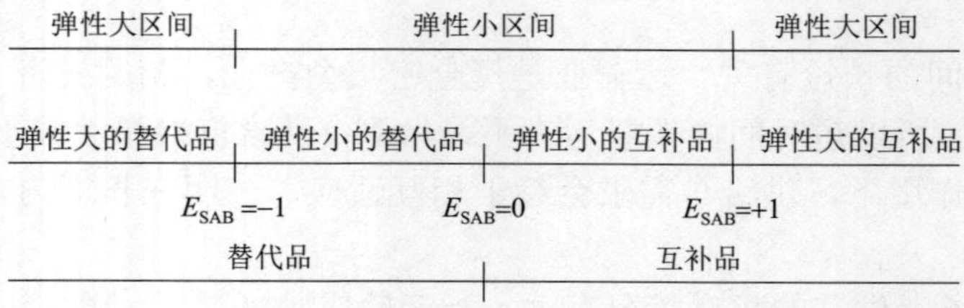

图3-5　交叉价格弹性区划示意图

例：某航运企业经营从A地到B地之间的海运业务。据该公司的统计资料表明，其船舶运力与运价之间的函数关系为 $Q=2P+10$。式中，Q 表示船舶吨位供给量，P 表示运价。请计算 $P=5$ 时的船舶运输供给价格点弹性 E_S。

解：船舶运输供给价格点弹性

$$E_S = \frac{\mathrm{d}Q}{\mathrm{d}P} \times \frac{P}{Q} = 2 \times \frac{5}{2 \times 5 + 10} = 0.5$$

第三节 各种运输方式供给的特点

现代运输业是由铁路、公路、水路、航空、管道五种供给方式构成的。正确认识这五种供给方式的技术经济特点，有助于我们认识和处理它们之间的相互关系，提高运输供给能力和水平，保证运输供给总量满足运输需求的增长。

一、铁路运输

1. 我国铁路运输的地位

我国疆域辽阔，内陆深广（东西跨越 5 200 千米，南北最远相距 5 500 千米），铁路运输成为内陆运输最为重要的方式。在中华人民共和国成立之后，我国政府就高度重视铁路的建设，20 世纪 50 年代～20 世纪 80 年代，是铁路初始发展时期，以线路建设为主。20 世纪 80 年代之后，我国铁路进入现代化发展时期，线路继续增加，并进行电气化改造、复线建设、多次提速，使得铁路运输能力进一步发展。2015 年年末，全国铁路营业里程达到 12.1 万千米，其中高速铁路营业里程超过 1.9 万千米。

我国铁路货运主要为西煤东运、北煤南运、北粮南调、南矿北运、西棉东送，以及南方、东部工业品的向北、向西运输。近年来五定班列和集装箱专用车厢、双层集装箱车厢的投入使用，使得集装箱多式联运得以快速发展。基于我国经济发展的水平，铁路运输仍然是我国旅客运输的最主要方式。

我国铁路运输是旅客运输和中长距离货物运输的主要方式。其运输的主体是国有的铁路运输企业（铁路集团）和少量的地方铁路运输企业，由政府专营，采取政府统一定价和计划运输的组织方式，由各地车站代表铁路参与市场交易。铁路运输是国家调控运输市场的杠杆，是政府经济实行宏观调控、调节全国物资市场的工具之一。

2. 铁路运输的特点

铁路运输在世界运输业上已有一百多年的历史，至今仍在各国发挥巨大作用，这与其自身的特点和优点有十分密切的关系。铁路运输具有受气候影响较小，运输速度较快，运输量较大的优点。铁路运输费用较低，且单位距离的运费随着距离的增长呈递减趋势。但是铁路线路固定，货物通过两端周转后，再利用铁路运输会大大增加运输成本。铁路运输更适合于铁路沿线附近无须转运的货物运输。铁路运输的特点如下：

（1）货运量大　一列火车货车，一般情况下一次可牵引 50 节车厢，运输货物 3 000 吨以上。单线干线铁路年运输货物一般在 1 000 万吨以上，双线干线铁路年运输货物一般在 2 500 万～4 000 万吨。

（2）速度快　火车一般时速可达 100～160 千米。2017 年我国使用的高速火车运行时速达到 350 千米。火车车速之所以可以高于汽车的车速，原因是火车在铁路上是封闭运行，设计者可以按指定行车车速去设计列车和铁路，并使之高度匹配。

（3）运行的连续性高　铁路运输方式基本上不受气候、季节的影响，除受到特大自然灾害和极端天气的影响外，可全天候不分昼夜地进行定期、有规律的准确运转。同时，铁路运输安全可靠，风险较小。

（4）能源消耗低　铁路运输方式中的能源利用水平比公路运输方式、航空运输方式高，比水路运输方式差。其运输油耗约是汽车运输的二十分之一。

运输方式的能耗有三种损失：坡度损失、变形损失、阻力损失。

1）坡度损失主要来自线路的坡度。在几种运输方式中，坡度变化幅度由大到小依次为航空、公路、铁路、水路。

2）变形损失主要来源于车轮或流体的变化。在几种运输方式中，变形损失由大到小依次为航空、公路、铁路、水路。

3）阻力损失分为内摩擦损失和外摩擦损失。内摩擦损失主要来自动力系统，外摩擦损失来自空气与水的黏附阻力。火车、汽车的速度处在同数量级的水平，故两者的阻力损失相当，航空运输由于速度高，所以运输的阻力损失就大，而船舶的水阻力最大。

综上所述，铁路运输的能耗低，主要基于坡度、变形、阻力等三项损失都是较低之故。

（5）占地比公路少　据德国的调查，各种运输方式共占用的土地约占其国土面积的 4.8%，其中铁路占地约 0.4%。在同等运能条件下，铁路与高速公路之间的用地比为 1:2.5～1:3。

铁路运输之所以比公路运输节约土地，是因其运输系统的集中化、标准化程度大大高于公路运输系统。

（6）安全舒适、适宜长距离运输　这一点主要是针对客运而言的。铁路客运列车是由多节车厢组合而成的，可实现在途时间中的生活日常化，通过卧铺、餐车、厕所、流动售货和不断上水等来保障日常生活，在铁路上行车平稳、受外界环境干扰小等均保障了列车行驶中的舒适性。

铁路运输过程中的事故少。据国外的统计表明，在同等运能条件下，高速公路上的交通事故死亡人数为铁路的 27 倍，受伤人数为铁路的 10 倍。按完成单位客运量的事故伤亡人数来看，航空运输也数十倍于铁路。铁路的高安全性来自列车运动横向的不可移动性，火车运动受轨道的“束缚”，只能在狭窄的空间内来回高速运输。故铁路是一种最易用的硬（结构设计）、软（制度、管理）件配合解决环境安全问题的运输方式。

由于铁路运输具有系统性强、列车日常生活化程度高，统一结算，能耗低、运输成本不高等原因，故很适宜长途运输。

（7）对环境污染小，噪声小　电气化铁路运输过程中几乎无废气排出。火车焊接长钢轨无缝线路的噪声强度可降低 5～10 分贝，而且在人口稠密区还可以采用隔音墙的方法使噪声得到有效控制。火车噪声对城市的影响也大大低于喷气式客机的影响。

（8）运输成本不高　铁路运输成本不高，是指其成本在几种运输方式之中是处在居中水平。铁路运输成本比公路运输成本低，但比水路运输成本要高。铁路运输成本介于公路和水路运输之间的深层原因，主要还是因为铁路运输的单次运量介于汽车与轮船之间，即运输规模是影响运输成本的重要原因。

（9）内陆站到站运输　发货人和收货人可以在就近的始发站（装运站）和目的站办理托运和提货手续，且办理手续简单，还可以开展多式联运。

二、公路运输

1. 公路运输的地位与发展

公路运输是世界各国普遍采用的运输方式，这与它具有其他运输方式所不可替代的特点有关。公路运输是地区运输市场的主力，以汽车运输的方式为主。公路运输市场的开放程度最为彻底，我国已形成主要以个体运输业者为主的完全竞争市场。随着我国高速和高等级公路网的建设和完善，长途汽车运输的规模也在不断增大。公路运输的对象包括货物和旅客，在多数城乡和相邻城市之间，汽车运输是旅客运输的最重要方式。

公路汽车运输是短途运输的主要运输方式，其运输的经济距离为几十到几百千米。它适合近距离货物运输，或者是其他运输方式两端运输的环节。公路运输具有高密度、机动性强的优点，但是单位运量较小、运输成本较高。公路运输的运费与运距之间呈非线性变化关系。运量小时运费较高；在适当运量时，由于运输设备充分利用，运价降低；若运量过大，会造成交通阻塞、运力占用过量从而促使机会成本显著升高，运费大幅上升。

虽然公路设施建设，特别是高速公路建设成本巨大，但公路运输企业的投入相对较少，因而汽车运输市场是一个低门槛的市场。

2. 公路运输的特点

（1）机动、灵活、方便　至 2015 年年末，全国公路总里程 457.73 万千米，其中高速公路里程 12.35 万千米。公路网密度为 47.68 千米/百平方千米。公路网密度要比铁路网、水运网密度高十几倍，公路分布面广，全国 99.87%的乡、村都通汽车。厂内、厂外、田间、仓库、码头等地均可进行公路运输，而且可以上门取货、接客，送货、送客到家，实现门到门直达运输，避免中转换装环节，减少货损、货差。公路运输还可以为其他运输方式提供集散服务。

公路运输时间可根据用户要求随时调度，并可满足各式客、货装载要求，适应性强。正是这种机动、灵活、方便的特点，使公路运输越来越受现代人的喜爱。

（2）运送速度快　在运送过程中，运送速度是对客、货运输的对象而言的。由于公路运输具有门到门直达的特点，运输对象在运输过程中无须中途换装、换乘，这样可使旅客或货物在中、短途运输时，在途时间缩短，从这个角度来说，公路运输的运送速度也相对加快了。

据 20 世纪 80 年代日本运输省调查统计数据表明：公路货运的运送速度平均比铁路货运快 5.8 倍，比水运快 2.6 倍。苏联曾对 200 千米范围运距内两种运输方式的运送速度进行比较研究，结论是汽车运送速度比火车运送速度快 4～6 倍。

上述汽车运送速度较火车快都是相对中短途运距而言的，倘若在有高速公路、有高速大容量车辆及良好的管理条件的情况下，汽车进行长途运输的运送速度甚至可以超过火车。

运送速度快的意义在于可以大大加速资金的周转，有利于保证货物质量不变，以及提高客货的时间价值。故高档、贵重物品，鲜货以及需紧急运输的货物，多数都采用公路汽车运输。

（3）原始投资少，资金周转快　公路建设不像铁路要铺轨、安装复杂的信号通信系统等，所以一般等级公路建设的原始投资少。尤其是运输车辆的投资较少，资金周转快，且投资回收期也短，利润率也较高。据美国资料显示，在正常经营条件下，汽车运输投资每年可周转 2～3 次，而铁路运输则需 3～4 年才周转一次。此外，汽车驾驶技术容易在较短时间内掌握，火车、轮船的驾驶人员则需数年才能培养成才。

（4）公路建设占地多，高等级公路建设投资大　美国公路网占其国土的 3%。汽车的停放亦需占用土地，在城市中开车最苦恼的事莫过于寻找停车的地方。

高速公路运输能力平均只有 I 级单线铁路的 1/4～1/3，但其单位投资却比 I 级单线铁路高 5%～100%。

（5）运量小，能耗大，运输成本高　汽车的运量小。汽车运输中的能耗占到运输成本的 30%～40%，高速公路上单位运量的能耗就比铁路高 2～3 倍，货运每百吨千米单耗 1.9 千克标准煤，可见公路运输的能耗高。公路运输运量小，难以实现规模效应，而能耗又在其总成本中占很大的权重，故而公路运输的成本高。

（6）污染环境严重，事故率高　汽车运输有四种污染。一是气体污染，主要有铅、一氧化碳（CO）、碳氢化合物、二氧化硫（SO_2）和氮（N）的氧化物。二是固体污染，主要来自废弃的汽车和轮胎等。三是噪声污染，主要来自汽车运行时的噪声，噪声如果大于 70 分贝就会损害人体健康。四是电磁波污染，干扰源来自发动机火花塞等。这些污染的积累都会造成环境严重污染。

公路交通的安全事故率大大高于铁路，国际上对交通事故的测算统计显示，交通事故损失一般会占到一个国家 GDP 的 1.5%~3%，以汽车事故为主。其原因是汽车行车安全难以控制、驾驶员违章与疲劳驾驶、行车环境恶劣与车况不良等。

三、水路运输

1. 水路运输的地位

水路运输（简称“水运”）是以船舶运输为核心的运输，是由海上运输、内河运输、湖泊运输、港口装卸作业和仓储构成的水运运输系统。我国东、南、东北面分别濒临四大海域和两个海峡，陆地上三横一纵的长江、珠江、黑龙江、京杭大运河水系，为水运带来了极大的便利条件。水运在我国运输体系中占有重要的地位。

水路运输主要以大宗货物运输、集装箱运输为主，如煤炭、粮食、石油、钢材、海盐、矿石等大宗货物。近年来沿海集装箱运输得到大规模的发展，成为我国华南、华北、华东、华中地区商品流通的重要方式。

集装箱运输近年来在国内水运中得到高速的发展。由于集装箱作业采取完全的机械化，大大提高了装卸作业效率，加快了周转速度；高速的转换运输作业、标准化箱型的实行，使集装箱特别适合于多式联运的开展，实现门到门的运输；由于集装箱本身的强度具有保护货物的能力，大幅度降低了货物的运输包装成本，提高了运输质量，且有利于降低整体物流成本。目前，大多数适箱的货物都已采用集装箱运输，特别是高价值的工农业产品、日用生活用品、食品、化工添加原料及产品、危险品均采用集装箱运输。集装箱装卸船舶的高效率，使得船舶的周转速度大大提高，船舶停港时间大为缩短和可控制，能够实现船舶定线、定港、定时的标准班轮运输。

水运具有大运量、低运费的优点，但是运输时间较长，货损、货差率较高。货物采取水运，运费支出较低，但仓储费用较高、时间成本较高，若在水运中涉及多次的转运换装，将会大幅度增加运输成本。

水运市场是我国最为开放的运输市场之一，参与水路运输的主体有各种经济成分（个体船户不能从事海上运输）。

2. 水路运输的特点

水路运输包括内河运输和海洋运输（简称“海运”），是交通运输业之“祖先”，至今仍在现代运输业中发挥不可替代的作用。

（1）运量大　海运的船舶的载重吨位从几千吨至几十万吨，油船最大载重量达到56.3 万吨，矿石船的载重量达到 40 万吨。内河五级航道航行的船舶吨位也有 50 吨，一级航道可航行 5 000 吨船舶。

（2）能耗小，成本低　据 2015 年交通行业发展统计，我国铁路运输百万换算吨千米综合能耗 4.68 吨标准煤，海运每千吨海里单耗 5.2 千克标准煤，水运单位能耗只为铁路运输的 60%。而运输业中能耗成本要占运输成本的 35%～40%，由此可推算出水运成本只有铁路运输成本的 70%左右。所以各国的水路运价均要比铁路运价低。

水路运输成本低的原因除能耗低外，就是运量大，正是这种规模效应才导致其运输成本大大下降。

（3）投资少，占地少　水运航道多为天然形成，基本建设投资很少，海运航线几乎不需要投资。据统计，整治内河航道其投资每千米只相当于公路建设和管道铺设所需投资的 1/10，只相当于铁路建设的 4%。前些年国家对交通投资占国家总投资的 17%，但内河航运投资仅占 1%。

在我国平均建设 1 千米铁路约占农田 25 亩，内河航道几乎不占用农田。我国人均耕地本来就少，不到世界平均水平的 50%，保护农田刻不容缓。内河航道建设还可与防洪、发电、灌溉等项目结合。

（4）生产率高　美国内河航运中的劳动生产率是铁路运输的 155%，全员劳动生产率为 382 万吨千米。我国内河航运的全员劳动生产率为 50.6 万吨千米，是铁路运输劳动生产率的 112%。水路运输的劳动生产率之所以高，主要原因是其运量大，其规模效应促进了操作的机械化，因而提高了劳动生产率。

（5）航速低，机动性差，易受气候影响　现在海运轮船的航速一般只有 25～40 千米/小时，内河船舶的航速更低，货物在途时间长，增加了货主的资金占用量；水运的机动性差，仅可在合适的水域运行，往往需要借助于其他运输方式来集散客货，中转换装环节多，易造成货损、货差；海洋运输受海洋气候和自然条件的影响较大，气候的影响常常导致轮船难以连续装卸运输，航期不易准确，海运遭受自然风险影响更大。

四、航空运输

1. 航空运输的地位

世界航空运输的历史不足百年，但其发展速度惊人。现在每天都有几千架飞机在空中穿梭，航空运输无与伦比的特点使其越来越受各国的欢迎。

当前我国已形成功能齐全、布局合理、设施先进的机场网点。大量使用先进的机型，使得我国民航机型已达到世界先进水平。航空运输成为近年来发展最快的运输方式，并保持高速的增长势头。航空航线将全国各大城市连成网络。航空运输已成为国内旅客运输的重要方式，航空货物运输量也在不断增加。2015 年中国航空旅客运输量 4.36 亿人次，货邮运输量 625.3 万吨，机场货运吞吐量达到 1 409.4 万吨。航空运输公司已成为自主经营、自负盈亏的航空运输企业，在国内航线上，基本体现了“适度竞争，协调发展”的市场模式。

航空运输为商品贸易提供了速度特快、送及内陆的直达运输。由于航空运输的小批量、高成本，使得运输费用极高。航空运输适合于高价值、时间性极强的少量商品的运输，如贵重物品、活鲜易腐物品、邮件、样品等运输价格弹性极小的商品的运输。随着我国人民生活水平的不断提高，航空运输将会成为旅客运输的首选方式。

2. 航空运输的特点

（1）速度快　这是航空运输最大的优势，先进的航空运输机速度为每小时 900～1 400 千米，比火车快 5～10 倍，比轮船快 20～30 倍，航程可达 10 000 千米。航空运输所创造的时间价值是其他运输方式无法比拟的。货物在途时间短，周转速度快，企业存货可以相应地减少。这样一方面有利于资金的回收，减少利息支出；另一方面随产随运，仓储费用也可以降低。又由于航空货物运输安全、准确，货损、货差少，保险费用较低，航空运输的包装简单，包装成本少。这些都使企业隐性成本下降、收益增加。

（2）机动性大　航空运输的机动性源于其运输过程中只需在起止点有合适的机场，可以起降，就可以开辟航线进行运输，不受地理条件的限制。凡是要求在短时间内与边远闭塞地区建立交通联系，都可以考虑航空运输。如灾区的物资供应和医疗救助、近海油田的后勤支持，航空运输均是理想的方式。但要注意，这时其经济效益和安全往往得不到可靠保证。

（3）安全、准确、舒适　航空运输的安全性较高，航空公司的运输管理制度也比较完善，货物的破损率较低。飞机航行有一定的班期，可保证按时到达。舒适性源于飞机安全标准高，按高技术标准设计，且客舱宽敞、噪声小，有饮食、视听娱乐设备。喷气式客机的飞行高度一般在万米以上的平流层内，不受低空气流的影响，飞行平稳。

（4）建设周期短，投资少，回收快　航空运输中筹办开航所需的建筑物和设备较少，仅是两端的机场兴建和飞机的购置，故投资少，建设快。据测算，在相距 1 000 千米的两座城市之间建一条交通线，在相同的载客能力下，修建铁路所需的投资是开辟空中航线所需投资的 1.6 倍，铁路建设周期约 5～7 年，民航只需 2 年。铁路投资回收期为 33 年，民航只需 4 年。航空运输基本建设中，航线无须占用土地，仅是机场建设占用少量土地，这一点也是铁路运输和公路运输无法比拟的。

（5）运量小、能耗大，运输成本高，易受气象条件影响　飞机的机舱容积和载运量都比较少，像空中客车 A380 飞机的最大运载量为 90 800 公斤。但其速度快，一天可往返多次。

能耗大，主要是因为飞机要负载荷上升数千米，在近万米的高空中高速飞行，坡度损失和空气阻力损失很大造成的。

运输成本高，主要是因为运量规模小和能耗大的原因。故而其运价要比其他运输方式都高。低价值货物是不适合航空运输的。

飞机飞行在一定程度上受气候条件和气象条件的限制，如强降雨、台风、雷电、浓雾、下雪时等都不适合飞机飞行。相比其他运输方式，航空运输受气候影响最大。

五、管道运输

1. 管道运输的发展

管道运输在我国历史悠久，公元前200年，人们就采用打通的竹子相连接后长距离送水。我国具有现代意义的运输管道是于1958年修建的从新疆克拉玛依油田到独子山炼油厂的147千米原油管道。我国于1963年修建了第一条长55千米的输气管道。之后大庆、华北、中原、胜利油田都采用了由管道将石油运往炼油厂或海港的运输方式。西气东输工程，将塔里木盆地和长庆气田的天然气通过管道送到华中、华东、华北的众多城市，形成大范围的天然气输送网，主干线全长4 200千米，采用直径1 016毫米的管道。截至2015年年底，中国除台湾省以外的所有地区在役油气管道总里程累计约为12万千米，其中天然气管道7.2万千米，原油管道2.5万千米，成品油管道2.3万千米。

管道运输的对象是液体或者气体，包括石油、煤浆、淡水等浆体、液体，天然气、石油气、化学气体等气体。管道运输已成为城市供水、供气、供热的唯一方法。管道运输采取全程封闭式运输，可以实现连续不间断的运输，但只能进行单向运输。管道运输的投资额极大，只能在完全建成后使用，但其运输成本极小，因而特别需要规模化的运输，以分摊固定投入。管道可以掩埋在地下，不占用地面土地，运输过程基本没有环境影响。但是管道运输只能是专用性的运输，具有高度的自建自用的特点。

2. 管道运输的特点

（1）运输货物种类有限　管道只能输送流动态物质。固态物质则需要粉碎，用水制浆后才能传送。对黏性大的浆体货物还需沿管道加热、加压或添加增强流动性的添加剂。因此管道运输能运送的货物种类是有限的。

（2）连续性强，货物运输完整，损耗小，有保障　这一特点是源于管道运输系统是封闭运输的。

（3）货物运送简便　货物运送过程中无须换装，可直达用户或仓库。运输过程中无回空现象，故经济效益好。但只适用于不间断的单方向大批量运输的需求。

（4）运输成本低，运输安全，污染小　管道运输是靠机械作业实现货物运输，整个过程的完成需要的劳动力很少，管道运输在大量运输时其运输成本与水路运输接近，燃料消耗量也较铁路运输低得多。例如，20世纪60年代美国俄亥俄煤炭运输公司所修建的第一条煤炭运输管道（长173.8千米），运送每吨煤的运输成本仅0.76美元。

运输安全可从两方面理解，首先由于管道运输是封闭式机械作业，货物可安全地抵达用户，易燃的油料在管道中运输既可以减少挥发，又能保证安全；二是一旦出事故，对环境的影响小。如若采用大型、巨型油轮运输石油制品，发生事故的话，对海洋环境的影响就极为恶劣，且处理污染的费用还很高；但管道运输的影响就小得多。

（5）不占用地表土地　管道可深埋于农作物种植所需深度之下，基本上不占用耕地。

（6）管理简单，使用方便　管道运输可“全天候”进行，连续性好、封闭作业、货物品种少、运送批量大，使运输的管理很简单。由于输送干线与支线为一体，数量的可控性好，所以管道运输的使用也较方便。

六、多式联运

多式联运是指由两种或两种以上的运输方式之间实行两程或两程以上的相互衔接、转运，联合实现货物或旅客的全程运输。多式联运是多种运输工具、多道运输环节、多种运输方式衔接的组织方式。通常可以理解为铁路、公路、水路、航空、搬运等各运输环节联结起来的运输方式。多式联运是按照社会化大生产客观要求组织运输的一种方法，它通过各环节的协调配合，充分发挥各种运输方式的优势，提高运输效率，缩短运达期限，以获得最佳的运输经济效益。可以说多式联运是一种现代运输管理技术。

多式联运的优点如下：

1）方便旅客和货主，实行一票到家，简化旅行和托运手续。

2）减少旅客中转业务手续和货物运输中转搬运环节，缩短旅客或货物流转时间和全程运费支出，节约大量的人力、物力、财力，能取得较好的经济效果，而且效率高，加快运达速度。

3）提高不同运输方式的协作配合，计划性强，使客源、货源相对稳定，提高参加多式联运企业运输工具的利用效率，资源利用率高。

4）多式联运把一些地区的运输手段结合为新的综合运输能力，扩大了运输组织面，从而为选择经济运输线路提供了新的条件，促进了合理运输。

我国地域辽阔，水、陆、空交通交错，运输方式多种多样，旅客或货物往往需要几次中转，才能完成全程运输，因此实行多式联运是十分必要的。国际多式联运方面，工业发达国家极其重视组织多种运输方式的联运，在公路、铁路联运中已广泛采用驮背运输，即把汽车拖挂的挂车或带底盘车的集装箱，直接装上铁路车辆，运至中转地点后，再用汽车拉走。这样可节省装卸和包装费用，减少货损，有利于开展“门到门”运输。许多国家的运输业为了提供多样化服务，满足货主需要，较普遍地成立专业性货运公司，负责办理承、托和组织货源工作，既为货主提供劳务，又为运输业提供货源。美国联邦快递公司在美国125个城市中设有服务网点，负责承运小件货物。法国包裹运输公司在法国有17个换装中心站和350个联运作业网点。瑞典ASG货运公司除在其国内形成联运服务网外，还把其分支机构或有相互业务往来的货运公司扩展到世界各地，形成国际货运代理网，开展国内外货物的承、托运和运输咨询业务，实行“一次托运、一票直达、一次清算、一次保险”，并采用电传、信使等手段，加快送达速度和结汇时间。

多式联运的优点已经得到越来越多的认可。多式联运是效能运输发展的必然趋势，具有强大的生命力和发展前途。

七、各种运输方式比较

（1）适用范围比较　每种运输方式由于主要技术特点的不同，它们的有效适用范围也有所不同。在选择运输方式时，必须先要了解每种运输方式与运输对象间的有效匹配关系，这也是运输方式的有效适用范围问题。各种运输方式的适用范围比较见表 3-2。

表 3-2 各种运输方式适用范围比较

运输方式	主要技术优点	有效适用范围
铁路	牵引阻力小，货类适应性较强，可靠、安全	大宗货物、一般货物运输 城市间运输；中、长途运输
公路	适运性、机动性高；适合枢纽内及地方运输，中等运行速度，方便程度高	专业运输，零担货物及中等规格数量的普通货物运输；集运与分送 中短途运输；支线运输
水路	运量大、能耗小、成本低、投资少、占地少、生产率高	大件货物运输，低档货物运输；速度不是主要运输要求的一般货物运输 沿江、沿海运输；长距离运输
航空	速度快，机动性大，安全、舒适、准确，建设周期短、投资少、回收快	时间是重要因素的运输；单位体积及重量价值高的货物运输 中长距离运输
管道	流程连续，安全可靠性高，损耗小，成本低，污染小，不占用地表土地	液体、浆体或气体的运输；总运量及日运量大的运输 不间断运输

（2）技术经济特征比较　每种运输方式均有自己的优点和缺点。运输业发展到建立综合运输体系的时期，让各种运输方式扬长避短、相辅相成，才能最大限度地发挥运输业的总体效益。各种运输方式的技术经济特征比较见表 3-3。

表 3-3 各种运输方式的技术经济特征比较

运输方式	基建投资		运输成本	能源消耗	劳动生产率	载运量	速度	通用性	连续性	灵活性
	线路	运具								
铁路	5	4	3	3	3	2	2	2	3	3
水路	1	3	1	1	1	1	4	3	5	4
公路	3	2	4	4	4	4	3	1	2	1
航空	2	5	5	5	5	5	1	4	4	2
管道	4	1	2	2	2	3	5	5	1	5

注：表中 1、2、3、4、5 表示由优到差。

（3）线路占地比较　各种运输方式的线路都需要占用土地，土地是国家的珍贵资源，我国是人口大国，这一点表现尤为突出。表 3-4 是各种运输线路占地比较表。

表 3-4 各种运输线路占地比较

运输方式	线路占地宽度（米）	每千米线路占地面积（亩）
铁路	10～30	24～72
公路	10～100	24～116
水路	30～100	72～116
航空	—	很少
管道	0.3～2	很少

注：1 亩约为 666 平方米。

（4）高速公路与高速铁路比较　基于我国的国情，今后必将出现发展高速公路还是发展高速铁路的争论，故在此简要比较，仅供参考。

1）占地：高速公路是双线高速铁路的 1.6 倍。

2）运输能力：高速公路是双线高速铁路的 1/3。

3）天气影响：高速公路比双线高速铁路受影响大、安全性低。

4）经济带动力：高速铁路在带动沿线经济发展和群众致富的影响力上，低于高速公路。

5）污染：同运能条件下，高速公路为高速铁路的 400 倍。

6）投资：基本持平，高速铁路略高。

思考题

1. 什么叫运输供给和运输供给量？两者有何关系？
2. 供给曲线反映什么关系，供给量和供给的变化使得供给曲线如何变化？
3. 运输供给有什么特征？
4. 影响运输供给和供给量的因素有哪些？
5. 运输供给弹性表现了什么经济关系？
6. 各种运输方式具有什么特点？
7. 试讨论铁路运输供给的增加对政治经济的影响意义。
8. 为什么运力失衡会导致航运企业陷入困境？

第四章
运输成本

【学习目标】

掌握经济学上的成本概念、运输成本概念、直接成本和间接成本概念；能够进行运输短期成本分析、长期成本分析；

了解运输规模化；

熟悉运输成本的外部性及其控制等内容。

【导读案例】 成本在经济学家与会计师眼中的不同

王先生用自己的资金 100 万元收购了一个小型运输企业，如果把这笔钱存银行定期，在银行年储蓄利率 2%的情况下他每年可以得到 2 万元的利息。王先生为了拥有企业，每年放弃了 2 万元的利息收入。这 2 万元利息收入就是王先生做企业的机会成本。经济学家和会计师以不同的方法来看待成本。经济学家把王先生放弃的 2 万元也作为他经营企业的成本。但是会计师并不把这 2 万元作为成本，因为在会计的账面上并没有货币流出企业。

于是，由于经济学家和会计师用不同方法衡量企业的成本，他们也会用不同的方法衡量利润。经济学家衡量企业的经济利润，即企业总收益减去所销售物品与劳务的所有机会成本。会计师衡量企业的会计利润，即企业的总收益减企业的显性成本。

成本的含义是多方面的，经济学家、企业老板、会计师、工程师、工人在看待成本的时候会有不同的结论。

问题与思考： 你认为把自己培养成才需要付出什么成本？

第一节 运输成本概述

一、经济学的成本概念

企业进行生产与经营中的各种支出称为成本，有些是可见的，有些是隐形的；有些可入账，有些无法记账，出于不同的分析角度，成本的概念有不同的解释。

1. 会计成本、机会成本和经济成本

对于企业在生产与经营中的各种实际支出，如工资、水电费、材料费用、中间产品费用、厂房设备折旧等，会计人员必须按照税法和企业会计准则的要求，把这些计入会计账簿，以客观公正地反映企业的财务状况和经营成果，称为会计成本。由于这种成本在企业经营中是显而易见的，因此也称为显性成本。

与企业会计人员习惯于回顾企业的财务状况不同，经济学分析更为关注企业的经济前景，希望通过优化资源配置来提高经济效益。为此，我们引入了机会成本的概念。与一般意义上的会计成本不同，机会成本不一定是做某件事的时候实际发生的账面费用支出，而是指为了做这件事而不得不放弃做其他事而在观念上的一种代价。

正如俗话所说的，当你得到一种东西时就意味着失去了另一种东西。这种你失去的东西的收益就是你得到的东西的成本，经济学家将之称为机会成本。换言之，在投资方案选择中，放弃的其他方案中最大的收益为机会成本。即使用一种资源的机会成本是指把该资源投入某一特定用途所放弃的在其他用途中所能获得的最大利益。机会成本是会计成本之外的成本，在经济决策中应该考虑机会成本，之后再进行决策会更加合理。在资源稀缺情况下，为了充分利用有限的资源，考虑机会成本是经济学研究的重要思路。

例如，运输业者用自有的运输工具投入企业经营，看起来是不需要支付相应的利息和租金，但是，这并不意味着没有付出机会成本，因为这些购买运输工具的钱如果存在银行可以获得利息，如果投在其他领域也可能获得收益。这种假设中的利息收入或者收益，就是运输业者使用自有运输工具的机会成本。

理解机会成本需要注意的是，第一，机会成本不等于实际成本，它是一种观念上的成本或损失。第二，机会成本是做出一种选择时所放弃的其他若干种可能的选择中最好的一种。第三，做出任何决策时不能只考虑获利情况，还要考虑机会成本。预期收益应大于或至少等于机会成本，否则，从经济学的观点看，这项决策就是不合理的。

由于机会成本是一种经济学意义上的成本概念，因此我们也把这种成本称为经济成本。

2. 增量成本和沉没成本

增量成本是指一项经营管理决策所引起的总成本的增加量。例如，一家运输企业由于增加了新的货源，其投入要发生改变。对新增加货源的运输将引起变动成本（如燃料、物料、直接生产工人的工资等）增加，但不会引起全部固定成本（如折旧、利息、保险费、管理费等）变化。因此，可变成本增加的部分就是增量成本，固定成本则相当于沉没成本。

正确估价增量成本对企业的经济决策至关重要，过大的偏差将导致决策的失误。增量成

本的高估，会使企业错以为决策不可行，从而放弃本可获取利润的机会；而增量成本的低估，则会令企业的决策者盲目乐观，看不到可能造成亏损的危险，从而做出不合适的决策。

沉没成本是已经发生但无法收回的费用，由于它是无法收回的，因而不影响企业的经济决策。

3. 联合成本和共同成本

若物品 A 要被生产，有另一物品 B 如果与 A 一起生产要比单独生产所用的成本小，这说明物品 A 和 B 之间存在联合成本和共同成本。联合成本是指 AB 在未分离前的生产过程中发生的，应由 AB 共同负担的成本，但可以分割，如租用一部吊车装两种货物的吊车租用费。共同成本是指为 AB 的生产都需要使用同一种不可分离的资源，如同一辆车运输多种货物的过路费，应由这些产品共同负担的成本。运输业中联合成本与共同成本大量存在。

经验表明：当联合成本与共同成本存在时，各种运输产品的成本比单一运输产品的成本低得多，这就是多产品经济。合理利用联合（共同）成本，可以降低成本，提高经济效益。

4. 私人成本和社会成本

私人成本也称内部成本或企业成本，是指企业所负担的成本。社会成本是指由社会和公众所负担的成本。社会成本包括外部成本，因而：

社会成本=私人成本+外部成本

私人成本包括三个方面的内容：直接成本（显性成本）、隐性成本和正常利润。把正常利润也看作成本，是因为一个企业家必然期望有一笔最低限度的利润，否则他就不会去经营这一企业。因此正常利润是除上述两项成本之外，把一个企业家留在企业内的最起码的报酬条件。

外部成本是独立于市场机制以外的成本。例如，运输业生产给社会造成的环境污染和破坏，以及由消费者（旅客）承担的延误、拥挤等成本。运输企业在创造财富的同时让社会来承担由它带给社会的巨大外部成本：大气污染、噪声、温室效应、水质下降、湿地减少、海域岸线自然生态和风貌被破坏……如果运输价格中根本就不考虑其外部成本并且这种做法被人们普遍接受，那么就会导致社会在进行投资决策和其他基础设施管理决策时，错误地配置有限的资源或是产生某些不公平的补贴和税收政策。

5. 交易成本

交易成本是厂商在交易中的劳务和支出而需要的成本，是在交易中进行宣传、信息搜寻、使用中间商、交易磋商和履行、交易风险防范等交易行为所支付的成本。

中间商由于对买者和卖者提供有关的信息，促进销售合同的实施，帮助保证商品的一定质量，并保证付款的及时性和完全性等，而收取占商品价格一定比例的费用，这些费用是交易成本的一部分。运输活动中，如回程配载中心、货源信息服务中心等收取的中介费，便构成了运输的交易成本。

交易成本是经济组织对外活动的付出，而在经济组织内部活动的支出则不列为交易成本，因而可以通过内部化的变化调整交易成本。

交易成本是构成运输产品价格的一个组成部分。一般来讲，市场规模的递增会使交易成本递减，即市场规模越小，单位商品所要付出的各项劳务（即交易成本）越大；反之，市场规模越大，单位商品所分摊的交易成本越小。

二、运输成本的概念和构成

1. 运输成本的概念

运输成本是指运输企业在运输过程中所发生的各种消耗和费用，即企业在获取营运收入的过程中，对企业所掌握或控制的资产的耗费。

2. 运输成本的构成

运输成本可以从不同角度进行分析和研究：

常见的按照构成分析：运输成本是由固定成本和可变成本两部分组成，其中固定成本是不随产量变化而变化的要素支出，如航运业中的船员工资及伙食津贴、船舶折旧费、船舶修理费、船用物料费、船舶保险费、船舶共同费用的分摊、企业管理费的分摊、其他固定费用等。可变成本是随产量变化而变化的要素支出，如航运业中的燃油费、港口费（货物装卸作业费用及各种使用费）、运河费、垫舱物料费、佣金、事故损失费、其他变动费用等。

另一种按照期间分析：根据分析时期的长短，或者企业的生产规模是否发生改变，成本分为短期成本和长期成本两部分。

运输业的资本主要投入到固定设施和移动设施两部分上。固定设施主要指的是运输基础设施，如航道码头、铁路、货场等，这些基础设施一般不能直接提供运输服务；运输业的移动设施主要是指移动运载工具，如船舶、火车、汽车、飞机等，这些运载工具一般用来直接提供运输服务。据此，运输成本可以被分为固定设施成本、移动设施成本、运营成本三部分。

（1）固定设施成本　固定设施对每一种运输方式都是必不可少的；固定运输设施的投资被认为是一种沉没成本，因为这些设施一旦建成就不能再移动，而且在一定程度上不能再被用于其他任何用途。固定运输设施除了起初的投资建设，还有在使用寿命期间内所需要的养护及维修，因此固定设施成本还包括养护、维修及其他相关使用成本。

（2）移动设施成本　移动设施成本是指投入在移动运载工具上的支出，如航运业中的船舶折旧费、向银行或其他金融机构支付的造船贷款的利息等。移动运输工具的用途不是唯一的，能够允许人们进行选择，因此在移动运输工具上的投资不属于沉没成本。所有各种运输工具都有自己的使用寿命，运输工具的价值在其使用期内会逐渐转化为运输成本，因此使用寿命决定着运输工具的折旧过程。多数运输工具的使用寿命都是以行驶里程来计算的，因此所对应的折旧成本就与其中提供的运输量直接相关，成为变动成本。航运企业为购置或拥有船舶所支出的费用，包括船舶折旧与利息费用或船舶租金。

（3）运营成本

1）直接运营成本：一类是直接运营人员的工资；另一类是运输工具消耗的燃料，运输工作量越大，这些直接的运营成本数量也会越大。典型的直接运营成本如船舶为从事特定航次的运输所发生的航次成本：燃料费、船员费、保险费、港口及运河费、装卸费等。

2）间接运营成本：运输企业一般需要配备若干辅助人员和管理人员，这些人员的工资以及所需要的工作开支就是间接运营成本。间接运营成本的一部分是与运输量有关的可变成本，其他部分与运输量变动关系不大。典型的间接运营成本如船舶为保持适航状态所发生的经常性维持费用：维修费、润料费、物料费、供应费、管理费、其他营运费用等。

3．运输成本的特点及影响因素

（1）运输成本的特点　运输成本与一般工农业产品成本相比较有如下特点：

1）运输成本构成中，没有构成产品实体的原材料支出。虽然在运输生产过程中也有原材料费用的支出，但均是用于运输工具、设备等固定资产维修方面的支出。

2）运输成本水平受运输工具运行效率的影响大。一般生产企业，其总成本与完成产品的数量成正比关系，生产的产品数量越多，成本水平越高。不考虑装卸成本时，运输成本支出与完成的客货周转量无直接关系，与运输工具行驶的距离成正比，$C=f(s)$，其中 C 为成本，s 为距离。而一定的行驶距离所完成的周转量却是由运输工具装载货物的数量以及运输工具的行程利用率来决定的。单位运输成本的形成是把由运距影响的总成本分摊到单位运输量上，因此单位运输成本水平受运输工具运用效率的影响很大。

（2）单位运输成本的影响因素

1）运营规模。从长期来看，因投入要素的规模不同导致报酬的差异具有规律性：在投入要素的规模较小时，报酬增加的幅度大于要素投入增加的幅度——规模报酬递增；要素投入规模达到一定的程度，继续增加投入会产生相反的后果——规模报酬递减。前者叫作“规模经济”，后者叫作“规模不经济”。在两者之间——规模报酬不变。关于规模经济的详细分析见本章第四节。

运输业中，每一种运输方式都有“规模经济”的问题，即适度的规模可以使运输成本达到最低。例如，铁路运输中的规模经济主要受机车的牵引力、功率的大小与线路上的行车密度等因素影响，大牵引力机车比小牵引力机车更容易实现规模经济。

2）运输距离。在合理的运距范围内（经济运距），单位运输成本则随距离的延长而逐渐递减。

每种运输方式都有自己的经济运距。一般，航空运输与海洋运输最适合于长距离运输，铁路和内河运输最适合于中长距离运输，公路运输最适合于短途运输。

3）装载率。装载率（装载系数）是指实际装载吨（载客量）与定额装载吨（载客量）的比例。

在运输距离已定的情况下，额定装载量（右垂线）范围内：随装载量的增加，单位运输成本会下降；反之则上升。具体如图 4-1 所示。

从半载到满载，总成本不会增加很多。因为设备磨损并无差别，且作为运行成本中的人工费和维修费几乎是不变的，虽然燃料费有所增加，但并非等比例增加。

所以平均成本是装载系数的函数，随着装载系数的提高而下降。

因此，运输企业要提高经济效益，应尽可能让运输设备满载运行。

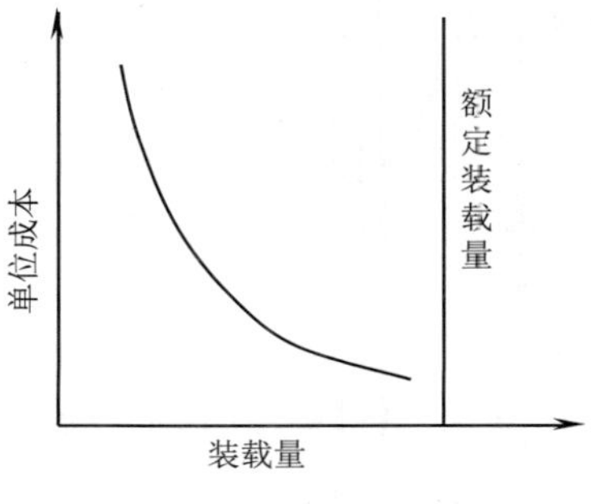

图 4-1　装载量与单位成本的关系

第二节 短期成本分析

一、运输生产与生产要素

生产是投入各种生产要素并生产出产品的过程，运输生产也就是把运输要素的投入变为产出的过程。

生产要素是指生产中所使用的各种资源，在西方经济学中，生产要素一般包括劳动、资本、技术、土地与企业家才能。劳动是指人类在生产过程中耗费的体力和智力的总和。土地不仅包括土地本身，还包括一切自然资源，如森林、矿藏、江河湖海等。资本可以是实物形态，也可以是货币形态。资本的实物形态又称为资本品，如厂房、机器设备、原材料等。资本的货币形态通常称为货币资本。企业家才能指企业家组织建立和经营管理企业的能力。通过对生产要素的运用，生产企业可以提供实物产品，也可以提供无形产品，如各种服务。运输企业所提供的产品便是无形的服务。

二、短期与长期的概念

短期指在此期间运输企业来不及调整全部生产要素的数量，或至少一种生产要素的数量在此期间内无法改变，如运输设备、场站。相应地，可以将短期中的生产要素分为不变要素与可变要素。那些在短期中投入数量无法改变的要素就是不变要素，投入数量可以改变的就是可变要素。例如，短期内运输企业的场站、运输工具设备是无法改变的，称为不变要素；而劳动、原材料和燃料则是可以变化的，称为可变要素。

长期则指此期间内所有生产要素的投入量都可以变动的时期。在长期中所有的要素投入量都是可以变化的，因而没有不变要素与可变要素之分。例如，企业不仅可以在长期中建设新场站、购置新的设备，甚至可以出售运输工具，决定完全停产，退出该行业。

从长短期的定义可以知道，短期与长期的划分标准是要素投入量可以调整的范围大小，而非具体时间的长短。一定时期内生产要素变动的难易跟企业所属行业的性质紧密相关，因而短期或长期的时间跨度一般取决于企业所属的属性。港口企业的长短期时间标准较长，而货运服务企业的长短期时间标准可以很短。

在短期，因为不变要素（场站、设备等）无法变动或变动成本无限大，运输企业只能通过增加可变要素（工人、运行材料等）的投入来扩大运输量。而在长期，由于所有要素都能变动，企业就可以扩建场站、增添设备、增加运输工具、扩大生产能力以更经济有效地增加供给而提高运输量。

三、短期成本函数

1. 总不变成本、总可变成本和总成本

总不变成本（FC）是运输企业在短期内为生产一定量的运输产品对不变生产要素所支

付的总成本。例如，借入资本的利息、租用厂房和设备的租金、与价值转移有关的折旧费、财产税、受劳动合同约束在停产期间不能解雇的职工的工资等。由于短期内不管企业的运输量是多少，不变要素的投入量是无法改变的，所以，总不变成本是一个常数，并不随运输量的变化而变化。即使运输量为零，也要支付同样数量的总不变成本。

总可变成本（VC）是运输企业在短期内为生产一定量的运输产品对可变生产要素所支付的总成本。例如，原材料费用，与使用设备、运输工具有关的维修费，工人的产量工资等。由于在短期内企业可根据运输量变化的要求不断地调整可变要素的投入数量，所以，总可变成本是随运输量的变动而变动的。当运输量为零时，总可变成本也为零。总可变成本就是随运输量的增加而增加的。它的函数形式为

$$\mathrm{VC}=\mathrm{VC}(Q)$$

总成本（TC）是企业在短期内为生产一定量的运输产品对全部生产要素所付出的成本。它是总不变成本与总可变成本之和。用前面的符号表示就是

$$\mathrm{TC}(Q)=\mathrm{FC}+\mathrm{VC}(Q)$$

2．平均不变成本、平均可变成本、平均总成本

平均不变成本（AFC）是指运输企业在短期内平均完成单位运输量所消耗的不变成本。用公式表示为

$$\mathrm{AFC}(Q)=\frac{\mathrm{FC}}{Q}$$

平均可变成本（AVC）是指运输企业在短期内平均完成单位运输量所消耗的可变成本。用公式表示为

$$\mathrm{AVC}(Q)=\frac{\mathrm{VC}(Q)}{Q}$$

平均总成本（ATC）是指运输企业在短期内平均完成单位运输量所消耗的全部成本。用公式表示为

$$\mathrm{ATC}(Q)=\frac{\mathrm{TC}(Q)}{Q}=\mathrm{AFC}(Q)+\mathrm{AVC}(Q)$$

3．边际成本

边际成本（MC）是指运输企业在短期内最后增加单位运输量时所增加的总成本，用公式来表示就是

$$\mathrm{MC}(Q)=\frac{\Delta\mathrm{TC}}{\Delta Q}$$

或者

$$\mathrm{MC}(Q)=\frac{\mathrm{dTC}(Q)}{\mathrm{d}Q}$$

为了加深对各种运输成本的理解并分析它们之间的关系，现举一个具有典型意义的有关运输企业短期成本函数的例子，详见表 4-1。

表 **4-1** 运输企业的短期成本函数 （单位：万元）

运输量Q	总不变成本FC	总可变成本VC	总成本TC	平均不变成本AFC	平均可变成本AVC	平均总成本ATC	边际成本MC
0	50	0	50	—	—	—	—
1	50	60	110	50	60	110	60
2	50	100	150	25	50	75	40
3	50	125	175	16.7	41.7	58.3	25
4	50	135	185	12.5	33.8	46.3	10
5	50	140	190	10	28	38	5
6	50	150	200	8.3	25	33.3	10
7	50	180	230	7.1	25.7	32.9	30
8	50	240	290	6.3	30	36.3	60

四、短期成本曲线

把表 4-1 表示的运输短期成本函数用图直观地描绘出来，这就是图 4-2 所示的短期成本曲线。

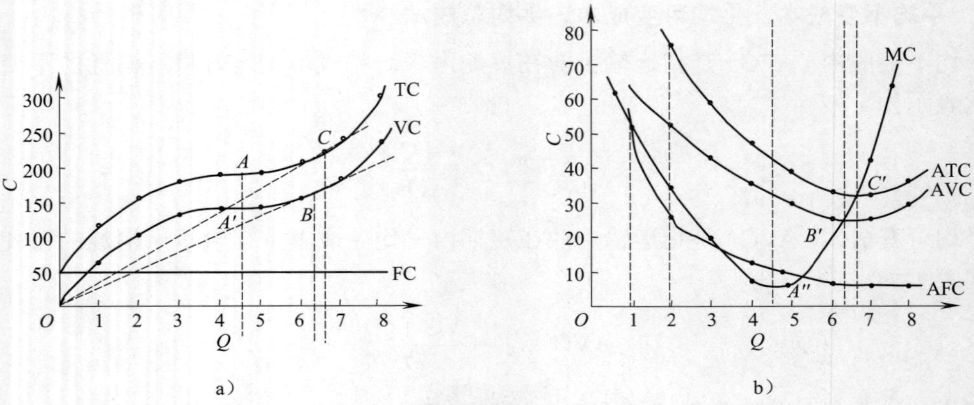

图 4-2 短期成本曲线

a）总成本曲线 b）平均成本曲线与边际成本曲线

1）图 4-2a 显示的是总成本曲线、总可变成本曲线和总不变成本曲线。

由于总不变成本 FC 是不随运输量的变化而变化的常量，因而其图形为一条截成本轴于 50 元处的水平直线。

总可变成本在运输量为 0 时也等于 0，之后随着运输量的增加而增加。在到达拐点 A' 之前，因为企业投入的可变要素相对固定要素来说数量过少，其边际运输量不断递增，所以总可变成本增长的比率逐渐减慢，OA'段的 VC 曲线因此而向上凸；过 A' 点之后，可变要素与固定要素相比逐渐加大，其边际运输量开始递减，此时增加一定比率的运输量要求投入更大的可变要素，因而总可变成本增长的速度越来越快，反映在图 4-2a 中就是 A' 点之后 VC 曲线上翘。

由于总成本等于总不变成本与总可变成本之和，因而总成本曲线由总不变成本曲线和总可变成本曲线垂直相加确定。总成本曲线的形状与总可变成本曲线的形状完全一样。

2）图 4-2b 中显示的是三条平均成本曲线和一条边际成本曲线，它们根据表 4-1 中的相应数据描绘而成。

由于总不变成本 FC 保持不变，因而随着运输量的连续增长，平均不变成本 AFC 不断递减，最终趋近于零，其形状为一条凸向原点的曲线。其余三条平均成本曲线表现出一个共同特征——它们都先递减而后递增，呈现出“U”字形。其原因是：可变要素的边际运输量先递增而后递减。

MC 曲线先于 AVC 和 ATC 曲线开始上升。当边际成本曲线位于平均总成本曲线与平均可变成本曲线的下方时，意味着新增单位运输量所带来的总成本增加小于原先的平均水平，这时把新增运输量加进去平均，会把平均成本水平拉低，因此这两条曲线不断下降；而当边际成本曲线位于它们的上方时，意味着新增单位运输量所带来的总成本增加大于原先的平均水平，这时把新增运输量加进去平均，会把平均成本水平拉高，因此这两条曲线不断上升。边际成本曲线与平均总成本曲线和平均可变成本曲线分别交于它们的最低点 B' 和 C'。

C' 点在 B' 点的右上方，即平均可变成本先于平均总成本开始递增。其原因在于

$$\text{ATC}=\text{AVC}+\text{AFC}$$

且 AFC 不断递减，因而仅当平均可变成本的增加额（ΔAVC）大于平均不变成本的减小额时，平均总成本才表现为递增（ΔATC>0）。

平均总成本曲线和平均可变成本曲线的垂直距离等于平均不变成本，它们之间的距离不断缩小。

3）从总量成本曲线也可得出单位成本曲线。在图 4-2a 中，原点与 FC 曲线、VC 曲线及 TC 曲线上各点连线的斜率分别等于 AFC、AVC 和 ATC；而 VC 曲线和 TC 曲线上各点切线斜率则等于边际成本 MC。射线 OB 切 VC 曲线于 B 点，由前述关系可知，在 B 点有 MC=AVC。同理，在 TC 曲线的 C 点有 MC=ATC。B、C 两点分别与图 4-2b 的 B'、C'点相对应，这直观地说明 MC 曲线穿过 AVC 曲线及 ATC 曲线的最低点。

第三节 长期成本分析

一、长期成本函数

1. 长期总成本

长期总成本（LTC）是指长期中运输企业在一定时期的成本总和。总成本函数可写成

$$\text{LTC}=\text{LTC}（Q）$$

2. 长期平均成本

长期平均成本（LAC）表示运输企业在长期中单位运输量的成本。长期平均成本函数可写成

$$\text{LAC}（Q）=\frac{\text{LTC}（Q）}{Q}$$

3．长期边际成本

长期边际成本（LMC）表示运输企业在长期内增加一单位运输量所引起的总成本增加量。长期边际成本函数可以写成

$$\text{LMC}(Q)=\frac{\Delta \text{LTC}(Q)}{\Delta Q}=\frac{d\text{LTC}(Q)}{dQ}$$

二、长期成本曲线

1．长期总成本曲线

运输企业的长期总成本函数是任意改变生产规模的产出与其最低成本的关系。对于某个既定的产出水平，企业可以计算出各种可能的生产规模的总成本，并选择总成本最小的那种生产规模。图 4-3a 包含三种生产规模的短期总成本曲线，分别用 STC_1、STC_2 和 STC_3 表示。企业可从中选择任一规模生产运输量 *OA*。对于 STC_1 曲线代表的生产规模，其总成本为 *AB*，对于 STC_2 和 STC_3 曲线代表的生产规模，总成本分别为 *AC* 与 *AD*。显然 STC_1 曲线代表的生产规模的成本最低，因此 *B* 点位于长期总成本曲线上。如果生产规模无限多，那么对每一产出水平都重复这一过程，就可得到长期总成本曲线 LTC，它是各种可能的短期总成本曲线的包络线，与每一条短期总成本曲线都相切。

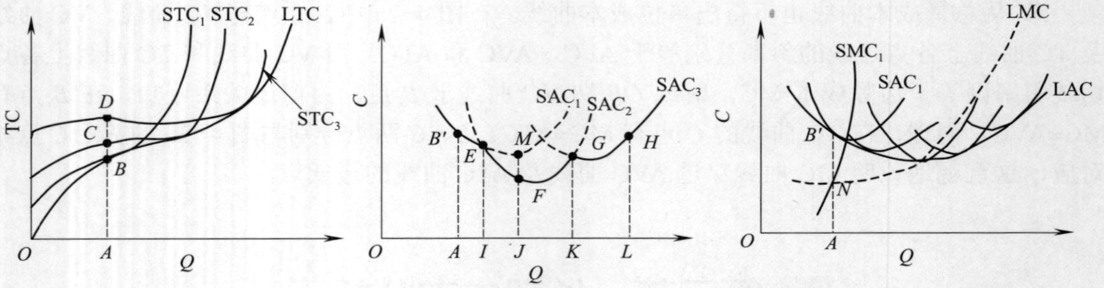

a）　　b）　　c）

图 4-3　成本曲线

a）长期总成本曲线与短期总成本曲线　b）短期平均成本曲线　c）长期边际成本曲线与长期平均成本曲线

2．长期平均成本曲线

既然每条短期总成本曲线都对应着一条短期平均成本曲线，那么，通过比较不同生产规模的短期平均成本，运输企业也可以选择出生产特定运输量的最佳生产规模（平均成本应最低）。

图 4-3b 中的三条短期平均成本曲线 SAC_1、SAC_2 和 SAC_3 分别对应图 4-3a 的 STC_1、STC_2 和 STC_3 曲线，若计划运输量为 *OA*，三条短期平均成本曲线中，只有 SAC_1 曲线对应的平均成本 *AB′*最低，因此企业应选择 SAC_1 曲线所代表的生产规模进行生产，这与上面的结论一致。当计划运输量为 *OI* 时，$\text{SAC}_1=\text{SAC}_2=IE$，此时选择 SAC_1 或 SAC_2 曲线代表的两种生产规模都可以。

值得注意的是，在图 4-3b 中，当运输量为 *OJ* 时，由于 *M* 是 SAC_1 曲线的最低点，因而认为应该选择 SAC_1 曲线代表的生产规模，以使生产运行在短期最低平均成本点上，但

这是不正确的。应该从长期观点来看，选择 SAC_2 代表的生产规模，其平均成本只有 *JF*，要小于第一种规模的平均成本 *JM*。同理，若运输量为 *OK*，选择 SAC_2、SAC_3 曲线代表的生产规模皆可以。而运输量大于 *OK*，如等于 *OL* 时，则应选择 SAC_3 曲线代表的生产规模。

可见，假如企业可供选择的生产规模仅有以上三种，那么其长期平均成本曲线就是图 4-3b 中的 *B'EFGH*，它由三条短期平均成本曲线的各一段组成。如果企业可以选择的生产规模非常之多，如图 4-3c 所示，此时的长期平均成本曲线就变成了一条光滑的曲线，它是许许多多短期平均成本曲线的包络线。从图 4-3 中可以看出，在长期平均成本曲线 LAC 的下降段，LAC 曲线相切于相应的 SAC 曲线的最低点的左侧；在长期平均成本曲线 LAC 的上升段，LAC 曲线相切于相应的 SAC 曲线的最低点的右侧；只有在 LAC 曲线的最低点上，LAC 曲线才与 SAC 曲线相切于 SAC 曲线的最低点。

3. 长期边际成本曲线

长期边际成本曲线可以定义为：每个产出的最优生产规模所对应的短期边际成本曲线上的相应点的轨迹。尽管长期边际成本曲线也可以由短期边际成本曲线推导得出，但它却不是短期边际成本曲线的包络线。如图 4-3c 所示，在产出等于 *OA* 时，最优生产规模为 SAC_1 曲线所代表的生产规模，它的边际成本曲线为 SMC_1，因此，在 *OA* 运输量水平下，*MC=AN*，*N* 点即是长期边际成本曲线 LMC 上的一点，LMC 曲线其余各点可以用类似方法得到。

长期边际成本曲线也具有呈“U”字形的特征，当 LMC<LAC 时，LAC 逐步减少；当 LMC>LAC 时，LAC 逐步增加。在 LAC 的最低点，LMC=LAC。这就是通常所说的，长期边际成本上穿长期平均成本最低点的原理，如图 4-3c 所示。

第四节 运输规模化

一、规模经济与规模不经济

在长期，由于运输企业可以自由调整所有生产要素，长期平均成本曲线的形状呈“U”字形，如图 4-3c 所示。“U”字形的 LAC 曲线就反映了企业规模的经济性和不经济性的变化情况。最初，随着要素投入的增加，生产规模扩大，产量的增加大于生产规模扩大的比例，处于“U”字形的左侧，称为规模收益递增；随着要素投入的增加、产量也同比增加的现象称为规模收益不变，处于“U”字形的底部；随着要素投入的增加，产量增加小于要素增加值，甚至减少的现象称为规模收益递减，处于“U”字形的右侧，或者称为规模不经济。

规模经济是指在技术不变的情况下，增加各种生产要素，扩大生产规模，产出增长率大于成本增长率的情形，处于规模收益递增状况。也就是说，继续投入资源，扩大生产规模会带来收益率增加。

规模不经济则是指资源投入的增加使产量的增加比例小于生产规模的扩大比例，甚至使总产量减少。也就是说，扩大规模不能带来收益率的增加，当然，在此时并不是说不能增加规模，只是收益率降低，总收益还会增加。但是当出现总产量减少时，则是规模的极致。

而使用要素投入与产出的关系图来表示，则如图 4-4 所示，a 阶段为规模收益递增，即规模经济阶段；b 阶段为规模收益不变；c 阶段为规模收益递减，即规模不经济阶段。

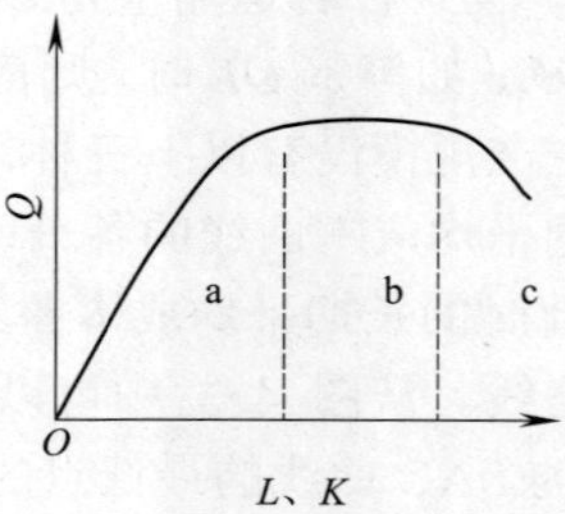

图 4-4　规模收益的三种变化

二、规模经济的衡量

规模经济通常以成本-产出弹性 E_c 来衡量。成本-产出弹性表示单位产出变动百分率所引起的长期总生产成本变动的百分率

$$E_c = \frac{\Delta LTC/LTC}{\Delta Q/Q}$$

重新整理，可得

$$E_c = \frac{\Delta LTC/\Delta Q}{LTC/Q} = \frac{LMC}{LAC}$$

由此可知，在 LAC 曲线的下降阶段，有 LMC<LAC，因而 E_c<1，即存在着规模经济；而在 LAC 曲线的递增部分，则有 LMC>LAC，因而 E_c>1，存在规模不经济；在 LAC 曲线的最低点，LMC=LAC，因此 E_c=1，既不存在规模经济，也不存在规模不经济。

三、内在经济与外在经济

1．内在经济和内在不经济

内在经济是指厂商在生产规模扩大时由自身内部因素所引起的生产率增加的现象，或者说一个运输企业在生产规模扩大时，由自身内部因素改善保持在规模经济的状态。其原因为：可以使设备利用率增加，做到满负荷运行；可以使用更加先进的运输车辆；可以实行专业化运输分工，提高劳动效率；可以提高管理效率；可以对副产品进行综合利用，变废为宝，实行多种经营；可以获得生产要素采购和维修设备的优势，降低成本；可以进行大批量的交易，降低交易费用。

内在不经济是指随着生产规模的扩大，因自身因素所造成的生产率的降低，或者使得收益减少的现象。其原因有：生产要素的不匹配；管理效率降低或管理不到位；大量的产量使得产品价格降低，或者因销售困难而增大销售成本。

2．外在经济和外在不经济

外在经济是指整个运输行业规模扩大和运输量增加从而使个别运输企业受益或生产效率

提高。这是因为，整个行业发展以后，可以使个别企业获得客源、货源、修理、服务、运输、人才素质和供给、共用基础设施、技术传播、科技情报等方面的有利条件，从而使个别企业的成本支出减少，如广告成本、交易成本、人才培养成本、采购成本、维修成本等。一般说的产业集聚效益就是指外在经济。

外在不经济则是指行业的生产规模扩大而使得个别厂商的产量和收益减少。其原因是：紧张的要素需求增加使得价格增加；产量过大、竞争激烈使得产品价格降低；原材料不足导致成本增加；过度集聚使得运输堵塞；高素质员工短缺等。

四、适度规模

由于存在要素投入增加、生产规模扩大，会产生产量或者收益增加、不变或减少的三种现象，理性的厂商应在收益最大的状态下确定产量和规模。也就是说，在生产规模的扩大正好使得收益递增达到最大时确定生产规模，如图 4-5 所示的 Q_0 点。

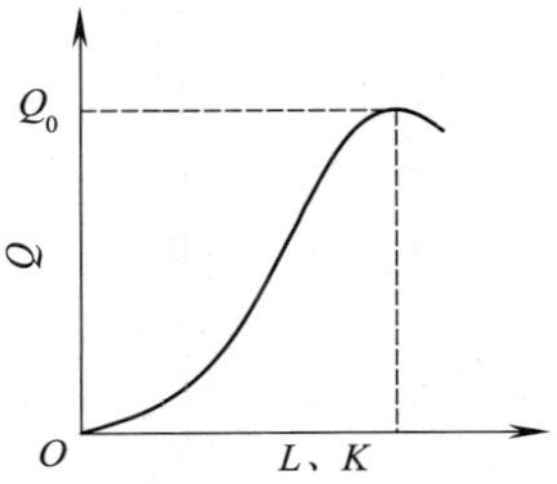

图 4-5 适度规模的确定

而在规模收益不变时，则可以任意选择生产规模。

适度规模是一个相对的定义，对不同的运输、不同的航线，适度规模的大小并没有统一的标准，而是需要根据产量和收益的变化关系来确定。一般需要考虑的因素有：行业的技术条件，海运规模较大、汽车运输规模较小；市场条件，市场需求量大，适度规模大；运输线路、港站的承受力越强，规模可以越大。

五、交易成本所确定的适度规模分析

收益率取决于价格和成本，因而收益率最大时需要两个条件：价格最高和成本最小。成本包括内部的生产成本、管理成本和外部的交易成本，假设生产成本为可预测或恒定时，其影响的因素就是管理成本和交易成本。

管理成本是企业开展管理的成本支出，只要企业存在就存在管理成本。当企业规模扩大时，总管理成本并没有明显增加，当规模大到管理不协调时，管理成本就会大幅度提高。

交易成本是厂商与其他人进行交易时的成本支出，包括市场搜寻、交易谈判、交易准备和交易物处理、交接检验、文件、风险和索赔等成本，只要发生交易就必然发生交易成本。在交易数量很少时，交易数量的增加，成本并没有太多的增加，平均单位交易量的成本有降低的现象。而当产品大幅度增加时，交易成本就会大量增加。

企业的规模应该选择在管理成本低于交易成本的范围内，适度的规模就在于管理成本等于交易成本。如果管理成本超过交易成本时，企业就应该减小规模，将部分（交易成本较高）生产转为外部交易。其关系如图 4-6 所示，*M* 曲线为管理成本曲线，*B* 为交易成本曲线，*Q* 为产量，也表示规模，则 Q_0 所表示的产量就为企业的适度规模。

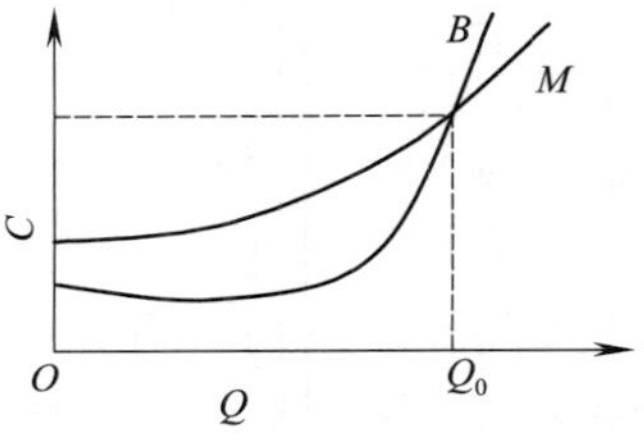

图 4-6 企业适度规模

第五节 运输成本的外部性控制

一、外部性的概念

外部性是指一个生产或消费行为给他人带来成本或收益。换句话讲，外部性是一个经济主体的行为对另一经济主体的福利所产生的效果，而这种效果并没有从货币关系上或市场交易中反映出来。外部性也称外部效果、外部关系、溢出效应和毗邻影响，分为正外部性和负外部性。

外部性可以通过私人成本或者收益与社会成本或者收益的差额来衡量。如果某人的某个行为的个人成本小于其给社会带来的成本，他的这一行为就具有负外部性；如果他的行为给他个人带来的收益小于其给社会带来的收益，则他的这一行为就具有正外部性。

外部性的形式是多样的。例如，乘飞机的旅客给住在飞行航线下的人带来噪声成本；乘车的旅客给公路主干道附近的居民带来尘土和震动，同时还妨碍行人走路；海上运输的油性排放物常常污染海滨浴场。这种外部性都称负外部性。蜜蜂需要通过采集苹果花粉产生蜂蜜，苹果产量增加可以增加蜂蜜的产量，即苹果生产者给养蜂人带来外部影响；同时，蜜蜂在采蜜的同时可以为苹果传授花粉，增加苹果产量。因此，养蜂人的经济行为给果园带来益处。再如，宽阔的街道除了是交通的动脉外，还能起隔火带的作用。这种外部性都称正外部性。

二、运输的负外部性

1. 大气污染

运输活动是产生有害气体的源泉之一，是大气污染物的主要制造者之一。不过，运输所造成的环境损害虽然在某些方面有所增加，但在另一些方面却有所减少。运输活动产生的有害排放物如下：

（1）燃料添加剂排放物　为了提高发动机的性能，人们以在燃料中加入添加剂。有些添加剂对环境相对无害，而有些添加剂的危害引起人们越来越多的关注。有机铅化合物作为抗爆剂加入汽油中，引起人们的特别注意。铅这种金属元素，能以其化合物的形式留在人体中，它对儿童智力发育有不利影响，还会影响神经、肾脏、肝脏和生殖系统。

（2）颗粒物　颗粒物包括空气中或排放物中的微小固体或液体颗粒，如灰尘、烟尘或烟雾，其来源包括石棉微粒、轮胎和刹车磨损而产生的颗粒以及发动机排放的废气。运输是许多工业化国家中颗粒排放物的主要来源。颗粒物质可能本身有毒或者携带附在它表面的微量有毒物质（包括致癌物），尤其是直径小于或等于 2.5 微米的颗粒物（PM2.5），也称为可入肺颗粒物，因其粒径小，含大量的有毒、有害物质且在大气中的停留时间长、输送距离远，因而对人体健康和大气环境质量的影响更大。颗粒物还给建筑造成额外成本，如需要清洗和重新粉刷建筑物。

（3）二氧化碳（CO_2）排放物　这里所讲的环境问题是 CO_2 对气候可能产生的影响。

例如，科学家普遍认为它是温室效应和随之而来的全球变暖的主要促成者。CO_2 是由矿物燃料燃烧形成的。工业化国家排放的 CO_2 约占全球总量的 80%。据估计，全球人造的 CO_2 排放量中约有 15%是运输活动产生的，且呈增长趋势。

（4）氧化氮（NO_x）排放物　当这种排放物与空气中其他污染物结合时，或者在居民身体抵抗力已经不强的地区，会造成特殊的问题。在后一种情况下，它能导致呼吸困难，长期受其侵害还会导致水肿或肺气肿。在临界水平，氧化氮排放物转化成硝酸，若与二氧化硫化合，形成“酸雨”（或者酸沉积物）。酸雨对生态系统的破坏性极强，如伤害鱼群和破坏森林。约有 50%的氧化氮排放物是由运输部门产生的。

（5）一氧化碳（CO）排放物　因为 CO 会妨碍血红细胞与氧结合，它对人体健康有害。它可能使一些疾病的发病率上升并对生育有不利影响，还有证据表明它影响工人的生产率。在市区内，CO 尤其成为问题，CO 与其他污染物相互作用，能促进光化学烟雾和低表面层臭氧的形成。低海拔处臭氧的集中会影响呼吸系统。CO 是不完全燃烧的产物，其总排放量的 90%是运输部门产生的，其中约有 80%与使用汽车有关。

（6）二氧化硫（SO_2）排放物　这种无色、难闻气体的排放，能引起支气管炎和呼吸系统的其他疾病。它是“酸雨”的主要促成因素。运输产生的 SO_2 排放量占其总排放量的大约 5%，每升柴油燃烧产生的 SO_2 比每升汽油燃烧产生的 SO_2 含量高。更为重要的是，火力发电是 SO_2 的主要来源，因此电力铁路运输和运输工具制造进一步增加了发电部门的 SO_2 排放。

2．噪声

交通运输噪声是指机动车辆、铁路机车、机动船舶、航空器等交通运输工具在运行时所产生的干扰周围生活环境的声音。在市区和饱受交通之苦的城镇（如地处横跨铁路、高速公路等主干线的地区）以及在运输终点周围的地区，如机场、公共汽车站、停车场，这一问题尤其令人头痛。

噪声的存在会对人的睡眠与休息、视觉、听力及中枢神经系统产生明显影响。研究发现，噪声超过 85 分贝，会使人感到心烦意乱；噪声达到 90 分贝时，人的视觉细胞敏感性下降，识别弱光反应时间延长；噪声达到 95 分贝时，有 40%的人瞳孔放大，视力模糊；而噪声达到 115 分贝时，多数人的眼球对光亮度的适应都有不同程度的减弱。同时，噪声作为一种恶性刺激物，长期作用于人的中枢神经系统，可使大脑皮质的兴奋和抑制失调，条件反射异常，出现头晕、头痛、耳鸣、多梦、失眠、心慌、记忆力减退、注意力不集中等症状，严重者可产生精神错乱。

3．拥挤

这主要是指道路拥挤问题。交通基础设施虽然从长期来看其承载能力有弹性，但在任意给定的时期内，其容量是有限的，例如，人们不能扩大或缩小机场终点的规模以适应需求的季节性波动。当某种交通工具的使用者由于基础设施容量有限而开始妨碍其他使用者时，就产生了拥挤的外部性。当然，一定程度的拥挤是不可避免的，问题在于多大程度上的拥挤是合适的。因为人们能接受一定程度的拥挤，但厌恶过度拥挤，过度拥挤还会造成时间浪费和各种不便。

道路交通的严重拥挤与通常的环境污染有所不同，它一方面加剧了业已存在的环境污染，这是因为拥挤道路上汽车停启频繁和空转等造成大量废气排放（见表 4-2 和表 4-3）；另一方面给道路使用者（包括每个驾车者本人）造成时间和燃料的浪费。后者也称为纯拥挤成本。

表 4-2　驾驶周期中不同阶段引起的空气污染

污染物		废气成分/10^{-6}			
		空　转	加　速	慢　速	减　速
汽油机	一氧化碳	69 000	29 000	27 000	39 000
	烃	5 300	1 600	1 000	10 000
	氧化氮	30	1 020	650	20
	乙　醛	30	20	10	290
柴油机	一氧化碳	微量	1 000	微量	微量
	烃	400	200	100	300
	氧化氮	60	350	240	30
	乙　醛	10	20	10	30

表 4-3　车速对污染的影响

车速/（千米/小时）	排放量/（克/千米）		
	一氧化碳	碳氢化合物	氮氧化合物
40.23	34.47	5.44	3.19
64.37	23.14	4.39	3.64
88.51	19.67	3.91	4.26

4. 事故

运输是具有系统性不安全的活动。事故不仅涉及运输的参与者本身，还会涉及第三方。事实上，运输危险和有毒物质时固有的危险又增加了这个问题的严重性。从事故次数来看，在公路运输中每天都有许多致命的和严重的事故发生。火车、轮船和飞机的灾难虽然发生得不那么频繁，但从引起公众关注的角度看，更加可怕，因为每次事故造成的伤害更为严重。

5. 震动

低飞的民用飞机、重型货车和铁路货车等会产生影响建筑物的震动。过度的震动会影响人们的正常生活和身心健康，但目前尚无有效的解决办法。

6. 社区分隔

公路、铁路、运河以及其他运输干道常常形成人们交往的重大有形（有时是心理上的）障碍。例如，城市高速公路会将当地社区分隔成两部分，妨碍长期建立起来的社会联系的保留，有时还妨碍人们享受路对面的娱乐和就业机会。

三、控制运输成本负外部性的措施

在我国，随着经济的不断进步，运输活动大幅增加，由此所造成的环境负面影响也非常严重，因此，一定要重视对运输的外部成本的控制。

下面介绍几种控制运输的外部成本的措施，重点讨论传统的“庇古式解决方法”，也就是向产生外部成本的那些人收费，使外部成本内部化的方法。

1．庇古税

政府解决外部性常用的经济手段就是征税，即对制造外部性的经济主体收税，这一方法最先由英国的经济学家庇古（Pigou）提出，所以也称为庇古税。具体体现形式有以下几种：

（1）污染税　对制造外部性的经济主体收污染税是解决外部性问题最常用的可行方法。这样，就使得污染的社会成本变成了私人成本，生产污染产品的企业成本增加，自然会减少直至停止生产，或者自己治理污染，政府也可以用这种税收来治理污染或者保护环境。

（2）政府补贴　与征税相对应的，对于造成外部经济即造福于他人（企业）的企业，政府应该给予相应补贴，其补贴额应该等于该企业给他人（企业）带来的收益额，从而使该企业的私人利益和社会利益相等，进而避免这些企业为减少无偿给他人（企业）带来利益而减少有正外部性的经济活动。

（3）拥堵费　征收拥堵费可以减轻道路或机场、车站的交通拥挤这点已达成共识。但如何收费，特别是收取多少费用，即如何确定最优道路价格（有人这样称呼这类收费）问题并无统一的现成答案。

最优道路价格应能反映出运输的边际成本和平均成本之间的差异，即通过收取拥堵费能够合理地将不同拥挤情况下拥挤外部成本转化成内部成本。这一工作成为许多环境运输经济学研究的主要课题之一，表 4-4 列出了一些主要的研究成果。

表 4-4　一些主要道路的最优道路价格估计

研　究　者	地　　点	高峰时刻的道路价格
Walters（1961）	美国一般高速公路	0.06～0.09美元/辆千米
英国交通部（1963）	英国城市地区	5.60便士（旧便士）/辆千米
大伦敦市政会（1974）	伦敦中心	0.60英镑/辆天
Elliott（1975）	洛杉矶	0.02～0.09美元/辆千米
Kraus等（1976）	双子城高速公路，1970	0.02～0.09美元/辆千米
Keeler和Small（1977）	海湾地区高速公路，1972	0.02～0.21美元/辆千米
Dewees（1978）	多伦多，1973	0.02～0.24美元/辆千米
Cheslow（1978）	伯克利，1977	2.0美元/辆次
Spielberg（1978）	麦迪森，1977	1.0美元/辆次
Mohring（1979）	双子城	0.41美元/辆千米
Gomezz-Ibanez和fauth（1980）	波士顿，1975	0.31～0.62美元/辆千米
Viton（1980）	海湾大桥，1972	0.10美元/辆千米
Starrs和Starkie（1986）	艾德雷德干道，1982	0.025～0.22美元/辆千米
Cameron（1991）	洛杉矶高速公路	0.09美元/辆千米

虽然最优道路价格的定价理论比较简单，但是人们对实施该理论的详细方案却经历了长时间的争论。一些主要的争议领域有以下几个方面：

1）难以设计出征收拥堵费的可行方法。不同时段城市内各条道路拥堵程度各不相同，要对路网中不同拥挤程度的道路收取不同的费用是很难实现的。给车辆安装自动计量器，或采用预购进入特定区域的许可证（不同拥堵区域分类牌照）办法，都无法利用拥堵费实时调控道路拥挤程度。

2）可能会对分配产生不良影响。对道路定价后，道路的使用便会取决于潜在的使用者支付拥堵费的能力，这是否会对社会福利产生不良的递减效应，是个难以用理论论证的问题。

3）难以处理所征得的收入。有人认为收入应用于改善公共交通，有人提出应直接返回给道路的使用者，也有人建议用于建设更多的道路，作为公共运输投资。但应按怎样的比例，却没有现成的例子和数据来决定。

4）可能导致货运成本上升而引起通货膨胀。道路收费的负担在最终消费者身上，那么货运成本的影响可能会引起通货膨胀。

（4）停车费　在某些情况下，经常由于政治原因或便于实施、操作成本低、效率高等技术原因，停车收费政策作为限制拥堵外部性的一种方法，似乎比道路定价更加可取。

如果许多车流的终点是在较小区域范围内，那么收取停车费更有效。而且，不但城市汽车交通最为广泛地涉及停车问题，其他运输方式中也同样有类似停车费的问题，如机场和海港，在航线终点向飞机收取高额停机费和向泊港船舶收取高额泊港费，能够促使飞机和轮船减少进入，从而使交通集中（拥堵）情况发生变化。但是过高的停车费也会带来司机开着车游荡，加剧拥堵的情形。

由于以上种种庇古税的税额（费额）是根据外部成本来确定的，这构成了庇古税的一个重要的缺陷，因为外部成本通常难以精确地了解到，从而难以准确地确定庇古税的税额（费额）。经济学家寻找到了一种市场化的解决方案，即排污许可制度。

2．排污许可证

除了政府采用行政干预、立法手段之外，在产权清晰的前提下，解决外部性完全可以依赖于市场机制，这种解决之道可以极大程度降低减少污染的成本。这种方法就是可交易的排污许可制度。

可交易的排污许可证是由环保部门确定一个总体排污标准，然后向污染企业发放（或拍卖）排污证，这种排污证允许在市场进行交易，这种办法不仅降低了政府管理部门的管理成本，而且减少了企业治理污染的成本。例如，有两个汽车运输企业A和B，它们的废气排放量是3吨。现在政府颁发给每个企业一张排污许可证，每张许可证允许持证者排放1吨的废气，如果有企业超标排污，那么它将受到巨额罚款。换言之，政府希望将总的废气排放量控制在2吨。假定企业A清除第一吨废气的边际成本是1000，清除第二吨废气的边际成本是2000，清除第三吨废气的边际成本是3000；企业B清除第一吨的边际成本是4000，清除第二吨废气的边际成本是5000，清除第三吨的边际成本是6000。如果许可证是不可交易的，那么企业A必须清除2吨的废气，其总成本是1000+2000=3000；企业B也必须清除2吨的废气，其总成本是4000+5000=9000。那么全社会为了清除这4吨废气共花费3000+9000=12000。

对此引入市场机制，即允许两家运输企业互相转让许可证。企业B相比于企业A来说，其减污边际成本太高，故它希望与企业A协商以一定的价格购买企业A的许可证，这样一来企业B就可以排放2吨的废气。企业A则因为无许可证了，那么它就必须清理3吨的废气。现有的问题是许可证将以怎样的价格成交。企业B清理第二吨废气的边际成本是5000（这实际是其购买到另一张许可证后可以得到的收益），企业A清理第三吨废气的边际成本是3000（这实际是其出卖许可证不得不承担的减污成本），如果双方关于许可证的转让价格是4000，其结果是双方各将收益1000。

各自的减污成本：

企业A：1000+2000+3000−4000=2000

企业 B：4 000+4 000=8 000

总成本：2 000+8 000=10 000

这比许可证不能交易的情况节约了 2 000。事实上，许可证的价格只要在 3 000～5 000 之间都可以节约成本，具体的成交价格要视双方的谈判能力而定。这个例子说明在克服外部性过程中，通过适当的方式引入市场机制可以使得资源的配置更加有效率。

3．对受害者的保护

前面所考察的策略要么是迫使生产者改变其生产方法，要么是鼓励他们采用不同的经营方法。事实上还可以采用将公众和环境侵害隔离开来（也就是控制飞机着陆跑道和规定卡车行使路线）的方法。在短期内，可以通过使交通远离敏感地区，或者从物质上保护人们和财产（例如，用双层玻璃来隔绝噪声）来实现这种隔离，而从较长时期来看，新的投资能使运输更加有效地与那些受其广泛影响的人分离开。

例如，英国运输部《阿米泰报告》（1980）建议设立“货车行驶区”以保护备受公路货运影响的居民。保护措施包括：

1）房子安装双层玻璃，以减少屋内的噪声干扰。

2）对被货车（或受货车运输影响）损坏的房屋给予维修补贴金。

3）维持路面良好行车条件，减少行车的振动。

4）对道路进行减少噪声（如吸收噪声路面）和事故方面的小改进。

5）修建人行道和护栏，以减少车辆冲撞街角和通过碰擦损坏建筑物。

6）对那些严重侵害环境的货车和运输公司，当局应停止其在该地区的运营或减少其运营并予罚款。

世界各国都有类似的条款，比较普遍的是设定交通安静区域。交通安静的概念包括：不得鸣号、使用强制减速的道路凸面、缩小车道宽度及改变道路表面等。在欧洲，交通安静往往是一揽子环境计划的一部分，经常与法定限速每小时 30 千米联系在一起。来自德国的证据表明，在引入这种计划的地区，严重事故下降了 50%。

4．各种运输外部性解决的总结

表 4-5 列出了可用于限制道路运输外部成本的各种措施，其中许多措施也适用于其他运输方式中对外部成本的控制。

表 4-5 控制道路运输对环境影响的各种措施

控制对象	基于市场的激励措施		基于行政的监管措施	
	直接措施	间接措施	直接措施	间接措施
车辆尾气	排放收费	可交易的许可证	制定排放标准	强制性对排放系统做检查和保养
		汽车的差别税收		强制性推行低污染汽车
		补贴新型环保汽车		强制报废旧汽车
燃油类型		燃油的高税收	制定燃料成分标准	制定燃料节能标准
		燃油的差别税收	逐步淘汰高污染油	限制车速
交通拥挤	拥挤收费	停车收费	划定汽车禁行区	对汽车使用的限制
		对公共交通实行补贴	限定行驶路线	设定公共专用道和其他优先权
噪声	噪声收费		制定噪声标准	强制性维修

案例研究

解决外部性需要明晰产权

经济学家科斯提出通过产权制度的调整，将商品有害的外部性市场化和内部化。例如，一条河的上游和下游各有一个企业，上游企业有排污权，下游企业有河水不被污染权利，下游企业要想使河水不受污染就必须与上游企业协商并要求支付费用，以得到清洁的水，这样上下游企业进行谈判，上游企业要想排污将给予下游企业一定的赔偿，上游企业会在花钱治污与赔偿之间进行选择。总之，只要产权界定清晰并可转让，那么市场交易和谈判就可以解决负外部性问题，私人边际成本与社会边际成本就会趋于一致。除明确产权以外，还有使有害的外部性内部化办法。按照科斯定理，通过产权调整使有害的外部性内部化，将这两个企业合并成一家，合并为一家以后，必然减少上游对下游的污染，因为是一个企业，有着共同的利益得失，上游企业对下游企业的污染会减少到最小限度，即把上游生产的边际效益等于下游生产的边际成本。

还比如，一个湖泊里的鱼的数量是有限的，大家都来捕鱼，鱼越捕越少，这就是有害的外部性。对这种情况有什么解决办法？解决这个问题可用明确产权的办法，即由某一个企业或个人来承包这个湖泊的捕鱼作业；也可用征税的办法，即对捕鱼者征税，并把税收用于投放鱼苗；还可以用法律手段明确规定休渔期禁止捕捞的时间。

思考题

1．机会成本和增量成本有什么区别？

2．边际成本和增量成本有什么区别？

3．私人成本和社会成本有什么区别与联系？

4．在企业的经营管理决策中应如何对待沉淀成本？为什么？

5．什么是运输成本？运输成本由哪几部分构成？

6．短期平均成本曲线和长期平均成本曲线均呈U形，其形成机理是否相同？为什么？

7．给定某个运输企业的总成本表（表4-6），要求：

（1）推导出该企业的总不变成本和总可变成本表，并由此推导出平均不变成本、平均可变成本、平均总成本和边际成本表。

（2）描绘出（1）中各成本曲线图。

表4-6　某个运输企业的总成本表

Q	0	1	2	3	4	5
TC	30	50	60	81	118	180

8．什么是规模经济与规模不经济？

9．运输成本的外部性主要表现在哪些方面？

10．控制运输成本的外部性的方法有哪些？

运输经济学
YUNSHU JINGJIXUE

第五章 运输价格、收益与价格策略

【学习目标】

理解运输价格的特征，掌握运输成本与价格的关系；
了解供求均衡与价格的关系，掌握供求均衡变化对价格的影响；
了解公共产品的基本理论；
理解对边际成本定价的分析；
理解运输收益与利润最大化的关系；
能对各种运输定价方式进行经济分析。

【导读案例】 平时大型商场为什么不延长营业时间

节假日期间许多大型商场都延长营业时间，为什么平时不延长？我们都知道延长营业时间一小时，就要支付一小时所耗费的成本，这种成本既包括直接的物耗，如水、电等，也包括由于延时而需要支付的售货员的加班费这种增加的成本就是边际成本。假如延长一小时增加的成本是 1 万元，那么在延时的一小时里商场卖出商品而增加的收益大于 1 万元，一个精明的店家不仅会延长营业一小时，还可能再延长，因为这时他还有一部分该赚的钱还没赚到手。相反如果在延长的一小时里增加的收益却不足 1 万元，在不考虑其他因素情况下他应该取消延时经营的决定，因为他延长一小时的成本大于收益。节假日期间，人们有更多的时间去购物，商场的收益增加，而平时人们工作紧张、家务繁忙，没有多少时间和精力去购物，就是延时服务也不会有更多的人光顾，增加的销售额不足以抵偿延时所增加的成本。这就能够解释在节假日期间延长营业时间而在平时不延长营业时间的经济学的道理。无论是边际收益大于边际成本还是小于边际成本，厂商都要进行营业时间调整，说明这两种情况下都没有实现利润的最大化。只有在边际收益等于边际成本时，厂商才不调整营业时间，这表明已把该赚的利润都赚到了，即实现了利润的最大化。

问题与思考：厂商追求的是利润最大化，还是收入最大化？个人又如何对待这个问题呢？

第一节 运输价格

一、运输价格的含义

运输价格是指运输企业对特定货物或旅客所提供的运输服务的价格，是运输产品价值的货币表现。运输产品是具体条件规定的货物或旅客的位移，这个具体条件是一定时间内被运送的对象的数量和空间位移的距离。同其他产品一样，运输产品的价值也是由生产过程中消耗的生产资料价值、生产者为自己劳动所创造的价值、生产者为社会劳动所创造的价值所组成的。

运输价格是运输企业开展运输生产的目的，运输价格的高低，直接关系到运输企业的收入水平。如果市场上运输价格上扬，运输企业认为有利可图，就会增加运输能力的投入；反之，则会减少运输能力的投入，甚至退出运输市场。

运输价格能有效地调节运输方式的运输需求。在总体运输能力基本不变的情况下，运输价格的变动会导致运输需求的改变。但货物运输需求在性质上属于“派生需求”，运输总需求的大小，一般取决于社会经济活动的总水平，经济繁荣，流通的物质越多，运输的货物就越多。商品的运输价格是商品销售价格的组成部分，运价的高低必然会影响其他物质生产部门的收入水平。反之，其他物质生产部门的收入水平必然会对运输价格产生影响。

二、运输价格的特征

1. 运输价格是一种服务产品价格

在运输生产过程中，运输企业为社会提供的产品不是实物形态的产品，而是通过投入劳务使运输工具生产了货物或旅客在空间位置移动的服务产品。

服务产品与有形商品最大的区别是，它是无形的，既不能储存，也不能调拨，只能满足一时一地发生的某种服务需求。运输产品的生产过程也就是其产品被消费的过程。因此，运输价格只是一种销售价格。而不像其他有形商品可有出厂价、批发价、零售价之分。同时，由于运输产品的不可储存性，因此当运输需求发生变化时，只能靠调整运输能力来达到供求的平衡。而在现实中运输能力的调整一般具有滞后性，故运输价格因供求关系而产生波动的程度往往较一般有形商品要来得大。

2. 运输价格是商品销售价格的组成部分

在很多时候，商品的生产地是与消费者相隔离的，必须要经过运输才能满足消费者对商品的实际需要。而在此过程中又必须通过价格作为尺度来进行商品的交换。这样，货物运价就成了商品销售价格的组成部分。一般而言，商品的总成本包括生产成本、运输成本、销售成本。运输成本就是商品作为货物的货物运输价格。货物运输价格是商品总成本的组成部分。货物运价在商品总成本中的比例根据商品本身的单位重量或价值来确定。货物运价的高低，会直接影响商品的销售价格乃至实际成交与否。

3．运输价格因不同运输距离或不同航线而不同

一般来说，会按货物或旅客的不同运输距离规定不同的价格，称之为“距离运价”或“里程运价”。这是因为运输产品即运输对象的空间位置移动是以周转量来衡量的，即货物周转量以吨千米（或吨海里）为计量单位；而旅客周转量，则以人千米为计量单位。这种按运输数量和距离制订的价格，货运表示为吨千米（或吨海里）运价；客运则表示为人千米运价。距离运价是我国沿海、内河、铁路、公路运输中普遍采用的一种运价形式。

按货物或旅客的不同航线或线路规定的不同运价称之为“航线运价”或“线路运价”。采用此种运价，是基于运输生产的地域性特点。运输工具在不同航线（或线路）上行驶，因自然条件、地理位置等有显著差别，即运输条件各不相同，即使货运（或客运）周转量相同，运输企业付出的劳务量及供求关系等却相差很大，因此，有必要按不同航线（或线路）采用不同的运价。目前，这种运价广泛地使用于远洋运输和航空运输中。

4．运输价格具有比较复杂的比价关系

运输比价关系是指采取不同的运输方案、承担不同运输价格的比较选择。货物或旅客运输，有时可采用不同运输方式或运输工具以实现相同的运输目的。具体表现为所运货物的种类、旅客舱位等级、运载数量大小、距离、方向、时间、速度等都会有所差别。而这些差别均会影响到运输成本和供求关系，在价格上必然会有相应的反映。例如，A、B 两地之间的旅客运输，可供选择的运输方式为铁路和海运，而铁路硬席卧铺的舒适程度与海运三等舱位相仿，但由于铁路运输速度快于海运，因此，在一般情况下铁路票价会高于海运。若相反，结果会造成铁路运输紧张而海运只能退出该航线运输。我国沿海众多客运航线被迫停运就是一个证明。

由于运输需求的不同，有的运输需要便捷、快速、舒适、安全系数高，那么就会选择运价高的运输方式；反之，若无特殊要求，则可选择运价低的运输方式。

三、运输价格的决定因素

1．运输成本

运输成本是指运输企业在进行运输生产过程中发生的各种耗费的总和。在正常的情况下，运输企业为能补偿运输成本和进行扩大再生产，要求运输价格不低于运输成本。因此，运输成本便成为运输价格的重要因素和最低界限，即运输价格的下限。

2．运输供求关系

运输的供给与运输的需求分别是由不同的因素决定的，两者的变化可能不一致，有时运输供给变化大，有时运输需求变化大，不一致的变化必然会对运输价格进行调节。运输供给和需求变化调节市场价格，同时运输价格变化也会调节运输供给和运输需求。

3. 运输市场结构模式

根据市场的竞争程度，运输市场结构可分为四种类型，即完全竞争运输市场、完全垄断运输市场、垄断竞争运输市场和寡头垄断运输市场。不同类型的市场有不同的运行机制和特点，对运输价格的形成会产生重大影响。

（1）完全竞争运输市场　完全竞争运输市场是指运输企业和货主对运输市场价格均不能产生任何影响的市场。在此种市场上，运输企业和货主都只能是运输价格的接受者，故运输价格完全由供求关系决定。在现实中，基本具备该市场条件的有海运中的不定期船市场、短途公路货运市场、内河水运市场等。

（2）完全垄断运输市场　完全垄断运输市场又称为“独占运输市场”，是指某一运输市场完全被一个运输企业所垄断和控制。在这种市场上，垄断企业有完全自由的定价权，它们可以通过垄断价格，获得高额利润。我国铁路运输市场具有这一特性，铁路运输由国家独立经营，对铁路货物运输实行指令性价格。但我国铁路货物运输实行的所谓“垄断价格”，其出发点却不是获得高额利润，而主要是根据运输成本、运输供求关系、国家经济政策等因素定价，同一般定义上的以获取最大利润为目的的“垄断价格”有很大区别。

（3）垄断竞争运输市场　垄断竞争运输市场是指既有独占倾向又有竞争成分的市场。我国沿海、长途汽车运输市场基本上属于这一类型。这种市场的主要特点是：同类运输产品在市场上有较多的生产者，市场竞争激烈；新加入运输市场比较容易；不同运输企业生产的运输产品在质量上（如快速性、货物完好程度）有较大差异，而某些运输企业由于存在优势而产生了一定的垄断性。在这种情况下，这些运输企业已不是一个消极的运输价格的接受者，而是具有一定程度决策权的决策者。

（4）寡头垄断运输市场　寡头垄断运输市场是指某种运输产品的绝大部分由少数几家运输企业垄断。在这种市场中，运输价格主要不是由市场供求关系决定，而是由几家大企业通过协议或某种默契确定的。海运中的班轮运输市场是较为典型的寡头垄断运输市场。

首先，班轮运输是在特定航线上，有一定停靠港口，定期开航的船舶运输。故一般经营班轮运输的船公司数量较少，但规模较大，因而进入或退出班轮运输市场均不是轻而易举的事。其次，如果在某一航线上同时有几家班轮公司经营，就会产生激烈的竞争，其结果往往两败俱伤。曾经影响巨大的国际船东垄断组织——班轮公会便应运而生。班轮公会的主要任务之一，就是通过共同制定所控制的航线的运价来避免无休止的价格激烈竞争。此时，班轮公会就成了该市场的“寡头”。

4. 国家经济、产业政策

国家对运输业实行的税收政策、信贷政策、投资政策等均会直接或间接地影响运输价格水平。长期以来，国家为扶持运输业，在以上诸方面均实行了优惠政策。例如，国家对运输业所征增值税是第三产业中较低的，其税率仅为9%，货运代理等物流服务业仅6%。构成运输价格的运输成本、利润和税金之中，如果增值税税率较低，在运输成本和利润不变的情况下，运输价格可随之降低。国家采取鼓励运输业优先发展的政策，运输基础设施直接由国家进行建设，且多数免费使用。甚至于直接控制运输价格，如我国铁路采取国家定价，以调控运输市场总体价格。

5．各运输方式之间的竞争

影响运输价格水平的竞争因素有：运输速度、货物完好程度以及是否能实现“门到门”的运输等。以速度为例，若相同起讫地的货物运输可采用两种不同运输方式进行，此时运输速度较慢的那一种运输方式只能实行较低的运价。这是因为，就货主而言，它增加了流动资金占用和因货物逾期、丧失市场机会而造成的市场销售损失。与运输速度较快的那一种运输方式相比，其理论降价幅度为流动资金占用的资金成本差额和因货物逾期丧失市场机会而造成的市场销售损失之和。

第二节 均衡价格

一、供求均衡与价格

1．供给与供给价格

按照微观经济学的观点，供给是指某一时间内，生产者在一定价格条件下，愿意并可能出售的产品，对运输业来说也就是运输企业愿意提供的运输产量。

运输生产者对所接受的价格提供一定量的运输服务，该价格称为供给价格。它取决于运输一定量服务所付出的边际成本。在其他条件不变的情况下，价格越高，运输生产者越愿意提供服务，因此，供给一般随价格上升而增加。

2．需求与需求价格

运输需求是社会在一定价格条件下对运输产品的需求量，显然在运输价格低时，会有更多的需求；而在运输价格高时，有部分运输需求会退出运输市场，运输需求量减少。因而运输需求量与运输价格成反向变化。某一运输量所相对应的价格就为需求价格。

3．供求均衡的含义

在自由竞争的条件下，商品的需求和供给决定价格。当该商品的需求大于供给时，该商品的价格会上升，反之会下降。当该商品的需求数量与供给数量处于稳定、一致时，该商品的价格也会处于稳定和相对静止，这种变动着的各种力量处于一种暂时稳定的状态就叫作均衡，这时供给量与需求量一致。均衡并不意味着不会再变动。

经济学将上述商品处于需求量和供给量一致时的价格称为均衡价格。与均衡价格相对应的商品供给量或需求量为均衡量；对应的市场状态称为市场出清状态，也就是生产的数量都被消费了。

在现代经济学研究中，均衡也是一种分析方法。它是指在一定的前提条件下用来分析经济中各个变量之间关系的一种方法。通过这种方法可以了解各个变量之间的相互影响和相互作用。例如，通过对均衡价格的分析，可以说明供给、需求和价格三者之间的关系。

但是，均衡总是有条件的，是在一定的条件下达到的；条件变了，原来的均衡就被打破。所以，经济总是处于一种均衡（旧均衡）的破坏和另一种均衡（新均衡）的建立的过程之中。从动态的观点看，均衡是短暂的，是一个不断达成又被破坏的短暂过程。

二、均衡价格的形成与分析

1．均衡价格的定义

需求价格是指消费者对一定量商品所愿意支付的价格，供给价格是指生产者为提供一定量商品所愿意接受的价格。在同一市场中，产品供给量与需求量必然相等。经济学家以此为根据提出了均衡价格概念。均衡价格是指一种商品完全出清时，需求量与供给量相等，需求价格和供给价格相一致时的价格，也是这种商品的市场需求曲线与市场供给曲线相交时的价格，如图 5-1 所示。

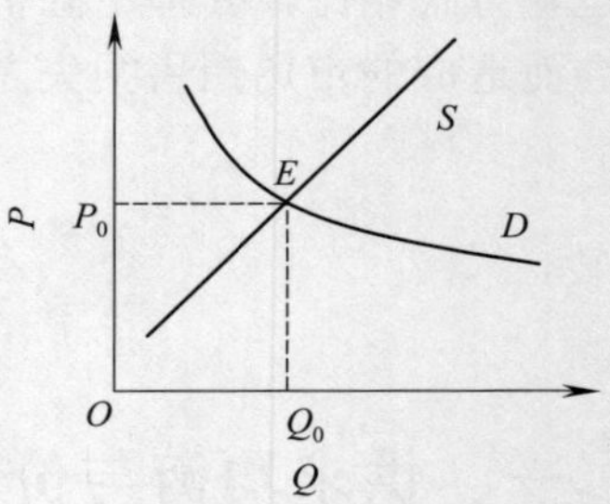

图 5-1　均衡价格

图中，纵轴表示价格，横轴表示运输数量。*D* 是需求曲线，*S* 是供给曲线。*D* 曲线与 *S* 曲线相交与 *E* 点，*E* 是均衡点。P_0 表示均衡价格，Q_0 表示均衡量。

2．均衡价格的形成

均衡价格被认为是经过市场供求的自发调节而形成的。可以用表 5-1 来说明均衡价格的形成。

表 5-1　供给需求表

供给量	价格	需求量
6	7	0
5	6	1
4	5	2
3	4	3
2	3	4
1	2	5
0	1	6

当价格为 7 时，消费者认为价格太高了，所以需求量为零，或很少；运输生产者则认为这个价格合适，向社会提供 6 个运输能力，但这 6 个运力都将没有货物运输，出现运力剩余。

当价格为 1 时，运输生产者认为价格太低了，所以停止运输；消费者则认为这个价格最合适，所以有 6 个运输需求量，但也没有运输。由于供求不一致，这两种极端情况就会改变，运输供给一方降低价格，运输需求一方提高价格。当价格为 4 时，供给量和需求量才能一致，所以，表 5-1 所示的均衡价格是 4，均衡量是 3。这时，供给与需求一致。

下面用曲线图来说明供求趋于一致的过程。

（1）价格高于均衡价格的情况（如图 5-2a 所示）　假定均衡价格为 P_0，均衡量为 Q_0，均衡点为 *E*。现在价格上升到 P_1，高于 P_0，于是需求量就下降为 Q_1，小于均衡点 Q_0；另一方面，供给量因价格上升而增为 Q_2，大于均衡点的供给量 Q_0。这样，就形成了供过于求，数量为 Q_1Q_2（即 Q_2-Q_1），产品出现剩余。但这只是暂时的现象，需求少，供给多，这将导致价格下降，一直下降到均衡点 *E*，价格为 P_0 时，供给量与需求量相等，从而达到了市场均衡。

（2）价格低于均衡价格的情况（如图 5-2b 所示） 如果价格降为 P_2，低于均衡价格 P_0，那么需求量将上升到 Q_2，大于均衡点的购买量 Q_0；另一方面，由于价格由 P_0 降到 P_2，运输生产者不愿意营运，于是供给量将下降到 Q_1，小于均衡点的出售量 Q_0。这样，就形成了供不应求，数量为 Q_2Q_1（即 Q_2-Q_1）的市场短缺。但这也是暂时的现象，需求多，供给少，这将导致价格上升，一直上升到均衡点 E，价格为 P_0 时，供给量与需求量相等，从而达到了市场均衡。

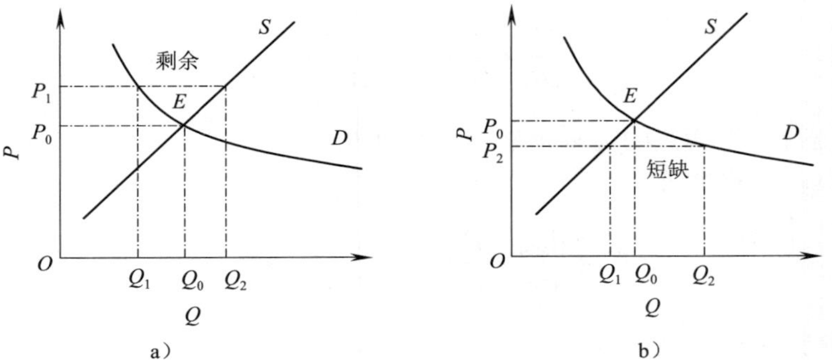

图 5-2 供求趋于一致的过程

a）价格高于均衡价格 b）价格低于均衡价格

3．均衡价格分析

均衡价格是供给与需求相等时的状态，需求量和供给量相等，价格稳定。当市场处于均衡状态时，均衡价格发生在供给曲线与需求曲线的交点，即均衡价格发生在需求量等于供给量之处。在均衡价格水平上，市场上不存在短缺或过剩，如图 5-1 所示。如果价格偏低就意味着各种力量尚未平衡，此时，吸引需求的因素比吸引供给的因素更有力，因而存在超额需求或短缺，如果价格太低，需求者就会争购形成哄抬价格，直至达到均衡状态。而在高于均衡价格的水平上，生产者愿意供给的数量高于消费者愿意购买的数量，从而出现了物品的过剩，就会对价格施加下降的压力。

在市场经济环境中，市场供求关系是形成均衡的机制，通过市场的调节，使得供给量与需求量处于平衡状态，当市场价格偏离均衡价格时，市场的调节又会使价格趋向于均衡价格。完全竞争市场的均衡是由供给和需求共同作用而产生的，是市场自发的行为和后果，这就是市场“看不见的手”。

例：某运输供给为 $Q_S=50+10P$；运输需求为 $Q_d=300-5P$。式中，价格是以元/吨为单位来计算的；数量是以万吨为单位的。

1）该运输的均衡价格是多少？均衡量是多少？

2）在均衡价格时的需求价格弹性和供给价格弹性分别是多少？

3）短期内由于经济发展需要，运输需求增长到 300 万吨，运输价格应该是多少？

4）假设经济减速使运输的需求曲线向左移动导致运输价格下降至每吨 15 元，此时的均衡运量是多少？

解：

1）联立运输的供给曲线和需求曲线的方程：

$$\begin{cases} Q_S = 50 + 10P \\ Q_d = 300 - 5P \\ Q_S = Q_d = Q \end{cases}$$

解得　$P≈16.67$ 元/吨，$Q≈216.67$ 万吨

2）均衡点的需求价格弹性：

$$E_d = \frac{dQ_d}{dP} \times \frac{P}{Q} = -5 \times \frac{16.67}{216.67} \approx -0.38$$

弹性只取正数，均衡点的需求价格弹性为 0.38。

均衡点的供给价格弹性：

$$E_s = \frac{dQ_S}{dP} \times \frac{P}{Q} = 10 \times \frac{16.67}{216.67} \approx 0.77$$

均衡点的供给价格弹性为 0.77。

表明，需求增加 1 万吨，运价需要降低 0.38 元/吨；供给增长 1 万吨，运价要提高 0.77 元/吨。供给弹性比需求弹性大，供给对价格变动的敏感性高。

3）在短期内供给曲线未发生变化，为了完成 300 万吨的运量，运输企业采取提高价格的方式应对，将 Q_S 定为 300，则：

在 $Q_S=50+10P$ 中，解得 $P=25$ 元/吨。

4）需求曲线移动，但供给曲线未发生移动，将运输的价格 15 元/吨代入供给函数 $Q_S=50+10P$，解得 $Q_S=200$ 万吨。

表明，此时的市场均衡价格为 15 元/吨，均衡运量为 200 万吨。也就是说运力要缩减 16.67 万吨，才能维持新的均衡。

三、供给与需求变化的价格分析

现代经济学家认为，除产品的价格以外，影响供给的基本因素还包括：①生产成本以及影响生产成本的生产要素价格；②企业的目标；③技术水平和生产量的变动；④竞争对手的多少，等等。

影响需求的基本因素还包括：①消费者人数的多少；②消费者收入水平和收入分配状况；③消费者的偏好；④替代品的价格和供求变动，等等。

因此，一旦价格以外的其他条件发生变动，整个供给曲线和需求曲线就会发生移动。

1. 供给的变化

供给曲线的移动表明旧的均衡被破坏和新的均衡形成。如图 5-3 所示，供给曲线向右移动，表明供给增加，供给曲线变为 S_2，形成新的均衡点 E_2，价格下降；供给减少了，供给曲线向左移动为 S_3，形成新的均衡点 E_3，价格上升。供给曲线的移动反映供给变化，表示生产规模发生变化，有新的生产能力投入或者退出。

2．需求的变化

需求曲线的移动同样表明旧的均衡被破坏和新的均衡形成。如图 5-4 所示，需求曲线向右移动到 D_2，表明需求增加，形成新的均衡点 E_2，价格上升；需求曲线向左移动到 D_3，表明需求减少，其均衡点变为 E_3，价格下降。需求曲线的移动反映需求变化，表示消费者的消费能力发生变化。

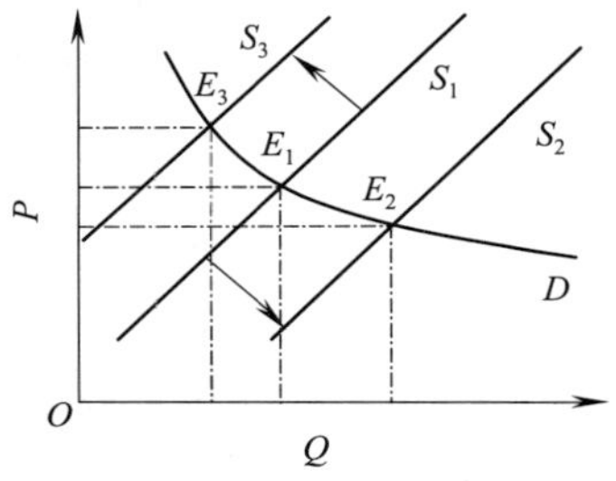

图 5-3 供给变动的均衡

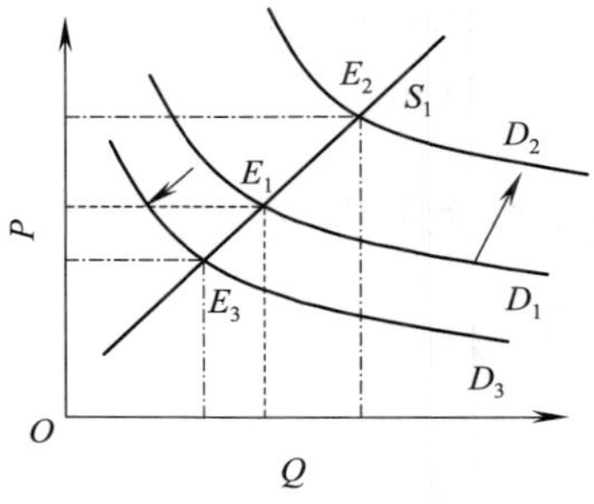

图 5-4 需求变动的均衡

3．供求定理

从以上关于供给与需求变动对均衡价格的影响的分析，可以得出：

1）需求大于供给，均衡价格将会上升；需求小于供给，均衡价格将会下降。

2）需求的增加引起均衡价格上升，需求的减少引起均衡价格下降。

3）需求的增加引起均衡量增加，需求的减少引起均衡量减少。

4）供给的增加引起均衡价格下降，供给的减少引起均衡价格上升。

5）供给的增加引起均衡量增加，供给的减少引起均衡量减少。

这就是微观经济分析中的供求定理。

供求定理是市场价格变化的基本规律，也是运用供求关系分析经济现象的重要工具，市场的一切交易活动和价格的变动都受这一定律的支配。这也是亚当·斯密所说的“看不见的手”在指挥着经济活动。

四、蛛网理论

（一）蛛网理论的概念

在分析均衡点的变动时，如果不考虑时间因素来考察均衡的形成和稳定条件，称为静态均衡分析。如果引入时间因素来考察均衡状态的变动，也就是考察从一种均衡到另一种均衡的变化，称为动态均衡分析。

蛛网理论是一种动态均衡分析方法，在 20 世纪 30 年代分别由美国经济学家舒尔茨、意大利经济学家里奇和荷兰经济学家丁伯根在不同的论文中各自独立提出其基本思想，后由英国经济学家卡尔多在 1934 年第一次正式提出“蛛网理论”（Cobweb Theorem）这一名称。它是考察价格波动对下一个周期产量的影响，可以由此而产生的均衡的变动。它假定需求弹性为既定，因为供给弹性系数不同，产量的变化也就不同。

蛛网理论是运用弹性理论研究某些具有周期性特征商品的价格和产量，在供求失衡时所发生的动态调整过程的理论，因其图示形如蛛网而得名。

（二）蛛网理论研究对象的特点

1）生产周期较长，且生产计划确定后在期中不能变更。

2）供给量的变动存在时滞，商品从开始生产到投放市场需要一定的时间间隔。

3）供给量取决于前期的价格，当前的价格仅影响当前的需求量和下一期的供给量。

（三）蛛网理论研究内容

1．蛛网稳定条件

当供给弹性小于需求弹性，或者说在数值上供给曲线斜率大于需求曲线的斜率，即价格变动对需求量的影响大于对供给量的影响时，价格和产量的波动越来越小，最后恢复均衡，形成收敛型的蛛网，如图 5-5 所示。

图 5-5 中，D 表示需求曲线，S 表示供给曲线，E 为均衡点。纵轴表示价格，横轴表示数量。P_0 为均衡价格，Q_0 为均衡量。

变动数量如下：

第一阶段，因为某项波动使得市场价格为 P_1，运输供给量增为 Q_1，大于均衡量 Q_0，于是供大于求。而买主为 Q_1 付出的价格只为 P_2，低于均衡价格 P_0。

第二阶段，由于 P_2 低于 P_0，所以卖主把供给量由 Q_1 减少为 Q_2，小于均衡量 Q_0。在 Q_2 所对应的需求价格上升至 P_3，高于均衡价格 P_0。

第三阶段，由于 P_3 高于 P_0，所以厂商又把供给量扩大到 Q_3，大于均衡量 Q_0，供给大于需求，价格又跌到 P_4，仍小于均衡价格 P_0。

……

最后，恢复均衡。图 5-6 可以说明价格趋向均衡价格 P_0 的过程。t 表示时间。

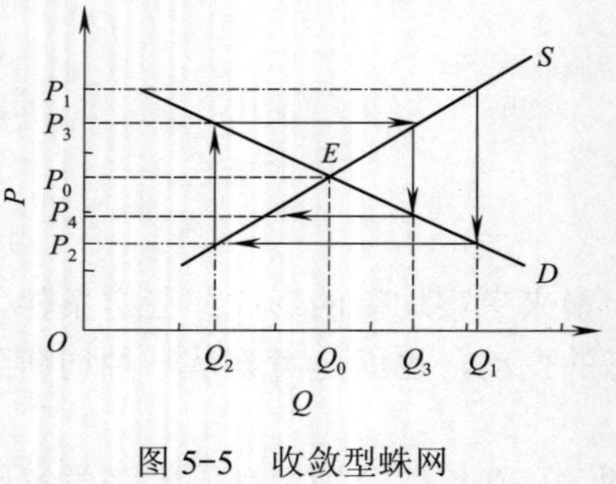

图 5-5　收敛型蛛网

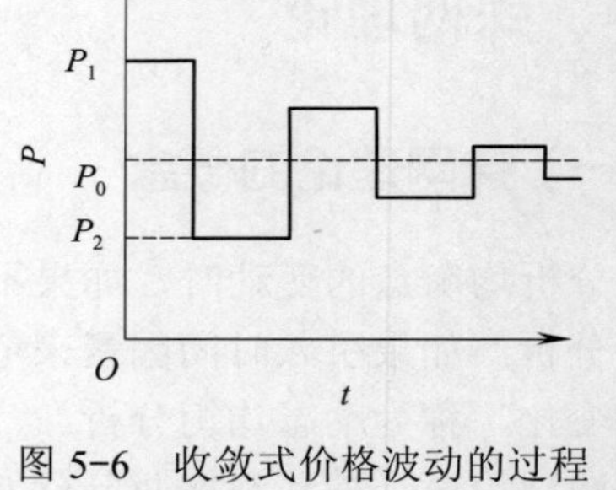

图 5-6　收敛式价格波动的过程

因此，供给弹性小于需求弹性，或者说在数值上供给曲线斜率大于需求曲线斜率被称为“蛛网稳定条件”。

2．蛛网不稳定条件

当供给弹性大于需求弹性，或者说在数值上供给曲线斜率小于需求曲线斜率时，价格和产量的波动越来越大，离开均衡点越来越远，如图 5-7 所示，称为发散型蛛网。

在这种情况下，价格与产量变动的过程与前一种情况下相同。但是，价格与产量的波动越来越大，无法恢复均衡。

因此，在数值上供给曲线斜率小于需求曲线斜率被称为“蛛网不稳定条件”。

3. 蛛网中立条件

当供给弹性等于需求弹性，或者说在数值上供给曲线斜率等于需求曲线斜率时，价格和产量波动始终按同一幅度进行，如图 5-8 所示，称为封闭型蛛网。

在这种情况下，价格和产量既不回到原来的均衡点，也不会离均衡点越来越远。在图上形成的是首尾相连的完整的蛛网。至于蛛网离开均衡点的远近，则根据市场波动的大小而定。

因此，在数值上供给曲线斜率等于需求曲线斜率被称为“蛛网中立条件”。

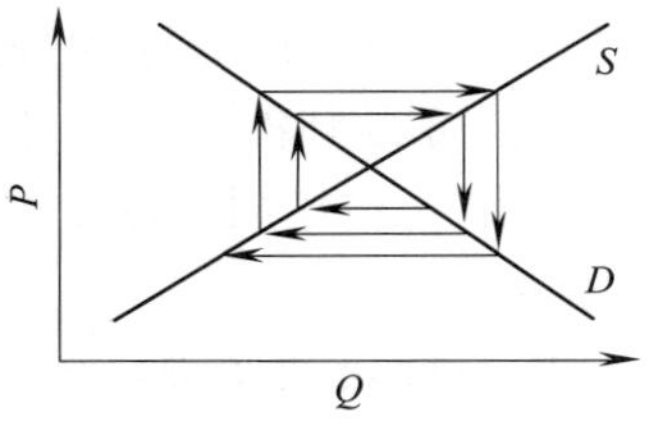

图 5-7 发散型蛛网

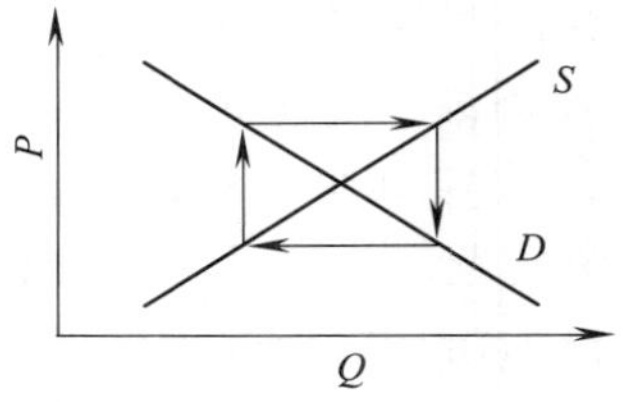

图 5-8 封闭型蛛网

五、价格机制

市场经济是指资源由市场的价格机制所引导的一种经济体系，其核心是竞争，经济运行是由价格—数量这只“看不见的手”所调节的，也就是说，资源的配置是由价格决定的。一般而言，市场经济应该具备以下三个特点：

1）企业是独立的经济单位。企业根据自己的目标独立分散地做出自己经济行为的决策。

2）生产要素可以自由流动。市场竞争是充分的，要素的取得与转让可以自由地进行。

3）协调机制是价格。在生产者与消费者都独立分散决策的情况下，个体决策自发实现一致的关键是价格，也就是说，大家是根据市场价格来决定生产或消费的。这是市场经济的最基本特征。

（一）市场经济与价格机制

1. 市场

市场是市场经济的载体，它原指一群买者和卖者在一定时间集中交易的场所或者途径。现代市场的含义要广泛得多，一切交易的领域，都可以叫市场。市场既可以是有形的，也可以是无形的；既可以是集中的，也可以是分散的。

2. 市场分类

按照交易内容，可以分为产品市场、要素市场、金融市场、外汇市场、劳动力市场等。按照地理区划，可以分为地方市场、全国市场、世界市场。

按照竞争程度，可以分为完全竞争市场、不完全竞争市场。不完全竞争市场又可以分为垄断竞争市场、寡头垄断市场、完全垄断市场。

3．市场机制

在一个经济社会里，各种各样的经济活动非常复杂。每一种产品，都有大量的生产者和消费者，供给和需求又在不断变动，怎样来协调如此庞杂的经济活动，使它能够有机地循环运行呢？是一只“看不见的手”在指挥。这只“看不见的手”就是价格制度。供给与需求，就像一把剪刀的两个刀刃一样，相互作用，从而决定价格。价格是供给与需求的桥梁，在完全竞争市场的条件下，价格可以自动调节供给与需求，使市场达到均衡。这种调节功能，就叫价格机制或市场机制（market mechanism）。

（二）价格如何调节经济

美国经济学家米尔顿·弗里德曼把价格在经济中的作用归纳为三种：①传递情报；②提供一种刺激，促使人们采用最节省成本的生产方法，把可得到的资源用于最有价值的活动；③决定谁可以得到多少产品——即收入的分配。这三种作用实际上解决了资源配置的三个问题：生产什么、如何生产和为谁生产。具体为：

（1）作为指示器反映市场的供求状况　价格受供求的影响而迅速变动，某种商品的价格上升，就表示这种商品的需求大于供给；反之，这种商品的价格下降，就表示这种商品的需求小于供给。

（2）价格的变动可以调节需求　消费者为了实现效用最大化，一定会按价格的变动来进行购买和消费。在市场经济中，消费者享有完全的消费自由，在某种需求下，他们的购买行为完全受价格支配，因此，提价可以减少需求，而降价可以增加需求。

（3）价格的变动可以调节供给　企业为了实现利润最大化，一定会按照价格的变动来组织生产，在市场经济中，生产者享有完全的生产自由，在某种条件下，他们的生产行为完全受价格支配，因此，提价时可以增加供给，而降价时可以减少供给。

（4）价格可以使资源配置达到最优状态　当市场上某种商品的供给大于需求时会使该商品的价格下降。这样，一方面刺激了消费，增加了对该商品的需求，另一方面又抑制了生产，减少了对该商品的供给。价格的这种下降，最终必将使该商品的供求相等，从而使资源得到合理配置。同理，当某种商品的供给小于需求时，也会通过价格的上升而使供求相等。价格的这一调节过程，每日每时在市场中都进行着。价格把各个独立的消费者与生产者的活动联系在一起，并协调他们的活动，从而使整个经济和谐而正常地运行。

六、支持价格和限制价格

（一）价格调节的不完善性

有两种情况：①从短期来看，由供求决定的均衡价格也许是合适的；但从长期来看，对生产有不利的影响。②由供求决定的均衡价格会产生不利的社会影响。比如，新兴产业可能会因为无法盈利而缺少发展机会，过剩产能可能无法在自发的价格机制下迅速淘汰。

这些市场机制的不足就需要政府出面进行干预。

（二）支持价格

1. 支持价格的概念

支持价格是政府或者权利组织为了扶植某一行业的生产而规定的该行业产品的最低价格，也称价格下限，以保证该行业或产品有收益。支持价格一定高于均衡价格。

2. 支持价格的运用

许多国家都通过不同的形式对农产品或者稀缺产品、幼稚产业实行支持价格政策，以稳定相应市场，扶持产业发展。

支持价格可以采用非市场的政府定价或者市场化的干预措施。例如，农产品支持价格，基本做法是：当农产品低于支持价格时，由政府按这一价格收购剩余农产品，形成需求以提高价格；当农产品高于目标价格时，则由政府抛出储备或进口农产品，扩大供给以压低价格。

从长期来看，支持价格政策确实有利于农业的发展。这在于：①稳定了农业生产，减缓了经济危机对农业的冲击；②通过对不同农产品的不同支持价格，可以调整农业结构，使之适应市场需求的变动；③扩大农业投资，促进了农业现代化的发展和劳动生产率的提高。正因为如此，实行农产品支持价格的国家，农业生产发展都较好。但支持价格政策也有其副作用，主要是会使财政支出增加，使政府背上沉重的包袱。支持价格往往会使市场上出现产品过剩的情况，如图 5-2a 所示，还可能造成保护过度。

（三）限制价格

1. 限制价格的概念

限制价格是政府为了限制某些生活必需品的物价上涨而规定的这些产品的最高价格，也称价格上限。限制价格一定低于均衡价格。

2. 限制价格的运用

限制价格政策一般是在战争或自然灾害等特殊时期使用。

限制价格有利于社会平等的实现，有利于社会的安定。但这种政策会引起严重的不良后果，主要包括：①价格水平低，不利于刺激生产，从而会使产品长期存在短缺现象，如图 5-2b 所示。②价格水平低，不利于抑制需求，从而会在资源缺乏的同时又造成严重的浪费。③限制价格之下所实行的配给制会引起社会风尚败坏。

限制价格下的供不应求会导致市场上消费者排队抢购和黑市交易盛行。为此，一般经济学家都反对长期采用限制价格政策。

第三节 公共产品定价理论

公共产品定价理论是公共经济学重要的理论。

一、公共产品的概念及特征

（一）公共产品的定义

在日常生活或者生产经营中，消费者对某些物品或者服务并没有支付或者支付很少就能够获得和消费，而每个消费者的消费又不会减少其他人对该物品的消费，也不能排斥被别人消费，且消费者只可以消费，却不能占有所有权，这类物品或者服务被称为是公共产品。相对应的另一个概念是私人产品，私人产品是由消费者购买，排斥其他消费者对该物品的消费，具有独立的消费权利的物品，谁付款谁受益。

公共产品一般由政府提供，也有的由非政府组织或者企业、个人提供。公共产品的交易、产权、消费权限与私人产品不同，还具有效用的外部性，尤其是公共产品主要由政府提供，既有垄断性又有服务性，因而在提供渠道、产量、消费者、价格等方面都与私人产品不同，不能完全按照市场供求关系进行调节，往往存在着市场失灵。或者说作为体现社会整体利益所必需的公共产品不可能单纯地依靠市场机制来提供，因而必须由政府作为主要角色参与公共产品的适当提供和介入提供。为了保证满足消费者需要，以及价格公平、消费公平，公共产品的产量与价格成了经济学研究的重要内容。在交通运输领域就存在着大量的公共产品。

（二）公共产品的特征

纯粹的公共产品具有以下不同于私人产品的两个基本特征：

1．受益的非排他性

对于私人产品来说，购买者按价格支付了货币就取得了该产品的所有权，同时该购买者可轻易地或低成本地排斥他人消费这种产品，这就是排他性。而公共产品是向整个社会提供，消费是集体的，其效用不能分割成若干部分，分由不同消费者享用。一旦提供了这种产品，想阻止任何不付费的人消费这种产品，或者在技术上不可能，如国防、公共安全服务；或者代价高昂到不可接受，如无线广播，阻止不交费听广播的成本就是极其高昂的。在这种条件下，公共产品的享用者就不会有自愿付费的动机，而是倾向于成为免费“搭车者”。

2．取得的非竞争性

对私人产品来说，一个人消费了这一产品，别人就无法再消费了。公共产品是满足公共的、社会的需要，公共产品一旦提供出来，不限于某个人或集团享用，而是同时为人们所享受，受益对象之间无利害冲突，消费者对公共产品的消费不存在竞争关系。公共产品取得的非竞争性包含两方面的含义：

（1）边际生产成本为零　这里所说的边际成本，是指增加一个消费者对供给者带来的边际成本。在公共产品的情况下，消费者增加和产量增加导致的边际生产成本并不一致。例如，海上灯塔是较典型的公共产品，增加一艘船经过邻近海域得到指引不需追加任何生产成本，增加消费者的边际成本为零；但若再造一座灯塔，则边际生产成本显然并不为零。

我们讨论公共产品共同消费性时强调的是消费者增加带来的边际生产成本。

（2）边际拥挤成本为零　公共产品是共同消费的，不存在消费中的拥挤现象，每一个共同消费者的消费都不影响其他消费者的消费数量和质量，即边际拥挤成本为零。具有共同消费性产品的例子有：不拥挤的公路、非满载的火车车厢、未饱和运转的计算机、国防等。这种共同消费性同样来自于产品的不可分割性。增加一个消费者时，在这类产品还未达到充分消费时，则不用增加生产的可变成本，也不会影响其他消费者的消费。然而，一种产品在消费上具有共同性，并不保证它有非排他性。例如，航道与公路都是共同消费的产品，但只需要增加一个简单的设备，如 VIP 通过的门，就具有排他性了。

我们可以以一国的国防为例来讨论这一问题。只要国家建立了防务体系，就几乎不可能排除任何居住在国境内的人不受该体系的保护；尽管人口因出生等会与日俱增，但这不会增加一国的国防费用，也没有任何人会因此而减少其所享受的国防所提供的国家安全保障。公共产品不仅具有非排他性，而且具有非拒绝性。一个公民居住在国家内，不管愿意与否，都得接受国防的保护，而不能把自己所得到的那一份国防保护出售给别人。

萨缪尔森将纯粹的私人产品与公共产品的区别用数学式更严格地表述如下：

第一，对私人产品来说，其产量

$$X=\sum_{i=1}^{n}X_i$$

即某一产品的总量 X 等于每一个消费者所拥有或消费该产品数量 X_i 的总和，这意味着私人产品可以在消费者之间分割。

第二，对于公共产品来说，其产量

$$X=X_i$$

这就是说，对于任何一个消费者来说，他为了消费而实际可支配的公共产品的数量 X_i 就是该公共产品的总量 X，这意味着公共产品在消费者之间是不能分割的。

纯粹的公共产品必然同时满足非排他性和非竞争性两个基本特征这一条件。非竞争性有两方面含义：①边际生产成本为零；②边际拥挤成本为零。当然要认识到：消费者增加带给供给方的生产成本为零并不足以说明其边际社会成本为零。拥挤性的公共产品如电影院、足球比赛场、公路或桥梁，对于生产者来说，只要不到必须拓宽场地或路面的程度，增加一个消费者并不会增加他的生产成本；但对消费者来说，拥挤就是一种成本。虽然在一定的消费者数量下，不存在拥挤现象，拥挤成本为零，可是当消费者的人数增加到一定量时，就会出现拥挤现象，而且这种拥挤现象必然随着消费者人数的增加而不断增加。

（三）准公共产品

准公共产品介于纯公共产品和私人产品之间，是一些具有有限的非竞争性或有限的非排他性的公共产品。这类产品通常只具备前述两个特性的一个，而另一个特性则表现为不充分。有的具有非排他性和不充分的非竞争性；有的具有非竞争性特征，但非排他性不充分。对于准公共产品，既可以按照公共产品对待，也可以按照私人产品处理，这取决于政府对社会管理的目标，即是为了更多的福利和公平，还是需要更多的效率和节约资源。不过这些选择都需要采取一定的措施或者技术手段。例如，高速公路的收费通行、排队买票、小学入读学校的抽签排位或者优先择校等。

纯公共产品的涵盖范围是比较狭小的，但准公共产品的涵盖范围较宽。例如，教育、文化、广播、电视、医院、应用科学研究、体育、公路、农林技术推广等事业单位，其向社会提供的属于准公共产品。

此外，实行企业核算的自来水、供电、邮政、市政建设、铁路、港口、码头、城市公共交通等，也属于准公共产品的范围。

对于这样的产品或服务，如果为了社会公平和福利水平提高，政府需要采取补贴的办法，或者通过市场干预手段给予支持。如果为了生产的效率和资源的充分利用，可以通过技术和法律的手段使其成为私人产品，由市场机制进行调剂。一般来说，政府都会对市场进行干预，包括资源调剂、价格干预、产量干预等，以保证社会需要。

（四）判别公共产品的步骤

第一步，看该种产品或服务的效用是否具有不可分割性，如果具有不可分割性，则转入第二步。

第二步，看该种产品或服务是否具有非竞争性，如果有，则转入第三步。

第三步，看该种产品或服务和受益在技术上是否具有非排他性，如果具有非排他性，也就是说该种产品或服务同时具有了效用的不可分割性、非竞争性和受益的非排他性，则这种产品或服务必为纯粹的公共产品。

如果一种产品或服务既不具有效用的不可分割性（受益的非排他性），又不具有非竞争性和受益的非排他性，则该种产品或服务必为纯粹的私人产品或服务。

如果一种产品或服务同时具有效用的不可分割性和受益的非排他性，但在消费上具有竞争性，则该种产品或服务属于公共资源，即属于具有非排他性，但有竞争性的产品。

如果一种产品或服务是纯粹的公共产品或服务，则它应由政府来提供，市场机制在这个领域肯定是要失灵的。

如果一种产品或服务是纯粹的私人产品或服务，则它有可能通过市场机制来实现供求平衡。

根据以上步骤的识别，我们大致可以区分出以下四种不同类型的产品：

1）同时具有非排他性与非竞争性的纯粹公共产品。

2）同时具有排他性与竞争性的纯粹私人产品。

3）具有非排他性与竞争性的准公共产品。

4）具有排他性与非竞争性的准公共产品。

（五）公共产品的主要方面

虽然有不同的划分，但一般认为以下方面可以列为公共产品或具有公共产品属性：

（1）“纯粹的公共产品” 如国防、公共安全、基础科学研究、立法、司法、政府行政管理、环境保护、市区道路、气象监测预报、导航与航道、绿化、公共保洁、治水等。

（2）主要准公共产品

1）公用事业。如能源中的电力、煤气，供水，通信，电视、广播，交通运输，垃圾场，防污染等。

2）基础行业。如公共交通设施，河道，原子能发电等。

3）金融业。如储蓄、保险业等。

4）教育和卫生保健。如基础教育、疫病防治等。

5）农业。如基本粮食、食品储备与供给等。

二、公共产品定价方式

经济学研究的公共产品是具有不完全市场评价的共享性经济产品。这是因为：①出于全民整体利益，以及技术上的无法精确计价，当国民在享受国防和消防服务时，是无须为这种服务付费的。②对于某些具有私人产品性质的公共产品，如高速公路的按次收费、收费公园等，又是要计价付费的。也就是说，对于公共产品享用，既可以计价付费，又可以不计价付费，但是即使是计价付费的公共产品，在消费它时并不影响别人同时消费。所以不能简单地说市场机制对于公共产品是无效的，因为有的公共产品也可以进行一定程度的价格评价，但是完全可以说市场机制不可能对享用者获取享用权力的数量进行精确的价格测量。

由此可见，公共产品是没有充分的价格表现的，有的公共产品根本就没有价格评价，有的有价格评价计量，但也是不完全的，其数量与价格之间的关系也不像私人产品那样明显，数量变化并不完全受价格影响。所以，政府只能采用产业平衡法和经验法对公共产品的产量做出决定。

虽然说纯粹的公共产品不能通过向消费者收费的方式进行定价，如国防、立法等，但多数公共产品尤其是准公共产品还是需要消费者支付部分价格，如果采用个人产品定价方式为公共产品定这部分价格是不合适的。采取由政府或管理部门依据生产能力决策的边际成本定价法是一般公共产品定价的基本方法，即以边际成本为消费价格的方法。

三、运输产品的政府定价

国家采取何种价格管理形式，是价格管理的最基本内容，是由管理模式决定的。目前政府定价主要有国家定价和国家指导价两种。

（一）国家定价

国家定价是由县级以上各级政府物价部门、运输主管部门按照国家规定的权限制定并负责调整的运输价格。目前我国对国家铁路的客运价实行国家定价，各地地铁、公交汽车由地方政府定价。由于国家铁路由国家直接参与经营，具有较强的垄断性，因此其价格由国家直接制定并实施管理是很有必要的，否则会扰乱正常的运输秩序。但应该看到，按“有控制的市场价格”模式，国家定价不等于过去的计划经济体制下的“固定价格”（在制定时主要考虑运输价值），而在定价时，除了反映运输价值外，还应注意在市场经济条件下的客观规律的要求，诸如运输市场的供求关系、与其他运输方式之间的比价关系等。同时，还应根据运价指数的走向，定期与不定期地对运价进行调整。

（二）国家指导价

国家指导价是县级以上各级政府物价部门、运输主管部门通过规定基准价、浮动幅度或最高、高低保护价等形式制定的运输价格。

目前我国对于水路、公路和航空中的旅客运输，以及属于国家指令性计划内的货物运输均实行国家指导价。由于我国水路、公路运输市场已基本确立，市场竞争机制也已基本形成，从理论上看可不失时机地全部实行市场调节价。但目前对于旅客票价以及属于关系国计民生的重要物资、抢险救灾物资等列入国家指令性计划运输的价格仍不宜仓促放开，否则会造成社会不安定或对人民生活带来较严重的影响。即使如此，国家还应该兼顾运输企业的经济利益，由交通运输部根据市场供求情况在规定的浮动幅度范围内自主定价。

四、高峰负荷定价

因为公共产品不具有排他性和竞争性，因而消费者在消费公共产品时往往会产生高峰现象，即在某个时段大量消费；而在其他时段，消费极少。如上下班时的交通、假日的公园等。由于高峰的出现，使得拥挤的社会成本极度增加。采取高峰时段区别定价是降低高峰不经济的有效手段。

在此以市区运输为例说明高峰定价的一般方式。

市区运输具有明显的高峰现象，高峰与低谷时段明显。市区运输的营运成本是固定的，设为 C，如果增加运输能力则提供一单位生产能力的成本为 V。假设高峰时期的需求为 D_1，低谷时的需求为 D_2，形成如图 5-9 所示的关系。采用萨缪尔森的“公共产品的最优规模为需求曲线垂直相加所得到的总的需求曲线与供给曲线的交点决定”的方法进行分析，D_c 是总的需求曲线。最优生产能力规模就可以由需求曲线和边际成本曲线的交点确定。

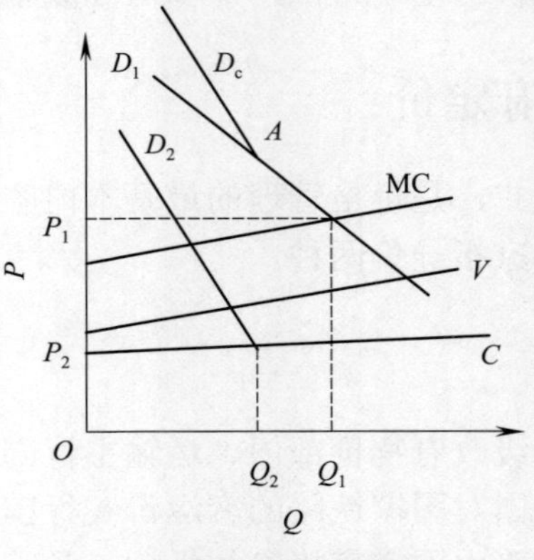

图 5-9 波峰波谷定价

总需求曲线：$D_c=D_1+D_2$

边际成本曲线：$MC=C+V$

需求曲线和边际成本曲线的交点所确定的 Q_1 和 P_1 就是在高峰时段的运输能力和高峰价格，即

$$P_1=C+V$$

在低谷时段，Q_2 的运力已能满足要求，价格就为运营成本，即

$$P_2=C$$

第四节 边际成本定价

一、边际成本定价的方法

（一）边际成本的概念

边际成本（MC）是生产者在生产中每增加一单位产量所引起总成本的增量。

假定厂商生产的是单一的产品而非联合产品，则边际成本等于总成本增量（ΔTC）除以产量增量（ΔQ）。TC 为运输总成本，Q 为运输周转量。

若产量从 Q_0 增加到 Q_1

$$\Delta Q=Q_1-Q_0$$

总成本从 TC_0 增加到 TC_1，则成本增量

$$\Delta TC=TC_1-TC_0$$

边际成本近似表示为

$$MC=\frac{\Delta TC}{\Delta Q}$$

或者采用总成本，TC=f（Q），用导数表示，边际成本为

$$MC=\frac{dTC}{dQ}$$

（二）交通运输边际成本

交通运输边际成本是指增加单位运量而引起的总成本的增加量。在生产规模不变的情况下，边际成本实际上就是增加的可变成本，它随运量的变化而变化。

假定某运输企业某月份完成的运输周转量为 5 000 万吨千米，运输总成本 100 万元，则单位运输平均成本为 0.02 元/吨千米。当运输增至 5 200 万吨千米时，总成本增加了 10 万元，达到 110 万元。这时的平均成本是 0.021 元/吨千米。而新增周转量的单位平均成本为 0.05 元/吨千米（10÷200），这 0.05 元/吨千米就是新增周转量的边际成本。

边际成本为增加产量所增加的成本。一般随产量增加而增加的成本为变动成本，如运输的耗油、装卸费、港站费、路桥费、计量人工费等。但如果以产量分摊固定成本时，则

所分摊的固定成本就可以作为增加产量所增加的成本，计入边际成本。例如：某运输企业的运输设备固定成本计划分摊到单位运量中，为 0.10 元/吨千米，则每增加的 1 吨千米都增加该分摊，因而成为边际成本。

在通常情况下，运输业的边际成本是很低的，例如，在未满载的飞机或火车上再增加一名旅客的边际成本极低。

（三）边际成本定价的分析

边际成本定价是企业所实行的一种定价方法，按照这种方法定价，价格等于边际成本。即

价格=边际成本

在完全竞争的市场条件下，平均收益与边际收益相等，即

平均收益（AR）=边际收益（MR）=P

而在不完全竞争的市场条件下，价格等于边际成本时的利润不是最大值，因为此时的平均收益大于边际收益，只有通过某种形式的管制或课税才能实现边际成本定价的准则。

二、交通运输边际成本定价的分析

边际成本定价方法比较适合运输业的特点。比如，一些线路如果货源不足，就可能造成运能的过剩，此时它的平均运输成本较高，而边际成本却可能很低，如果按平均成本定价，较高的价格水平一方面抑制了运输需求，另一方面更会带来运输企业运输设备闲置，运输资源浪费的局面。而以边际成本定价，由于边际成本的水平相对较低，不仅可以促进运输需求，还可以提高运输设备的利用率，提高运输收益。

边际成本定价法不仅考虑了成本消耗，也考虑了市场上运输的供求状况，更可以满足交通运输的分线运价、分区运价的需要。

但值得注意的是，边际成本定价只考虑了成本的边际变化，没有考虑到总成本的变化情况，所以当边际成本长期低于平均成本时，企业就会发生亏损。因此，采用边际成本定价需要具备两个前提条件：①路网已形成，而且有相当多的剩余运输能力；②运输市场机制健全，各种运输方式之间、各运输企业之间为争夺运输市场而开展竞争。

第五节　负担能力定价

商品运输所支出的运费，都是商品的成本，最终都要汇集到商品本身的价格上，反言之，商品价格包含着运输费用。如果在市场上商品的价格被市场确定了，那么反过来，商品价格扣除商品不含运费的自身成本、税收后，就是商品所能承担的最大运费。

假如广州苹果市场价格 5 元/500 克，烟台产地价格 3 元/500 克，差价 2 元，扣除 13%的增值税 0.26 元，可用于承担运费的最大能力为 1.74 元/500 克。如果用 5 元的价格来承担 1.74 元的运费，可以说运费的负担能力为 34.8%。

负担能力定价又叫服务价值定价，也可以说是根据需求价格来定价，在运价上就是按

照待运商品的价值来确定运价，也就是商品对运价的负担能力，运价则是在商品需求价格中所占的比例。负担能力的核心是以对运输的需求而不是以运输成本为基础，因而负担能力定运价表现为从价运费。

可以这么说，成本定价是价格的最低限，负担能力定价则是价格的最高限。

在实际运输市场上，负担能力价格表现为高价值的商品制定较高的运价，而低价值的商品制定较低的运价。高价商品实行高运价是因为价值高的商品对高运价的承受能力大。

负担能力定价法实质上是一种价格歧视的方法，可以用于当平均成本定价法不合适、边际成本定价法又需要补贴的时候，收取使用者愿意负担的费用，使运价可以补充总成本。或者说是试图确定每个消费者（群体）愿意为运输服务支付的最大数额。

当采用负担能力定价时，可以通过市场的需求曲线，以厂商利润最大时来确定运价与运量。如图 5-10 所示，需求曲线为 D，运输成本为 C，在需求价格 P_1、P_2、P_3 中 P 和 C、Q 所包围的面积 $P_1D_1A_1C$、$P_2D_2A_2C$、$P_3D_3A_3C$ 中，阴影 $P_2D_2A_2C$ 面积最大，选择 P_2 为价格，Q_2 为运量。

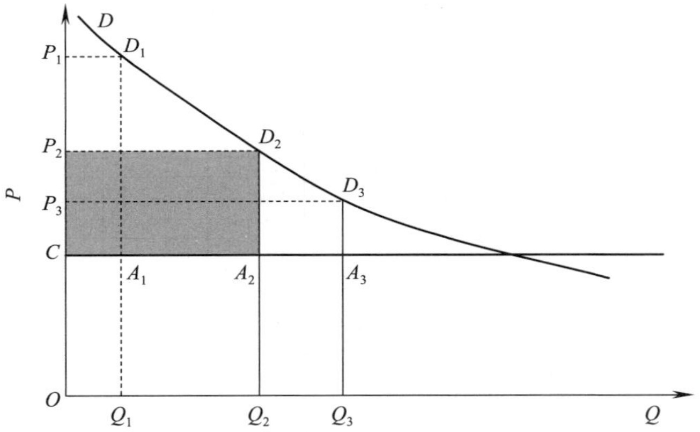

图 5-10　负担能力定价的价格与产量

第六节　运输收益与利润最大化

一、总收益、平均收益与边际收益

成本收益分析在经济行为理论中占有重要地位。收益是厂商卖出产品所得到的全部收入，收益中既包含有成本，也包括利润。总收益、平均收益、边际收益与规模收益等，都是成本收益分析的基本范畴。

1. 总收益（TR）

总收益是企业一定时期内出卖产品所获得的全部收入，即产量与价格的乘积。对于交通运输企业而言，它是运价与所完成的运输工作量的乘积。

$$TR=P\times Q$$

式中 P——价格；

Q——产量。

如果有多种产品时

$$TR=\sum (P_i \times Q_i)$$

2. 平均收益（AR）

平均收益是每一个单位产量所取得的收益。即

$$AR=\frac{TR}{Q}$$

AR 反映了运输企业平均从销售的每一个单位运输工作量所取得的收入。

3. 边际收益（MR）

边际收益是指每增加一个单位产品的销售所引起的总收益的改变量。也就是说，在任何给定的销售量中它是最后一个单位产品的售出所取得的收益（可以是正值也可以是负值）。对运输企业来说，边际收益是指增加或减少一个单位运输量所带来的总收益的变动额。边际收益主要用于有关企业如何决定最大利润的产量和价格的依据。

$$MR=\frac{\Delta TR}{\Delta Q}$$

式中 ΔTR——总收益的增加（减少）；

ΔQ——总运量的增加（减少）。

边际收益（MR）、平均收益（AR）和需求的价格弹性（E_d）等概念紧密相关。在完全竞争条件下，任何企业的产量变化都不会影响价格水平，需求弹性对个别企业来说是无限的（$E_d=\infty$），总收益（TR）随销售量的增加而同比例增加，此时，边际收益等于平均收益，等于价格（MR=AR=P），如图 5-11 所示。

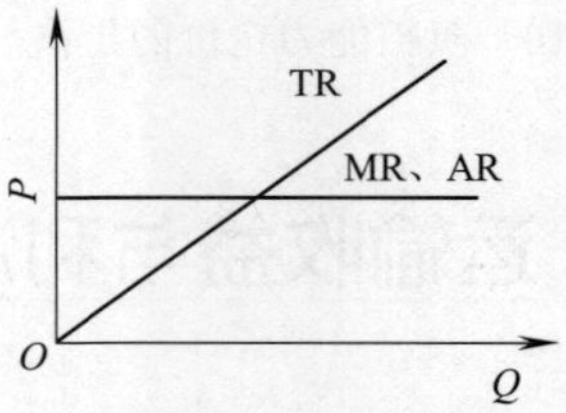

图 5-11 完全竞争市场的 TR、MR、AR 与 P

而在非完全竞争（垄断竞争）条件下，销售量同价格成反比。这里有两种情况：一是需求弹性大于 1（$E_d>1$），即销售量增加的百分比快于价格降低的百分比，总收益随销售量增加而增加。二是需求弹性小于 1，这时，总收益随销售量增加而减少，平均收益下降更快，边际收益为负数。

二、利润最大化的分析

1. 利润最大化的状态

利润（TP）是指企业总收益与总成本之间的差额（TR-TC）。它是衡量企业生产经营

水平的一项综合性指标。企业的生产经营行为，从根本上说，就是利润最大化行为，是企业的目标，即以最少的投入换取最多的产出，以最小的支出换取最大的收益。

在经济分析中，利润最大化的原则就是边际收益等于边际成本（MR=MC）。

这是因为：

如果边际收益大于边际成本，增大投入是有利可图的，继续增大运量或产量，仍然能为企业带来总收益的增加，也就是说利润还有增大的空间。

如果边际收益小于边际成本，此时处于亏损的状态，减少投入的水平是合算的，通过减少产量可以使收益增加。

只有当两者相等时，方可实现利润最大化。

如图 5-12 所示，当 MC＜MR 时，增加产量仍然可以因为扩大生产带来正的边际利润，使利润总量增加，意味着每增加一单位的运输工作量所得到的收益增量大于所支付的成本增量，运输量的增加会带来总利润的增加。当 MC>MR 时，边际利润为负值，使得总利润减少。因而利润最大化的条件就是边际收益等于边际成本，即 MR=MC。

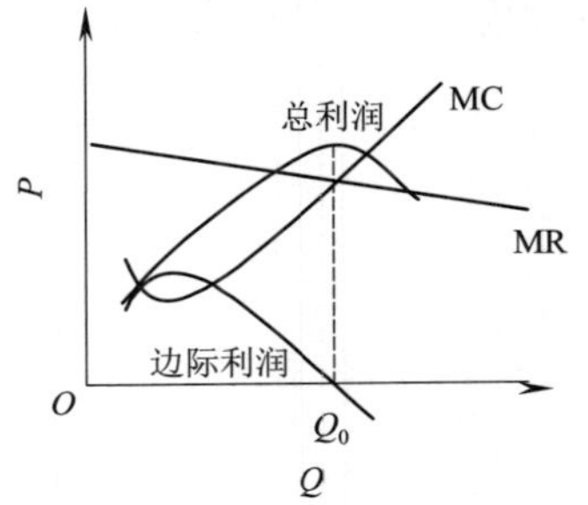

图 5-12 利润最大化

2．利润最大化的运量

交通运输企业实现利润最大化的原则就是：在其他条件不变的情况下，企业应选择最佳的运输工作量，使其增加最后一单位运输工作量所带来的边际收益等于其所支付的边际成本，即 MR=MC。利润最大化条件所对应的产量就是利润最大化时的产量。在表示产量与价格关系的图 5-12 中，Q_0 就是利润最大化的产量。

如图 5-13 所示，利润为总收益与总成本之差额。与差额最大的点相应的产量是 Q'，它就是利润最大的产量。在这一点上，两条曲线的斜率相等。总收益的斜率是边际收益 MR，而总成本曲线的斜率为边际成本 MC。因此，利润最大化要求为 MR=MC。

在利润最大化的产量之前增加产量能够增加总利润，在利润最大化的产量之后，增加产量会减少总利润，但还不至于亏损。如图 5-13 所示，在 Q'之后，仍然有利润存在，将产量调整到这一区间，则是为了追求产量最大化。

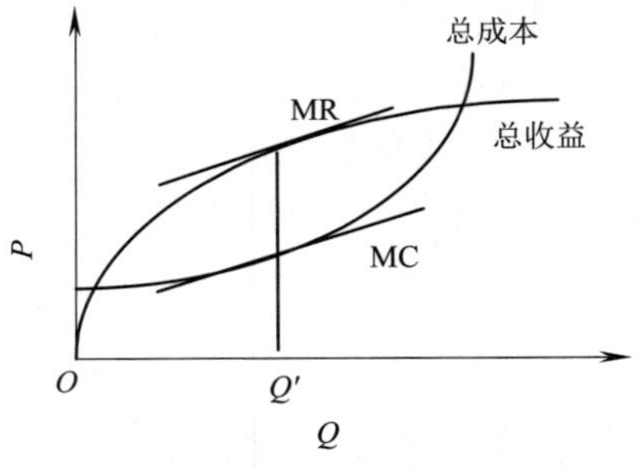

图 5-13 利润最大化时的产量

3．利润最大化的价格

企业利润最大化问题，实际上也是确定企业按什么价格为它的产品定价，或按什么价格为它的生产进行投入的问题。

在完全竞争条件下，企业不可能单方面确定价格，企业只是既定市场价格的接受者，任何想为它的产品索取高于现行市场价格的企业会立即丧失它所有的市场份额，因此，企业在进行价格决策时，必须将市场价格作为给定的条件。即在自由竞争市场，利润最大化的价格就是市场价格。由于平均收益和边际收益是一致的，最大利润的原则可以表达为

$$MR=MC=P$$

在不完全竞争市场上，受边际收益递减的影响，只有在 MR=MC 时，所确定的价格为厂商利润最大化时的定价 P_0，如图 5-14 所示，所确定的产量为利润最大化时的产量 Q_0。

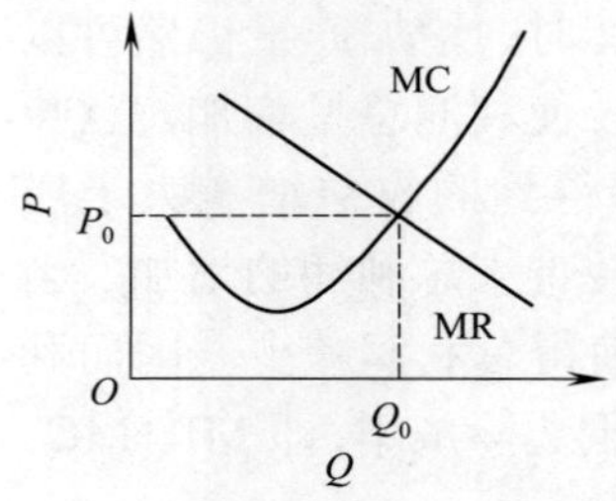

图 5-14　不完全竞争市场的利润最大化价格

三、盈亏平衡点价格

以成本原理制定价格的基础在于总收益大于总成本。总收益是价格和产量的乘积，而总成本在短期内是固定成本加变动成本。根据边际成本具有先减后增的规律，企业在小规模生产阶段往往很难盈利，甚至亏损，那么在什么时候可以盈利呢？这就需要通过总成本与总收益的关系进行判定。如图 5-15 所示，E 点是一个盈亏平衡点，在这个点以下，总收益小于总成本，结果出现亏损；在这个点以上，总收益大于总成本，企业有利润，因而总收益等于总成本是企业盈亏的分界点。也就是说，当产量小于 Q 时，企业处于亏损状态；只有在产量大于 Q 时才能获得盈利。Q 就是企业生产的盈亏平衡点，相对应的，Q 点所对应的价格为盈亏平衡点价格。

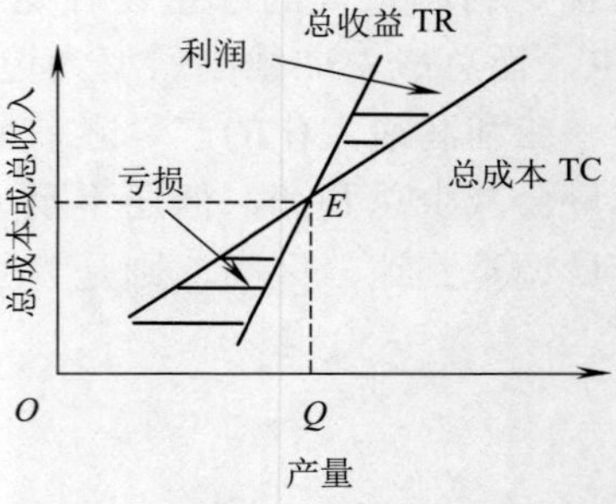

图 5-15　盈亏分析图

第七节　运价的制定方法

一、制定运输价格的基本原则

各种运输方式都有自己的运输条件和运作特性，各种运价表示方式也有所不同，但它

们制定运价所遵循的基本原则是相同的。

（1）制定各种运价要以运输成本为主要依据　各种货物、旅客运价，应能补偿其运输成本，并能保证运输企业的合理盈利。一般情况下，运输成本高的货物，其运价也高；运输成本低的货物，其运价也低。

运价以运输成本为主要依据，并不是说每一种货物运价水平总是与运输成本完全相符。根据市场需要有些货物运价偏高一些，而另一些货物运价偏低一些，这都是正常现象。

（2）制定运价必须反映国家政策的要求　不同种类货物有不同的国民经济意义，在社会生产和人民生活中有不同的经济作用。因此，在制定运价时，必须贯彻反映社会主义经济规律的价格政策和其他经济政策，要把货物划分为重点和一般，有主有次，区别对待，规定不同的运价水平。

（3）制定运价应有利于提高运输工具的利用效率和各种运输方式间相互协作　对于水陆联运、水水联运，增加返空方向车船货载量，以及为铁路分流短途运输的货物，应制定鼓励性运价。这有利于组织合理运输，加快车船周转，减少货主在途流动资金占用量，降低货物运输费用。

（4）制定运价应合理确定货物、旅客差别运价　运价必须正确地反映运输产品的价值。由于各地区运输条件、运输距离、货物的种类的差异，运输消耗差异较大，为补偿这种差异，在运输价格水平上反映为一定的差价。这种按不同货物制定高低不同的运价是运输企业的差别运价结构。

另外，要根据对车辆、船舶的利用程度，确定货物、旅客差别运价。对于能够提高车辆、船舶利用水平的运输，应给予价格优惠。按货物对车船载重量利用程度的不同，规定不同的运价率，以鼓励发货者充分利用运输工具载重能力，改进货物包装技术和发挥车船运力。

二、运输价格的制定方法

运输价格一般由运输成本、税金和利润构成。但是由于运输企业生产的特点，决定了运输成本和运价的计量单位均为复合单位，其中运输距离是决定运价的基础因素、运量是决定因素。因此，运输价格的制定方法有如下几种：

（1）递远递减运价　即在一定运距内，运距越远，每吨千米（吨海里）或人千米的运价越低。所谓“递远递减”，是针对每吨千米运价随运输距离增加而相应减少而言的，如图 5-16 所示。

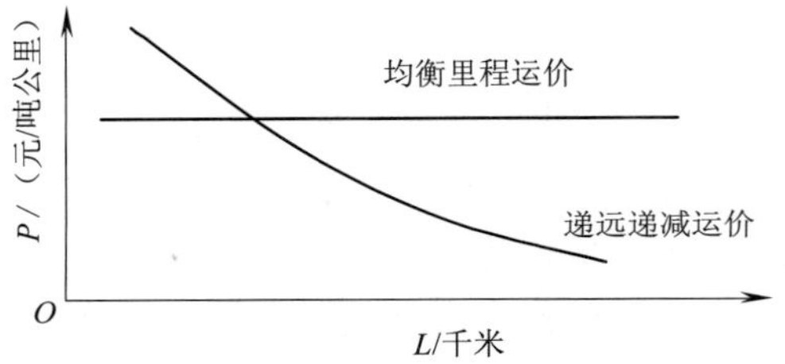

图 5-16　运价的制定方法

递远递减运价是运价中的重要形式。其价格形成基础是运输成本中发到作业费不随运输距离的延长而增加，因而单位运输成本也会因运输距离远而呈递减趋势。货物运输成本与运距的关系，可用下列公式表示

$$C=\frac{A}{S}+B$$

式中 C——每吨千米（吨海里）运输成本；

A——每吨货物发货和到货作业费；

B——每吨千米（吨海里）的运行作业费和中转作业费之和；

S——运输距离。

递远递减运价被广泛使用于我国水路和铁路运输中。由于无论在长距离或短距离运输中，若港（站）的装卸作业条件一样，作为同一运输工具在始发地、终到地的作业成本没有改变。因此随着运输距离的增加，每吨千米的停泊成本（发生在水路运输）或停驶成本（发生在铁路运输）会随之下降，最终使每吨千米运输成本也随之下降。其中，在公路运输中，因货物在始发地、终到地的装卸作业成本占全部运输成本的比重很小，故每吨公里运输成本随运输距离的变化幅度较小。而在水路和铁路运输中，在始发地、到达地发生的装卸作业成本也较大，因而随运距不同的平均成本变化较大。

（2）均衡里程运价　对于所运输的单位吨千米均采用单一的运输价格，将场站成本均分到运输里程之中。完全以平均成本决定价格。

运输总价=运量×里程×里程运价

铁路货物运输在 1 000 千米以内，每吨千米运价表现为递远递减；而超过 1 000 千米，则转变为均衡里程运价，而不再降低，这对限制过远运输有积极意义。

（3）单一运价　对于一次运输采取统一的价格的定价方式。这种方式并未考虑具体运输时的成本，而是采取平均的成本决定价格。一般适用于城市内运输的定价方式。对于单一运价，运输距离特别短的消费者一般支付超出其实际成本的价格；而对于运距较长的消费者，获得了更多的消费剩余，或者称获得超额剩余。

（4）递远递增运价　这是随着运输距离的延长，单位吨千米运费增加的定价方式。这种形式只在特殊情况下运用，目的是限制迂回、相向等不合理运输。另外，我国城市出租车有长途空驶回程费，使得运价递远递增。

案例思考

武广高铁的高票价

武广高铁 2009 年 12 月 26 日正式开通运营，当时从广州到武汉全程大约 3 小时 20 分钟，一等车票价为 780 元，二等车票价为 490 元。不少消费者表示，最低票价达到 490 元，让高铁成了“贵铁”。广铁集团解释武广高铁票价的确定有两个大的方向和标准：一是市场需要多样化的服务。不同的人群，有不同的需求，而不同的服务，价值不同，武广高铁为广大旅客提供了多样化、可选择的服务，也可以有效分流普速列车上的客流，让旅途更

舒适。二是武广高铁票价是武广客专公司报经国家发改委和铁道部批准的，充分考虑了社会承受能力，适当体现了优质优价的原则。当时，广州到武汉的公路大巴政府指导价为497元，全程约需13至19小时；广州至武汉的飞机票价，经济舱全价为900～1 000元，全程约需1小时30分钟。高铁这一新兴运输方式的定价体现了哪些定价原则？是否太高？又有哪些比价优势？

思考题

1．运输价格的特点有哪些？
2．简述运输成本与价格的关系。
3．什么是均衡价格？简述均衡价格的形成过程。
4．如何评价限制价格与支持价格？
5．利润最大化的原则是什么？为什么？
6．什么是公共产品？简述其特征。你认为你身边什么是公共产品，为什么？
7．如何进行公共产品的价格管理？
8．简述运输定价方式及其经济分析。
9．结合我国运输业的实际情况，谈谈运价的形成机制和改革问题。

第六章 运输市场竞争及其运输价格策略

【学习目标】

掌握完全竞争市场的运输运量和价格决策；
熟悉完全垄断市场的运输行为和决策；
掌握运输垄断竞争中的价格和运量；
了解寡头运输市场的特征。

【导读案例】我国航空运输服务业市场结构分析

我国航空运输业最早是以政企合一、高度垄断和准军事化管理的模式运行的。随着我国经济体制的改革和市场化进程的不断深入，民航业是较早进行体制改革的行业之一。我国航空运输业由空中交通管制、机场服务、航空运输服务、航空保障服务、航空延伸服务、航空维修服务和飞行员培训这7个主要业务部门构成，采用分类管理体制模式。其中航空运输服务是航空运输业的核心业务，航空公司是航空运输业的生产主体，承担实现旅客、货物空间位移的主要职能，因此我们对航空运输市场结构的分析主要针对运输服务业即航空公司的市场结构和价格竞争。

我国航空运输服务业市场结构的沿革。我国航空运输市场，从最早的国家垄断经营，发展到现在多元化航空运输企业的竞争结构即垄断和竞争并存的格局。虽然从表面上分析，我国航空运输业服务资源始终主要集中在三大航空集团（国航、南航、东航），但对于空运市场，我们分析的角度是从航线出发，一条航线就是一个细分市场，旅客的需求只有在同一航线上才是无差异的，所以航空公司之间的竞争都是针对某一条航线而言，盈利或亏损也是针对航线而言。对于市场结构的分析自然也要从宏观和微观两个方面入手。

从宏观的角度分析，我国航空运输服务业属于寡头垄断的市场结构。

从我国航空运输服务市场的总体看，目前我国主要的运力资源和航线资源都被三大航空集团控制，它们决定了中国航空运输业发展的主要方向。三大航空公司之间关系密切、相互影响，尽力保持原有的运输市场，并且还不断地进行扩张，增强自身的竞争实力。所以其他的各类航空公司从整体实力来看，都无法和三大航空集团比较，这种市场结构具有典型的寡头垄断的特点。

从微观的角度分析，我国航空运输服务业属于垄断竞争的市场结构。

从公司运营的角度分析，实际上航空公司之间的竞争是航线的竞争，在同一条航线上，参与竞争的航空公司无论实力强大还是弱小，实际提供给旅客的空间位移的服务是一致的。经济学家认为垄断竞争企业是价格的决定者，而不是价格的接受者。特别是在国内干线上，参与运营的公司都超过了3家，有50%的干线有4家及以上的公司经营，所以不同公司之间存在激烈的竞争，包括非价格竞争与价格竞争，比如价格大战、运力投入加大、强调自身服务的差异性等，通过不断提高运输服务质量和生产效率来获得竞争的优势。我国民航管理机构也逐步放松价格管制和航线准入制度，强调航空公司经营的竞争意识，不断开发航空运输服务新需求，促进民航业快速发展。

资料来源：白杨．我国航空运输服务业的市场结构及价格竞争策略分析[J]．经济经纬，2006（1）

问题与思考：

1．寡头垄断的市场结构特点是什么？

2．垄断竞争的市场结构特点是什么？

第一节　运输完全竞争市场的均衡

一、完全竞争市场的含义及其条件

在日常生活中，往往会有这样的体验：在一个菜市场（大一点的市场）中，有许多的商贩在那里设摊卖菜，又有许多的居民在那里选购。当一种蔬菜刚上市时，其数量稀少，价格也较为昂贵。一段时间后，数量增加，价格下降，价格降至最低的水平，然后慢慢回升，最后在一定时间内大致固定在一个价格上。是一种什么样的神秘力量在调节着市场做这样有序的运动呢？经济学家亚当·斯密将这种调节市场运行的力量称为“看不见的手”。后来的新古典经济学家，将这样的市场假设为完全竞争市场。在这样的市场中，没有丝毫的垄断因素，所有市场主体没有任何垄断能力。在理论中，严格意义上的完全竞争市场应当同时具备以下5个条件：

（1）市场上存在着大量的买卖双方　相对于市场需求而言，存在着大量的供应商，每一个供应商的供应数量在总的市场供给中所占比例足够小，以至于没有任何一个供应商可以以高于现行市场价格的水平出售其商品；同样，相对于市场供给而言，存在着大量的购买者，每一个购买者的规模足够小，使得他不能以低于市场价格的水平进行购买。如此众多的供应商和购买者，使得任何市场个体的行为在全体市场中都显得微乎其微，无法影响和控制整个市场价格，而只能被动地接受市场价格。只有由买方全体形成的市场需求力量和卖方全体形成的市场供给力量，才是市场价格的真正决定者。

（2）市场上的商品具有同质性　在一个市场，一个供应商提供的商品与另一个供应商提供的商品存在的差异程度影响着供应商价格的决定能力。完全竞争市场上所有供应商提供的产品都是无差别的。相对于消费者而言，市场上的所有同类产品都完全相同，不存在质量、功能、型号、颜色、商标、品牌等的差别，也不存在销售地点、销售方式、销售环境等的差别，消费者对于不同供应商的同类产品具有中性偏好，可以根据需要随意购买任何一个供应商的产品。商品的同质性决定了消费者对任一供应商的产品所愿意支付的最高价格即是商品的现行价格。如果有一个供应商提价，所有消费者会立即转而购买其他供应商的产品。同时，供应商所采取的广告等促销策略，不会对消费者产生任何的影响。消费者的购买决策完全依据价格来做。

（3）企业的进入或退出不存在限制　如果新的企业进入某一个市场很困难的话，则已经处于该市场中的现有企业对市场价格就会有着较大的主导权；相反，新企业的进入如果很自由的话，现有企业对市场价格的决策能力就很弱。在完全竞争市场上，企业可以随需求变化自由地决定进入或是退出，各种类型资源的投入也很容易地可以从一种用途转移到另一种用途，不存在任何重要的法律、社会、经济成本等方面的阻碍。

（4）市场中的任何主体都具备完全的信息和知识　生产者确切了解产品的销售收入函数和成本函数，以及各种资源投入的价格和可用来生产产品的各种选择性技术。消费者知道关于产品生产和销售的全部技术和经济信息。所有的决策都是在确定性条件下做出的。

（5）所有的参与者都是理性的　理性是指人们能够理智而不是盲目或冲动草率地做事，而经济学上的理性是指生产者谋求获取最大的利益，消费者谋求在一定收入水平下的效用最大化，或者说，实现最大程度的消费满足。

然而在现实生活中，这样的一个市场几乎是找不到的。所以，完全竞争市场仅仅是经济学家们的一个假定的理想市场，是一个改造非理想市场的理论依据，也是理论分析的标准模型。但在我们所见的市场中，接近于完全竞争的市场还是时有所见。例如农贸市场，市场中有无数的销售者和购买者，而每一个行为主体的买或者卖的数量相对于整个市场而言都是无足轻重的，不足以影响市场价格的确定，同时，只要农产品分级是合适的，那么不同供应商的同级产品在消费者眼里就是一样的，而且农产品的投入和退出也比较自由，买卖双方对有关的市场信息掌握都是比较充分的。另外，证券市场也可以被认为是比较接近完全竞争的市场。完全竞争市场的“不现实性”，并不能抹杀其在经济研究中的作用，我们可以以此作为一个基础，通过对假设条件的修正，来使之接近现实生活，以说明和反映现实市场条件下的市场主体行为。在运输业中的汽车货运市场具有完全竞争市场的特征。我国的道路运输业由于开放较早，截止到 2015 年年底，全国拥有公路营运汽车 1 473.12 万辆。其中载货汽车 1 389.19 万辆，载客汽车 83.93 万辆。而这些车辆分属于上百万家大大小小的企业或个人，已经基本形成了完全竞争的环境。此外，海上租船运输市场虽然没有大量的买方与卖方，但其交易方式具有完全竞争市场的典型特征。

二、运输完全竞争市场的价格和收益

1. 运输完全竞争市场

假定存在这样的一种情况：在运输市场中能有众多的企业自由参与运输产业的经营活

动，而在运输产业内部，绝大多数企业提供的产品或服务几乎无差异，只要信息是完全而及时的，则构成运输的完全竞争市场。

2．运输完全竞争市场的价格

在完全竞争的市场条件下，运输的价格应当由市场的供求关系来确定。如图 6-1 所示，完全竞争市场的需求曲线描述了整个市场上运输需求方的全部需求量与不同价格之间的关系。它和供给曲线相互作用确定了运输完全竞争市场的均衡价格。

图 6-2 提供了个别运输提供者在完全竞争市场条件下所面临的运输需求曲线，个别运输服务提供者的需求是一条平行于横轴的直线 d。这是因为根据完全竞争市场的假定，个别运输提供者是市场价格 P^* 的接受者。对于运输服务的提供者来说，即便这个价格是低于企业的生产成本的，只要这个价格是在完全的市场竞争条件下形成的，那么运输服务的提供者就只能被动地接受这个价格，不能接受就退出，他不可能自己决定一个交易价格。

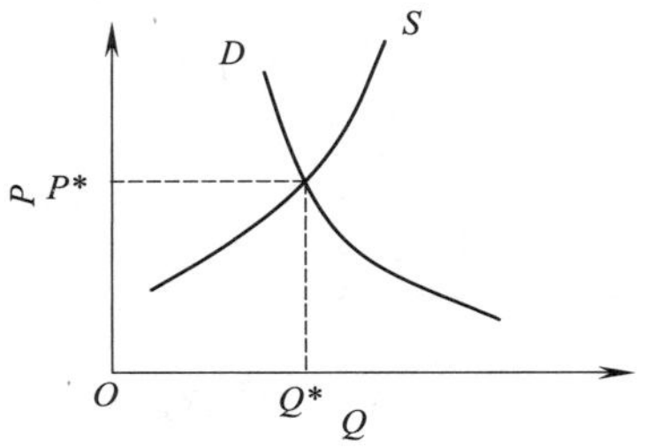

图 6-1 完全竞争市场的运输供求曲线

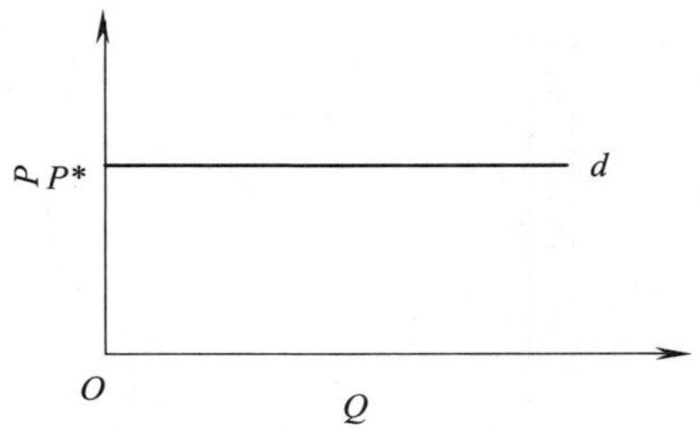

图 6-2 完全竞争市场个别运输提供者的需求曲线

3．完全竞争市场供给和需求变化及价格变动

当完全竞争市场上的运输需求或运输供给状况发生变化后，均衡价格随之发生相应变化，运输完全竞争市场上的个别运输提供者所面临的需求曲线也随之相应变化，如图 6-3、图 6-4 所示。初始运输市场的需求曲线 D_1 和供给曲线 S_1 决定了均衡价格 P_1^*，个别运输提供者面临的需求曲线为 d_1。当需求增长时，需求曲线上移到 D_2，均衡价格变为 P_3^*，个别运输提供者面临的需求曲线为 d_3。当供给也增长时，供给曲线下移至 S_2 曲线，均衡价格变动为 P_2^*，个别运输提供者面临新的需求曲线为 d_2。

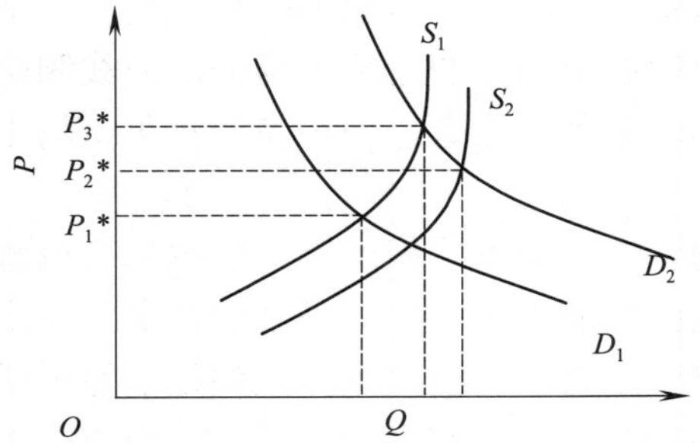

图 6-3 完全竞争市场需求与供给曲线变化

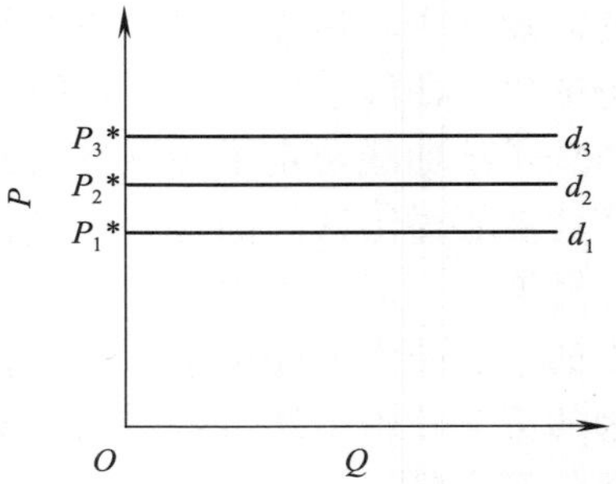

图 6-4 完全竞争市场个别运输提供者的需求曲线

4．运输完全竞争市场收益

运输完全竞争市场条件下，每一个运输服务提供者的产品都只是市场供给中很小的一

部分，他的进入或退出均不会影响到市场供给或运输价格，每一个运输服务提供者都只能按照市场既定的价格出售他愿意提供的运输服务数量。他从每一个单位的运输服务中所取得的收益都是价格 P^*，即平均收益（AR）是 P^*。同时，任何一个运输服务的提供者增加提供一个单位的运量所取得的收益也始终为 P^*，这是因为增加的运量其价格并没有发生改变，即运输服务的边际收益也始终为 P^*。运输服务的总收益只随着运输生产的产量变化而相应变化，所以 TR=PQ。运输完全竞争市场条件下的总收益曲线、平均收益曲线和边际收益曲线用图形表示为图 6-5。

图 6-5 中，总收益为一条从原点出发的正斜率直线，斜率即为 P^*。运输提供者的平均收益总是等于价格。由于在完全竞争市场中价格总是一条水平直线，则平均收益曲线与价格线重合，也是一条水平直线。边际收益曲线同样也等于价格，所以也与价格线重合，也是一条水平直线，即

$$P^*=\text{AR}=\text{MR}$$

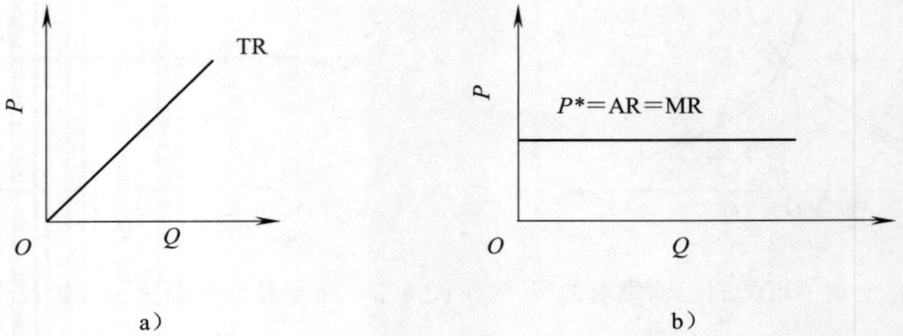

图 6-5　个别运输提供者的总收益曲线、平均收益曲线、边际收益曲线

a）个别运输提供者的总收益曲线　b）个别运输提供者的平均收益曲线、边际收益曲线

三、完全竞争市场的产量

运输市场的需求曲线是由每个消费者的需求加总得来的，在短期中，消费者的收入和偏好都不会发生变化，单个消费者的需求曲线就是固定的，则运输市场的总需求曲线也是确定的。短期中，运输生产者的生产设备、技术水平、固定成本也不会发生变化，那么运输市场的供给曲线也同样是既定的。因此，在短期中由确定的运输市场需求曲线和确定的运输市场供给曲线决定了运输市场的均衡价格。价格既然给定，处在完全竞争市场中的运输生产者能够做出决策的就只有自己的产量了。

在短期内，运输的生产者只能在既定的运输生产规模下组织运输，因此只有调整运输生产中的可变要素的使用量来追求利润最大化或损失最小化（损失最小的情况是指由于客观原因的影响使得市场价格很低，使得运输生产者无论怎么样改变产量都处于亏损状态，但也要使亏损额最小）。一般来说，运输生产者会根据市场价格和自身的成本状况，不断微调自己的产量以达到利润最大化或损失最小化。

一般情况下，企业实现利润最大化的原则是：在其他条件不变的情况下，企业应选择最佳的生产量，使其增加最后一单位运输产量所带来的边际收益等于其所支付的边际成本。

用公式表示就是 MR=MC 时，企业才会停止对自己的产量的调整。因为在完全竞争的市场条件下，运输生产者的边际收益等于价格，所以运输生产者实际上是依据既定的市场价格，即 P=MC 的原则来调整其生产量，以获得最大利润。这时的运输生产者处于利润最大化或损失最小化的均衡状态，会出现以下几种均衡状况：

（1）有利可图的均衡产量　指的是能获得超额利润的壮志。超额利润又称为纯粹利润或经济利润，是指获得超过市场平均正常利润的那部分利润。此时边际收益 MR 等于边际成本 MC，运价大于平均成本 AC。如图 6-6a 所示，TR 曲线是运输生产者在价格 P^*基础上随着产量变动的总收益，TC 曲线是随着运输生产量变动的总成本。总收益 TR 减去总成本 TC 所得的余额即为总利润 TP。运输生产者有利可图的产量范围必定处于 A 点和 B 点之间，而且于 E 点对应的产量达到利润最大值。因为此时 TP 最大，在图中表示为 TR 与 TC 之间的差距最大。此时 TR 曲线的斜率正好与经过 E 点的切线的斜率相等，表明 MR=MC。在成本曲线中，我们知道边际成本是递增的，因而其曲线 MC 是一条 U 形曲线，平均成本曲线 AC 同样也是一条 U 形曲线，如图 6-6b 所示，AC 与 P^*（MR）的交点 A 和 B 之间的产量区域就是运输生产者有利可图的产量区域。其中，MR 与 MC 的交点 E 所对应的产量就是运输生产者的均衡产量点。在短期内，运输生产者不会再减少或增加其产量，因为减少和增加的结果都将使得总收益下降。

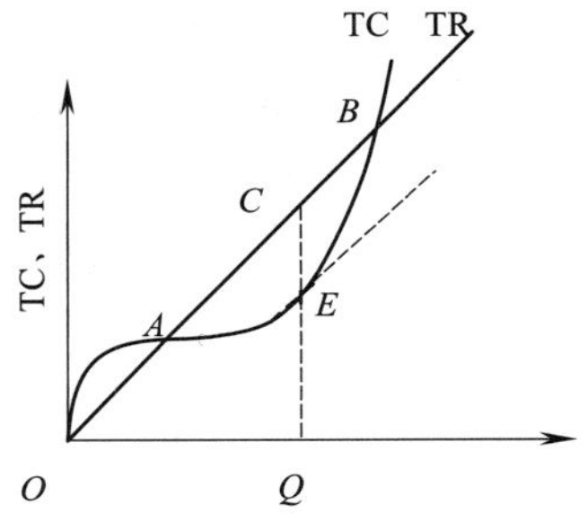

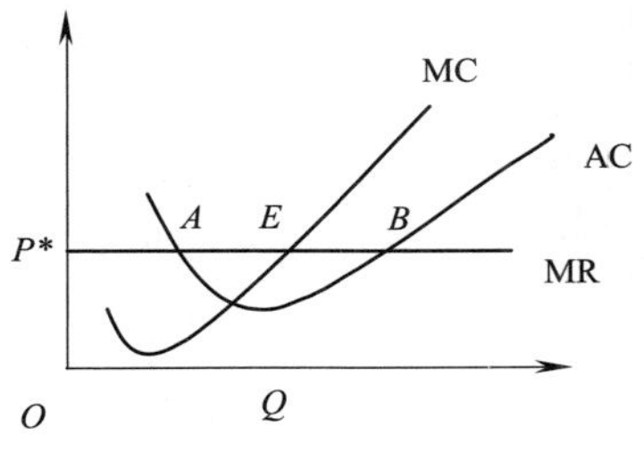

图 6-6　运输生产者有利可图时的均衡产量

a）均衡价格下的总收益曲线与总成本曲线　b）边际收益曲线、边际成本曲线与平均成本曲线

（2）利润为零时的均衡产量　或者说获得社会平均利润。如图 6-7 所示，MR=MC 的点为 E 点，P^*曲线正好与 AC 曲线也相切于此点，此时的利润最大值为 0，也就是说在此点组织运输已经是运输生产者能够在短期内可以调整到的最好状态了，其他任何产量点都会给运输生产者带来亏损。

在图 6-7 中的 E 点为收支相抵点，在该点上 MC=AC，若市场的价格就是该点，则生产的成本与收益相等，厂商还可以获得正常利润。

（3）亏损时的均衡产量　如图 6-8 所示，MR=MC 的点为 E，而此时 E 点对应的运输生产的平均成本 AC 肯定大于价格 P^*，即运输生产者处于亏损状态。尽管如此，亏损也是最小的。运输生产者如果选择在其他产量点上组织运输生产，亏损必定更大。图中，OP^*EQ^* 为总收益，$OADQ^*$为总成本，P^*ADE 即为亏损部分。

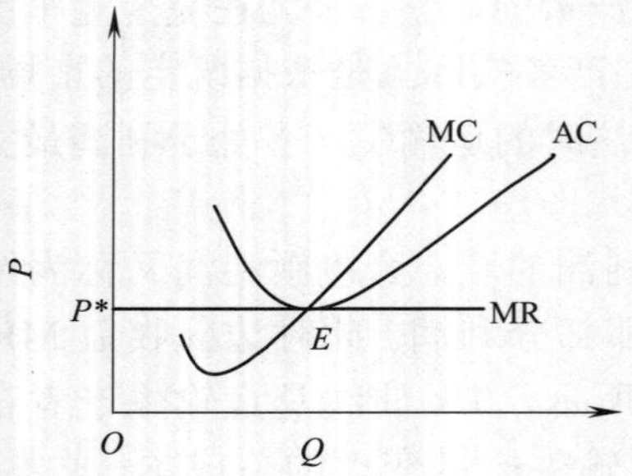

图 6-7　运输生产者利润为零时的均衡产量

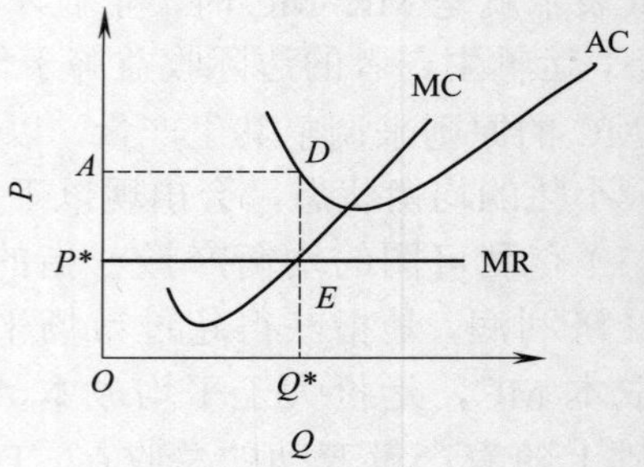

图 6-8　运输生产者亏损时的均衡产量

四、停运策略

运输生产者在面对亏损时，是否一定要退出运输行业，这还要结合运输生产所投入的固定成本、可变成本和既定的市场价格情况来做具体的分析。图 6-9 中，MR=MC 的点为 *E* 点，而此时运输产品的价格 *P**肯定不能弥补平均成本，但却可以弥补全部的可变成本和部分的固定成本，即使运输企业已经处于亏损状态，但仍然可以继续组织运输生产，因为如果在此时采取停运的策略，运输企业的设备投入和维护、管理费用等分摊成本的开支仍然需要支付，若继续组织生产，所得的收益除收回全部可变成本外，还能支付部分分摊成本，利大于弊。

图 6-10 则描述了运输生产者应当停运的情况。运输生产利润最大化 *E* 点所对应的价格水平与运输产量刚好能使运输生产者的收益弥补可变成本。继续组织运输，效果与停运是一样的，固定成本完全不能收回。此时，运输生产者可以考虑是否应该退出运输市场了。当价格处于（或低于）AVC 的最低点时，就应该停运。

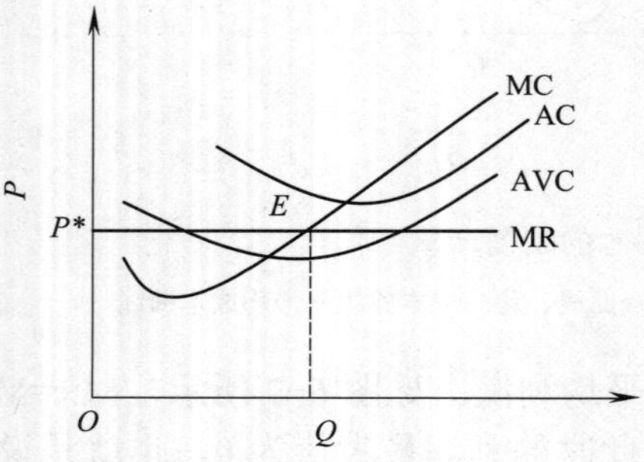

图 6-9　亏损仍可经营的均衡

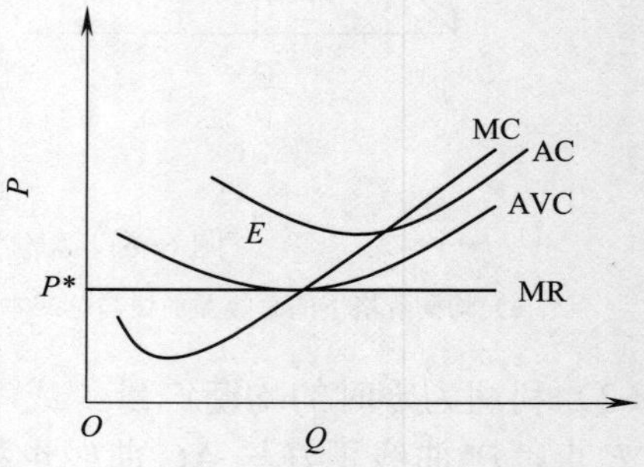

图 6-10　停运时的均衡

需要指出的是，以上的各项分析都只是针对某一类型的运输方式所形成的运输市场，而不适合研究各种运输方式形成的综合市场，不同运输方式所提供的运输产品不具备形成完全竞争市场所必需的同质性要求。

五、完全竞争市场长期均衡的最优策略

从长期的经营来看，运输的生产者有足够的时间来调整自己的生产规模，如增购效率

更高的运输工具，进行基础设施的建设等，也就是说，不仅运输生产者的可变成本会发生改变，固定成本也会发生改变。而且，通过前面的分析可以看出，当短期内运输生产者调整可变要素获得利润或存在亏损时，就有可能有新的企业加入或原有的企业退出运输市场，这样，在运输需求总量不变的情况下，运输总供给量增加或减少，均衡价格就会被打破，形成新的均衡价格。运输生产者会根据新的均衡价格调整其固定设施的规模，使 MR=MC，达到新的最优产量水平。在这一调整过程中，市场中一些原有的运输生产者会因为自身的成本太高，即使在最优产量上也可能亏损而退出，运输业的供给状况又发生变化，决定了一个新的均衡价格，运输生产者会根据这一新的均衡价格来再次调整自己的产量，又会有一些新的进入或退出发生。这一过程循环往复，不断进行，直到完全竞争市场上的所有运输生产者超额利润为零（都只获得正常利润），这时的运输生产者不再调整自己的产量，整个市场也不再有新的进入或退出发生，运输市场内的生产者数目固定下来。

运输企业的长期经营的最优策略实际上就是保持自己的长期均衡与运输行业均衡的协调，其条件为

$$\mathrm{MR}=\mathrm{SMC}=\mathrm{LMC}=\mathrm{LAC}=\mathrm{SAC}=P$$

MR=SMC=LMC，说明在此时运输生产者的产量是最优产量；LAC=SAC=P，说明此时生产者处于零经济利润状态；LMC=LAC，说明长期平均成本此时最低。符合这样的原则时，运输生产者的生产决策就是最优的。

尽管完全竞争市场是一个理想化的市场，但是对它的研究表明，在所假定的完全竞争前提条件下，市场机制能够使各项资源在运输领域的配置效率最高，也就是说，在资源和技术既定时，完全竞争市场能够使运输业以最低代价向全社会提供最大可能的产出。此时，所有的运输生产者都具有最高的经济效率，所有的消费者获利也将最大。另外，完全竞争市场使得那些经营效率不好、成本较高的运输生产者要么想办法提高效率、降低成本，要么就只有被淘汰出局。完全竞争市场条件下的优胜劣汰使得市场中的所有生产者努力去改善自己的经营水平，朝着高效率低成本的目标迈进。

政府管理部门努力为企业创造良好的市场竞争环境，就是利用完全竞争市场的优点促进社会资源的高效配置和公众利益的切实保障。

第二节 运输完全垄断市场

一、完全垄断市场的含义及其特点

完全垄断又称独家垄断，是指一种商品的产销量完全由一个厂商控制，不存在竞争的市场。它与完全竞争市场形成鲜明对比，商品的价格完全由厂商决定，垄断者可以根据最大利润原则选择最有利的价格和产量。一个完全垄断的市场具有以下的特点和形成条件：

1）在一个地区或行业中，生产者只有一家，它的供给量就是整个市场的供给量。

2）生产者所提供的商品没有适当的替代品。

3）由于人为或者自然条件的缘故，能排斥竞争，使其他厂商不能进入。

二、垄断的产生及进入障碍

在完全垄断市场中，垄断的能力通常来自于以下几个方面：

（1）法律限制　一种比较典型的法律限制就是国家对于专利权的保护。专利权明确了其所有人对专利产品生产的垄断地位，以保障其免于其他生产者的竞争。在这种情况下，垄断利润就是对专利权支付的经济租金，专利持有者可以根据对未来专利有效期内的预期收益及合适的贴现率，来计算专利的现值并出售。而对于专有技术则完全以垄断利润表现对其技术所有者支付的租金。

另外比较普遍的情况就是，政府会通过法律限制某些行业的竞争，实行市场准入制度或者干脆实行国家垄断经营，通常这些行业是一些重要的公用事业。运输领域中的铁路运输业，在我国就属于完全垄断的。在这种情况下，铁路运输服务的提供者依靠政府的特许经营，享有独家利润。作为回报，铁路运输生产者会同意限制自己的利润（满足政府保护居民利益的目的），并承诺向所有的消费者提供运输服务，甚至这种服务是亏损的。

（2）自然垄断　自然垄断是指由规模经济引起的垄断。规模经济的特点就是随着产量的加大，其边际成本和平均成本不断下降，生产中出现规模效益递增，生产者就可以不断扩大产量并不断降低价格，同时保持一定的利润。小规模生产者在成本上的劣势会导致他们在市场上无利可图而最终不得不退出市场，使大规模生产企业形成垄断。由规模经济引起的自然垄断在许多行业都是存在的，如电信、电力供应等就属于这样的行业。

（3）昂贵的市场进入成本　昂贵的市场进入成本会限制多数不具备雄厚实力的企业，使其难以参与到行业竞争中来，从而形成大企业的垄断。例如，航空制造业，飞机制造所需要的设计、生产、检测，其成本是相当高的，足以使想要进入这一行业的竞争者退却。某一领域长期垄断还会形成市场中全体消费者对某一固定产品的习惯消费，新企业的进入如果要打破这种习惯，财力和精力的投入或许是惊人的，而且还有可能面临失败的危险，如知名的班车线路。

（4）地理位置或是资源的垄断　列车上的餐饮销售、港口的岸线独占就属于地理位置垄断的例子，这种位置上的优势使得经营者可以取得在这一市场内的垄断地位。另外，生产者如果可以控制某种产品生产的原料的话，那么无疑他也将取得市场中的垄断地位。

完全垄断市场在现实生活中基本上只是近似地存在于某些行业中，虽然完全垄断的现象比较少，但是对于它的分析和研究是有助于了解市场控制力量的作用的。

三、完全垄断市场的运输收益

由于完全垄断市场是一个与完全竞争市场完全相反的市场，市场供给只有一家，因而市场的需求曲线就是运输生产者本身面临的需求曲线。在完全竞争条件下，由于任何运输生产者都不能影响产品的价格，所以，运输生产者的需求曲线、边际收益曲线以及平均收益曲线就是一条与横轴平行的直线。而在完全垄断的市场条件下，虽然运输生产者控制了所有的运输供给，可以左右运输产品的价格，但是却不能改变运输消费者“贵则少买，贱则多买”的消费心理，他所面临的需求曲线是一条向右下方倾斜的曲线，如图 6-11 所示。由于消费者购买运输产品所支付的价格构成了运输生产者所销售运输产品的平均收益

（AR），因而消费者的需求曲线 D 也就是运输生产者的平均收益曲线 AR。

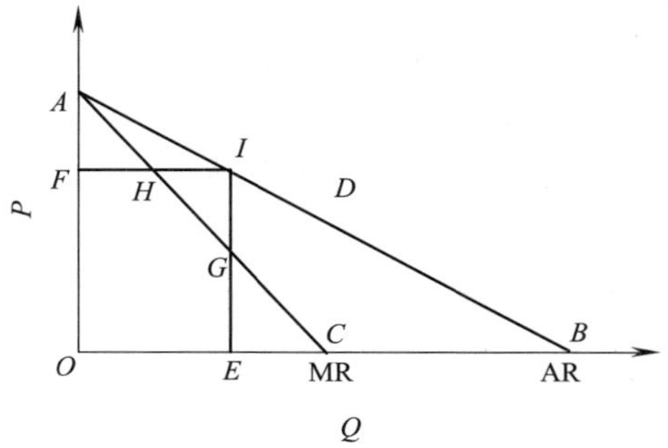

图 6-11 完全垄断市场的运输需求与收益

由于完全垄断条件下的运输需求曲线是向右下方倾斜的，所以运输生产的边际收益 MR 曲线也呈现出向右下方倾斜的特点。如果运输产品的销售量增加，平均每单位运输产品（注意不是最后一个单位产品，而是所有产品）的价格就会不断降低，因而总收益的增加幅度随销售量的上升而下降，并且每增加销售一个单位的产品带来的总收益的增加（边际收益）总小于单位产品的销售价格。如图 6-11 所示，AB 线表示线性的完全垄断市场下的需求曲线 D（同时也是平均收益线 AR），AC 线是边际收益曲线 MR。MR 曲线上任意一点的高度就代表与此点相对应的运输产品的总收益的增加值。在 MR 曲线上任意取一点 G，对应着的运输产量为 OE，此时边际收益为 GE，而总收益为矩形 $OFIE$ 的面积，总收益也可以用梯形 $AGEO$ 的面积来表示（总收益等于边际收益之和）。则三角形 AFH 与 HGI 的面积必然相等，H 点必平分 FI 线段。这样，我们可以得到，当运输需求曲线为线性状态时，MR 曲线必定是对应需求量一半的曲线。

下面我们用公式来说明完全垄断市场下运输生产者的收益情况。设完全垄断条件下的反需求函数为：$P=a-bQ$，则

$$\mathrm{TR}=P\times Q=(a-bQ)\times Q=aQ-bQ^2$$

对 TR 关于 Q 求导，则

$$\mathrm{MR}=a-2bQ$$

可以得出，MR 曲线斜率的绝对值是需求曲线（平均收益曲线）的 2 倍，在截距相同时，MR 曲线平分需求量线段。这也意味着边际收益比平均收益下降得更快。

我们来看一个例子：

生产一个单位的产品，如果销售价格为 120 元，总收益等于边际收益为 120 元。如果生产了两个单位的产品，则两个产品的价格都下降为 100 元，总收益为 200 元，增加 80 元，即边际收益为 80 元，小于单位产品的销售价格。我们在销售第二个产品的时候，虽然获得了 100 元的收益，但是第一个产品的销售价格也成了 100 元，所以，第一个产品实际上我们损失了 20 元。这样，总收益的增加就等于单位产品的销售价格减去原销售价格带来的损失〔100−（120−100）〕=80，即边际收益。依此类推下去，产量不断增加，边际收益递减，当边际收益为零时（MR=0），总收益也就达到了最大值。

四、完全垄断市场的运输产量

在完全垄断条件下，边际收益总是小于平均收益，在曲线图上边际收益曲线总是位于平均收益曲线的下方，因为要使最后的产品销售出去，不仅要降低最后一个单位产品的价格，同时要降低所有产品的价格，造成所有运输供给的价格下降。

在这种情况下，运输生产者如何来进行自己的产量决策呢？

在短期中，运输生产者为追求利润最大化，依据 MR=MC 的原则来确定均衡价格和均衡产量，在高价低销和低价高销之间权衡比较。

如图 6-12 所示，MC 曲线与 MR 曲线相交于 E 点，由点 E 对应的产量 Q^*即为均衡产量，EQ^*反向延长后与 AR 曲线相交的点 F 对应的价格 P^*即为均衡价格。在这里需要解释的就是为什么均衡价格不是由均衡产量点 E 决定而是由 F 点决定。这是因为 AR 曲线也是消费者的需求曲线，当价格低于 F 点的对应价格时，需求曲线表明消费者愿意购买的数量大于 F 点对应的产量，消费者会因为购买不到产品而造成供应紧张，使得产品价格上升。当价格大于 F 点对应的价格时，需求曲线表明消费者需求小于 F 点对应的产量，生产者将不得不降低价格抛售。所以，均衡价格不是由 E 点给出，而是经 AR 曲线由 F 点直接给出。

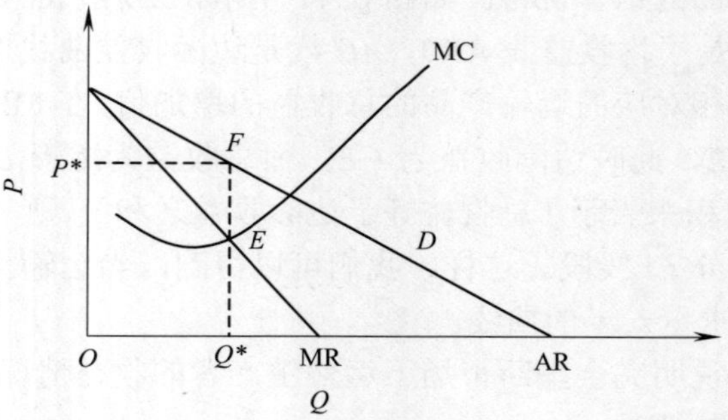

图 6-12　完全垄断条件下的均衡

和完全竞争市场中的表现一样，在完全垄断条件下，运输生产者可根据 MR=MC 原则确定均衡价格和均衡产量。由于短期内无法调整其生产规模，因此也可能出现获得超额利润、获得正常利润、亏损三种情况，但从长期看，运输生产者总是能获得超额利润，这是因为完全垄断下，运输生产者不会面临来自竞争者的威胁，价格由他自己来决定。这样，即便在短期均衡时 $P^*<$SAC、MR=SMC≠LMC，运输生产者亏损，但他仍然可以通过扩大生产规模，使得 MR=SMC=LMC，达到长期均衡而获得最大利润。

五、完全垄断市场的差别价格

完全垄断条件下运输生产者可以决定其最佳产量和价格，以获取最大可能的垄断利润。差别定价就是在这样一种条件下经常使用的一种定价策略。

差别定价又称价格歧视或利润原则的定价，就是运输生产者根据不同市场消费者或同一消费者的不同购买数量，分别以不同的价格出售。例如，某些城市的公交车、出租车在晚上 9 时以后将票价上浮，航空运输中的整机包机和部分包机运输价格不同等，都属于差别定价的例子。

这种价格上的差别可以给运输生产者带来更多利润，但是不是任何情况下都可以使用这一策略，其使用应当满足一定的条件：

第一，垄断者可以对市场实行有效分割。市场被有效分割的原因可能是多种多样的，如地理因素、信息因素、贸易因素等，但只要可以做到有效分割，那么垄断者就可以根据不同市场的具体情况制定不同的价格。同样距离的地铁票价，在北京如果是 3 元，但在广州就可能是 6 元，这是因为广州的消费者是绝不可能因为北京的票价低廉就坐着北京的地铁赶到珠江新城去上班。

第二，不同的市场面临不同的价格需求弹性。白天，各种方式的交通工具数量众多，消费者出行的时候可以有很多的选择，可以是公交车、地铁或是出租车，甚至是自行车，因此价格需求弹性也较大。而等到晚上，能够供其选择的出行方式和数量都大大下降，因而价格弹性就比较小，此时较高的运输价格消费者也是愿意接受的。

差别价格主要有三种表现形式：

（1）一级差别价格　在一级差别价格中，垄断者把每一个商品都分别独立地销售给消费者，对每一单位的商品都向消费者索取最大可能取得的价格。实际上这是按照边际效用定价的一种方式。比如，消费者有 3 吨货物要发送的话，按照一级差别的定价方式就是：如图 6-13 所示，第一吨货物的运价为消费者愿意支付的价格 100 元，第二吨货物的运价为 90 元，第三吨货物的运价为 80 元，这样取得的总收益为（100+90+80）元=270 元。若不存在一级差别价格，则只能采用 80 元的运价，总收入是（80×3）元=240 元。比较起来垄断者通过差别定价就多获得了 30 元的收益，拿走了全部的消费者剩余。

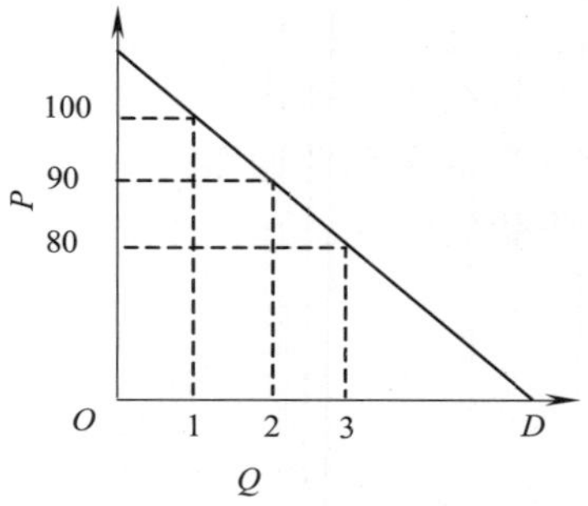

图 6-13　一级价格歧视

一级差别价格实施起来是比较困难的，它只适用于这样一些情况：一是产品的销售对象数量很少；二是垄断者完全了解所有消费者，并且清楚地知道每个消费者愿意接受的最高价格。在实际的运输活动中，有时消费者也可能会使用差别定价的方式来迫使运输经营者让利。比如，一些大型企业会将自己某段时期的运输业务公开招标，每个参与投标的运输企业就不得不把自己可以接受的价格告诉招标企业，这就是一种利用一级差别价格的情况。

但在更多情况下，垄断者会选择更简单的差别价格办法，只要能得到一部分消费者剩余就可以了。这时垄断者会在自己产品的价格之外要求消费者再支付一部分一次性费用，以取得使用或购买该产品的权利。比如，公园里的过山车，游客在乘坐的时候当然是要支付乘坐的费用的，但是要想乘坐过山车，却首先要购买公园的门票，进入公园才有可能。对消费者而言，门票在这个时候实际上就是一种额外的支付。

（2）二级差别价格　二级差别价格中，垄断者对消费者购买的一定数量的商品制定相同的价格，但对超过一定数量的增量则制定较低的价格。

在前面的例子中，运输生产者也可以这样定价，两吨以内价格为每吨 90 元，超过两吨的部分按每吨 80 元计算，这样运输生产者的总收益为 260 元。可见，采取二级差别价格时，垄断生产者实际上只取走了一部分消费者剩余。某些城市公交采用月票制和季票制，通常情况下，季票要比月票更便宜，这就是采取二级差别价格的例子，这样可以鼓励消费者购买更多的产品。消费者采用“团购”的方式消费，也是利用二级差别价格迫使垄断者让利。

（3）三级差别价格　垄断者把产品市场分割成为几个有效隔离的市场，并制定不同的价格。假设垄断者面临两个有效分割的市场 A 和 B，两个市场的需求弹性不同。垄断者就需要决定在两个市场上制定怎样的价格和产量。

垄断者会根据 MR=MC 的原则确定各个市场中产品的产量，在 A 市场和 B 市场的需求曲线分别为 AR_A 和 AR_B，相应的边际收益曲线为 MR_A 和 MR_B。最佳产量由 MC=MR 确定，产量为 Q_0，如图 6-14 所示。垄断者要将 Q_0 数量的产品销售到两个不同的市场上，如果产品在第一个市场上的边际收益大于第二个市场的话，则垄断者将在第一个市场上出售更多的产品。也就是说，只要 $MR_A \neq MR_B$ 的话，垄断者总会选择边际收益较高的市场出售其产品，直到 $MR_A=MR_B$ 时，调整过程才会结束。此时，在第一个市场的销售量为 Q_A，价格为 P_A，在第二个市场的销售量为 Q_B，价格为 P_B，并有 $Q_A+Q_B=Q_0$，表明全部产品在两个市场上销售完毕。这种定价的策略是比较常见的，例如航空公司把乘客分为商务乘客和普通乘客，对需求弹性小的商务乘客收费高些，对需求弹性大的普通乘客收费就低一些。

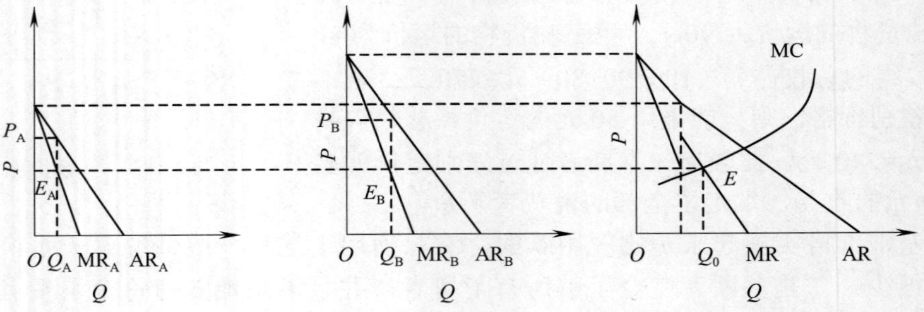

图 6-14　三级差别价格

六、对垄断的管制

社会化大生产和完全竞争发展的结果必然是垄断，这是不以人的意志为转移的。特别是近几十年来，地区性的、全国性的乃至跨国垄断集团都有比较明显的发展，这说明垄断的发展在一定程度上也是必要的。中国加入世界贸易组织后，开放运输领域的承诺也使得中国过去由国家垄断经营的运输行业面临跨国垄断集团的挑战。和完全竞争市场相比较，完全垄断市场中垄断者往往凭借自己的独特地位生产较少数量的产品，制定较高的价格，使得整个社会的需求得不到充分满足。由于没有竞争，资源不能自由流动，生产资源的配置效率很低，消费者福利受损，同时由竞争所带来的技术革新局面在完全垄断的市场中也可能会削弱，使得行业的发展停滞不前。亚当·斯密对垄断曾十分厌恶，认为垄断是经济的大敌。在许多国家，垄断或者是无序竞争在与国计民生、国家安全紧密相关的行业中过度发展，甚至会威胁到整个社会的安定。因此，各国政府通常会对市场进行管制，以抑制垄断利润，保护国家利益，增加消费者福利。

“管制”（Regulation）的字面含义包含“控制、规章、规则”的意思，反映的是一种政府与工商企业的关系，就是政府运用具有法律效力的规章控制工商企业的行为。即政府依据法规对企业的市场进入、价格决定、产品质量和服务条件施加直接的行政干预，这是“管制”的基本特征。

在我国，运输领域属于国民经济的命脉部门，长期以来由国家实行严格的管制，这种管制在一定程度上形成了国家垄断。改革开放以后，这种管制有所放松，特别是道路运输市场、水运市场，但对于铁路运输、民航运输的管制仍然比较严格。比较常用的管制手段有：

（1）最高限价和最低限价　政府管制部门的最高限价等于一个固定价格合同，公司每增加 1 元成本就减少 1 元净收入，这可以激励企业节约成本。另外，在最高限价的模式下，只要（平均的）价格总水平不超过最高限价，企业就可以针对不同的客户收取不同的费率。这样可以保证被管制部门在利润不为负的条件下，定价使“社会福利最大化”。最低限价则可以使国家能够控制企业盲目追求销售额的行为，维持需求和供给的稳定关系，同时也能够在一定程度上保护企业的利益。铁路的票价、港口的收费就属于最高限价；近年来由于部分海运运价的恶性竞争，政府和行业组织经常制定最低限价。

（2）市场禁入（准入）制度　国家对某些行业实行严格的国家控制，排斥竞争，形成一种国家垄断。实行这种管制的行业往往是有关国计民生的重要行业，如供水、供电等，或者是容易出现成本外部性（外部不经济）的行业。有些行业似乎是永远没有开放的必要。

（3）国家直接投资　这种情况往往发生在基本建设投入过大、市场进入成本过高的行业，如港口的建设，铁路线、铁路枢纽的建设，或者是低回报甚至没有回报的行业，具有极度外部性的行业，等等。行业发展后形成的国有垄断集团同时起着行业管理的作用。这种管制在市场发展的初期往往是必要的，而且也比较容易形成规模效应。由于国家投资，排除了其他资本的投入和参与经营，形成了垄断。

我国市场经济运行机制依然处在不断完善之中，运输部门表现出了一些与市场机制不适应的特征，有些方面的表现还比较突出。例如，运输业的投资和建设属于国民经济基础设施建设，传统的管制把运输业排除在市场竞争的体系之外，使其远离市场竞价的基本原则—— 出价高者先得到买的机会、索价低者先得到卖的机会，而主要靠计划价格加数量配给来调节。结果在运输领域，长期以来就被两种偏差主导，造成大量的资源浪费。第一种情况，某些运输方式计划定价偏低，导致严重的供不应求。第二种情况，由于长期的投资不足，计划定价收费水平过高，又人为加大了国民经济其他部门和居民消费的生产、生活成本。大体来看，运输领域的改革没有实施的时候，第一种偏差是主流，导致运输行业因为发展不足而拖了国民经济增长的后腿。而当改革刚刚进行但垄断尚未打破之际，第二种偏差又很快上升为主流，运输领域基础设施的价格上涨过快，刺激重复建设、抑制经济需求。另外，由于管制而带来的国家财政资源的牺牲、行政代替经营及滋生的经济问题，都是值得我们去重视的。

管制在一定程度上是必要的，但最重要的还是要以市场为导向，减少直接干预，加强宏观调控，实施间接的干预，通过法规、财政货币政策、市场秩序监管、股权等方式创造良好的竞争环境来实现运输事业的持续发展。

第三节 运输垄断竞争市场

一、运输垄断竞争市场的含义及其特点

顾名思义，运输垄断竞争市场是指在运输市场中既存在竞争因素，又存在垄断因素。通常认为垄断竞争市场中竞争因素更多。显然，这是一种更为现实的市场结构，它介于完全竞争市场和完全垄断市场之间，但更偏向于完全竞争市场。垄断竞争市场一般具有以下特点：

（1）产品的差异性　与完全竞争市场不同，垄断竞争市场承认现实市场中不同生产者提供的产品是有着一定差异的。也许是品质上的，也许是颜色上的，也许是外观设计上的，也许仅仅是品牌认知的原因，会使得消费者相信各个生产者提供的产品是有差异的，不管这种差异是否存在，在现实中消费者确实存在着某种偏好。这种差异决定着生产者在多大程度上拥有对市场价格的主导能力。因此，在这样的市场中，广告宣传、营销策划等活动不再是可有可无的，而是变得相当重要了，价格也不再成为决定市场竞争的唯一因素。

（2）具有较多的生产者参与市场竞争　垄断竞争市场拥有较多的生产者，每一个参与市场竞争的生产者所占有的市场份额有限，以至于任何一个生产者都认为自己的决策不会被竞争对手所关注，因此在制定价格和产量时，不会去考虑竞争对手的反应。同时，尽管提供的产品有差异，但产品都是类似的，因而同类产品之间具有一定的“替代性”。在道路货运市场上众多的运输服务提供者就是这种情况。

（3）市场的进入比较容易　垄断竞争市场由于其自身的特性，使得市场进入并不像完全竞争条件下那样容易。但总体来说，由于进入垄断竞争市场的企业都具有一定的规模，筹资要容易一些，因此，市场的进入也就比较容易了。一般来说，进入垄断竞争市场的生产者还是需要有基本的资产能力的。另外，还要努力赢得一部分消费者，以在市场上占有一定的份额。

（4）不完全的市场信息　供给者与购买者都没有完全掌握市场的信息。例如，他们未必能完全了解市场价格和销售量，却容易从不同途径如广告及询问等获得有限资料。

垄断竞争市场广泛存在于现实生活中，食品、餐饮、百货等，都属于这一类型的市场。由于产品异质性，各供给者在某种程度上垄断了市场的一定比例，而消费者对市场的了解又不完全，因此个别供给者在定价时，可以不理会其他供给者所定的价格，只要寻找一个能赚取最高利润的价格便可。即使是同一类物品，供给者也可利用不同的包装、服务并根据销售对象而定出不同的价格。垄断性竞争者会以非价格竞争的方法来争取顾客的支持。他们会在包装、品质或服务等各方面建立自己的形象，使消费者产生好感。这样，即使物品的价格稍高于其他近似的替代品，消费者仍然乐意购买物品。

二、运输垄断竞争下的运输产量

1．垄断竞争市场上的需求曲线

每一个垄断竞争生产者的产品都不完全相同，决定了生产者的需求曲线不再是一条平行于横轴的直线，而是负斜率的。这是因为，企业的价格变动可能会失去或赢得一部分消费者，但不会是全部的消费者。同时，产品较强的替代性又决定了需求的价格弹性比较大，需求曲线斜率较小，接近于完全竞争条件下的水平线。垄断竞争市场下的消费者会根据市场上的价格状况经常性地变化自己的需求。此时生产者面临两条需求曲线，一条是主观需求曲线，一条是现实需求曲线。主观需求曲线描述单个生产者独立地改变价格时所面临的需求曲线。而现实需求曲线描述的则是所有生产者的销售价格都一致变动时单个生产者面临的需求曲线。

如图 6-15 所示，d 曲线就是生产者的主观需求曲线。当生产者降低价格而其他生产者没有跟进时，生产者的销售量会大幅度地增加。图 6-15 中，价格从 P_1 降为 P_2 时，产品销售量由 Q_1 上升为 Q_2。同样，如果生产者单独提价，也会有部分顾客因为提价而减少购买量或者转向购买其他生产者的产品。主观需求曲线因为生产者的单方面操作使得产品的价格需求弹性较大而呈现出较为平坦的状态。现实需求曲线因为所有生产者的一致跟进而使得市场的总需求量发生变化。图 6-15 中，价格由 P_1 降为 P_2 时，单个生产者的销售会增加，从 Q_1 变为 Q_3。但其变动幅度要小于主观需求曲线，$Q_1Q_3<Q_1Q_2$，因而相对陡峭。

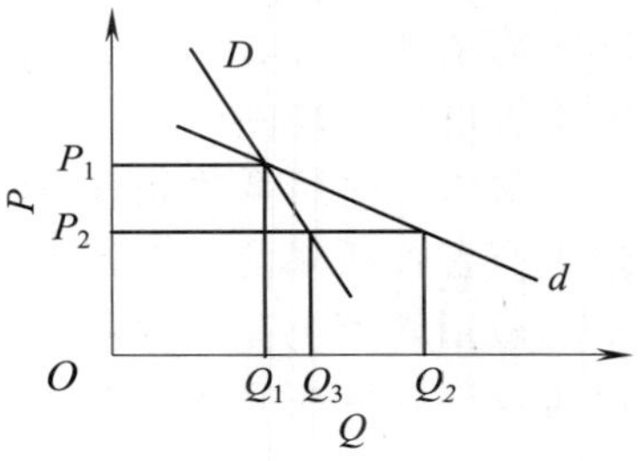

图 6-15　垄断竞争的需求曲线

2．垄断竞争市场的短期均衡

图 6-16 描述了垄断竞争条件下运输生产者的短期均衡。

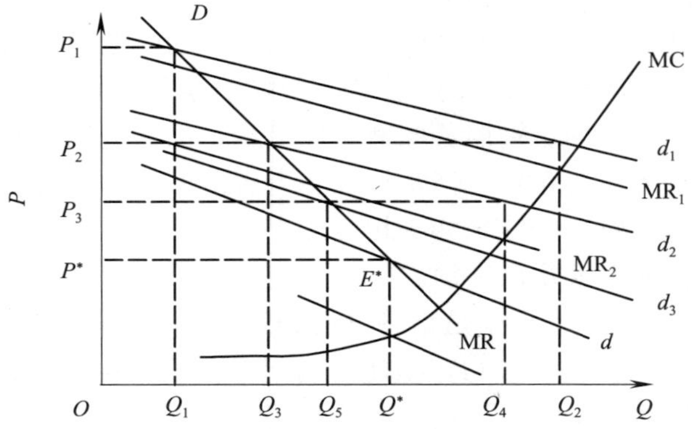

图 6-16　垄断竞争的短期均衡

图中 D 曲线就是运输生产者面临的现实需求曲线，决定了生产者在不同价格下的市场份额。因为是短期，生产者的数目不会发生变化，所以 D 曲线是不会变动的。d_1 曲线是某一个生产者面临的初始主观需求曲线，MR_1 曲线是对应于 d_1 曲线的边际收益曲线。MC 是生产者的边际成本曲线。P_1 为该生产者的初始价格，相应的产量为 Q_1。此点对应的边际收益远大于边际成本，MRZMC，生产者只要增加产量必然获得更多利润。其他生产者如果不跟进，那么产量增至使得 MR_1=MC 的点 Q_2，此时该生产者的利润最大，对应的价格为 P_2。但是在现实中，其他竞争的生产者会立刻做出反应，也随之降价到 P_2，结果该生产者的生产只能增加到 Q_3 的水平。此时该生产者会根据（P_2，Q_3）点来调整自己的主观需求曲线，从 d_1 曲线下调为 d_2 曲线。与新的主观需求曲线相对应的边际收益曲线为 MR_2 曲线。在 Q_3 产量点上还是会有 MR_2 远大于 MC，该生产者又会调整产量到 Q_4，并降低价格到 P_3，以使得 MR_2=MC。但是单个生产者降价后，其他竞争者也随着降价到 P_3，结果该生产者的销售量只能增加到 Q_5，该生产者在（P_3，Q_5）点上再次调整自己的主观需求曲线到 d_3 曲线，如此下去，直到该生产者无论是主观需求曲线还是现实需求曲线都能实现边际收益等于边际成本，生产者利润最大化，短期均衡得以实现。此时该生产者的主观需求曲线 d 和现实需求曲线 D 的交点为 E^*，这个点所决定的价格为 P^*，产量为 Q^*，这就是单个生产者的均衡价格和均衡产量。

由于在垄断竞争条件下，运输生产者的利润最大化决策常常与现实的结果不一致，导致生产者不断降价，直到生产者实现短期均衡为止。同完全竞争和完全垄断一样，垄断竞争的短期均衡也有三种可能性，即有利可图、超额利润为零和亏损最小（只要运输产品的销售价格维持在平均可变成本以上就可以继续组织运输生产活动）。

3. 垄断竞争市场的长期均衡

垄断竞争市场的长期均衡，实际上就是生产者自身不断调整规模以适应由于其他生产者的进入或退出而被打破的短期均衡的过程。长期均衡实现的时候，进入市场的所有生产者都可以实现最大利润（正常利润），生产者的数目也将固定下来。

三、垄断竞争时的运价策略

垄断竞争市场的产品差别化使得运输生产者对运输产品有了某种程度的定价自由，而不像完全竞争市场条件下的定价只能百分之百地依赖市场。但是应当看到，垄断竞争条件下的市场定价，其自由度是十分有限的。因为在垄断竞争的市场中，存在着近似的替代品。一批货物，选择市场上众多的运输服务商都可以运到，虽然运输产品有差异，但差异并不大，价格也就不可能有太大的差别。但是一旦生产者能够在消费者心目中确立自己的品牌形象，消费者就愿意多支付一些钱来购买相应的产品，满足自己的消费偏好。由此，垄断竞争条件下“差别价格化”就得以实现。

从这个意义上说，生产者不完全是市场价格的“接受者”，即由市场来决定产品的价格，而是市场价格的“制定者”，它可以自由地制定自己产品的市场价格。当然这种自由定价的权力是非常有限的，用经济学的语言来说，就是垄断竞争条件下各个运输生产者的产品具有很大的价格交叉弹性。也就是说，垄断竞争条件下，运输企业在一定限度内可以根据自己的想法来做出定价的决定，同时，又必须考虑其他企业的定价高低。

实际上，在垄断竞争时期，价格竞争是最为激烈的。在接近于完全竞争的市场里，由于单个企业的力量对于整个市场来说是微不足道的，而且产品接近于同质，所以，竞争并不激烈。而在垄断竞争的市场中，运输企业往往需要付出巨大的努力来使自己的运输服务能够优于别人，以使自己在市场中的份额不断扩大，所以，即使是质量好、服务优质的产品，其价格也不一定高于非名牌产品。恰恰相反的是，在大多数情况下，价格大战往往由名牌企业率先挑起。名牌企业可能规模较大、管理好、成本低，为了击败竞争对手，他们往往以比对手更低的价格销售产品，迫使对方跟着降价。如果对方的规模较小，成本较高的话，价格有可能降至对手的成本以下，而名牌企业此时仍有一定的赢利空间。如果这种竞争持续下去，那些规模较小、成本较高的企业要么被迫退出，要么被优势企业兼并，而优势企业则可能借此不断扩大规模，形成更为大型的垄断集团。

在垄断竞争的市场条件下，运输生产的产品差异性小、替代性强，所以价格弹性较大。此时的价格策略应当考虑在市场细分的基础上，增强运输产品与其他运输生产者之间的差异性，尽量降低价格弹性，最终锁定消费者，减少消费者的需求转变。即应当针对不同目标群体的消费需求，生产不同类型和数量的运输产品，制定不同的运价，创造良好的经济效益。实际上，这种竞争方式已经超出了价格这一单一的竞争手段，而是包括了改变其产品的“质量”（广义地讲，包括产品特征、功能、包装、型号直至商标等可造成产品差别的所有方面）、调整其广告支出和其他促销活动的支出等非价格的手段了。这些手段在垄断竞争中是非常重要的。

所以，垄断竞争市场中的价格手段并不能孤立使用，而是要与其他手段相结合，共同为企业的发展服务。

第四节 运输寡头市场

一、运输寡头市场的含义及其特点

运输寡头市场又称运输寡头垄断市场，是指在运输市场中只有极少数生产者占有绝对优势。它是存在着竞争因素，但垄断因素明显更多的一种现实的市场结构。在这样的一个市场中，少数几个运输服务的提供者占据着绝大部分或是全部的市场份额。国际上民用航空工业已经进入寡头垄断的时代，干线飞机市场波音和空中客车两家“楚汉相争”。美国的汽车工业被三大国内汽车制造商（通用、福特和菲亚特-克莱斯勒）和几家国外制造商垄断。中国国内的航空运输市场基本上被中国航空集团公司、中国东方航空集团公司、中国南方航空集团公司三巨头瓜分。这都是典型的运输寡头市场。

寡头垄断市场一般具有以下几个特点：

1）生产者之间相互依存、相互影响比较大。在寡头垄断市场中，每一个生产者对竞争对手在产量和价格方面的变动会直接做出反应，他们会依据其他对手的情况做出自己的决策，同时也应考虑到自己的决策可能会给对手带来的影响。这是因为在寡头市场上为数不多的生产商提供着相同或相似的产品，单个生产商的产量和价格变动会在很大程度上影响整个行业的市场状况，因此，一个生产者的重大决策，必然会引起竞争对手的密切关注，并引起对手做出相应的对策。而且每一个对手的反应不尽相同，因此对每一个对手的反应很难做出准确预测。比如，运输市场由甲、乙两大服务商垄断，甲如果做出决策降价以扩大市场份额，如果乙也降到同样的水平，那么市场总需求量扩大，两家的销售量都会增加，但市场份额不会发生变化。但如果乙的价格降到甲的价格以下，则可能会抢走甲的一部分市场，甲会再次降价，这样循环下去，双方就有可能陷入无休止的价格大战。

2）寡头垄断市场一般以大型企业为特征。几个大型企业瓜分市场，享有规模经济性的优势，而小型企业几乎不具备这种优势。既然寡头垄断以大型企业为特征，那么要想进入或者是退出就不再是那么轻而易举的事情了。这不仅有资金上的原因，而且还会有技术上的、信誉上的和管理上的等方面的原因。经营大型企业所面临的风险往往非常大，小型企业也很难承担得起。

3）和完全竞争不同，在寡头垄断条件下，价格不是由市场供给决定，而是由少数几个寡头通过有形无形的勾结、价格领导、形式不定的协议默契等方式决定。这样的价格决定方式被称为管理价格或操纵价格，这种价格要高于竞争条件下的价格，会侵害消费者福利，造成消费者损失。形成操纵价格的原因在于价格大战的风险过于巨大，一般寡头之间是不愿意大规模开展价格方面的竞争的。这样形成的价格和完全垄断条件下的价格一样，所不同的是寡头垄断之间毕竟还是有一定的竞争的，因而价格会低于完全垄断条件下的价格。

二、寡头运输市场的产量与价格决策

1. 古诺模型

法国经济学家奥古斯汀·古诺在1838年提出了一个寡头垄断的市场模型，用来描述寡头运输市场上企业的产量决策。该模型的前提条件是寡头垄断商各自做决定，每个生产商都根据竞争对手的行为并认为对手会继续如此行事来做出产量决策。我们用下面的例子来说明寡头垄断市场下的产量决策。

不考虑生产成本（即 AC=MC=0），我们现在设定某地区运输市场的总容量为 1 000，市场上的需求函数为

$$P=1\,000-Q$$

当第一家运输企业进入市场时，该企业处于完全垄断的地位。企业会按照 MR=MC 的原则来确定其利润最大化时的价格和产量。根据 MR=MC，可得：$1\,000-2Q=0$，解得 $Q=500$，此时的市场需求为 $P=1\,000-Q=500$。现在有第二家企业进入市场，那么他会把剩余的市场需求作为自己的市场总容量，并认为第一家企业会保持原有的产量不变（即500）。第二家企业同样会以 MR=MC 为原则来确定自己的产量，即 $500-2Q=0$，那么可以求得第二家企业的产量为 250。第一家企业会对进入市场的第二家企业的这一决策做出反应，重新根据剩余的市场容量（即 1 000–250=750）来调整自己的产量为 375。第二家企业随之会判断市场容量变化为 625（即 1 000−375），做出自己的产量调整，为312. 5。这样，第一家企业不断减少自己的产量，第二家企业不断增加自己的产量，两家企业不断调整自己的产量，直到两家企业的价格和产量完全相同，调整才会停止，两家企业同时达到均衡状态。最终的推导结果为两家企业的最终产量都为 $Q/3=333.33$，市

场的总均衡产量为 666.67。

这一模型的应用还可以延伸到更多企业参与进市场竞争的情况。古诺模型给出的市场总均衡产量的公式为

$$Q_{均衡}=QN/(N+1)$$

式中 $Q_{均衡}$—— 市场总均衡产量；

Q——市场总容量；

N——进入市场的生产商数目。

2. 斯威奇模型

美国经济学家保罗·斯威奇在 1939 年提出了另外一个寡头垄断的市场模型，用来解释为什么寡头垄断市场中的价格一般情况下会稳定不变。

在寡头垄断市场中，如果一个生产商降低了价格，立即会遭到竞争对手更为猛烈的降价报复；如果他提高其价格，其他竞争对手则不会跟进，而是会保持价格不变，乘机夺取市场。这是斯威奇模型的假定条件。图 6-17 将向大家描述斯威奇模型。

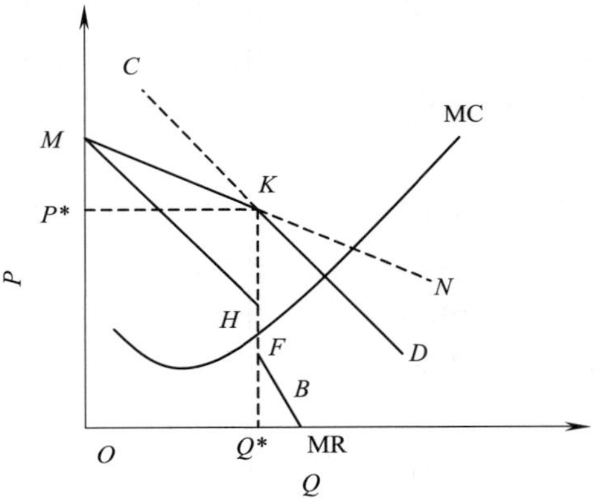

图 6-17 斯威奇模型

假设某生产商的生产处于 K 点，均衡价格为 P^*，当其价格变动时，可能出现两种情况：一是该生产商提高价格，其他生产商则保持不变，不采取任何对策，则该生产商面临的需求弹性就比较大，需求曲线较为平缓，为 MN 曲线；二是该生产商降低其价格时，其他生产商跟进降价，该生产商面临的需求弹性就小，需求曲线要陡峭一些，为 CD 曲线。从图 6-17 中看，如果该生产商改变价格，根据其对手的反应假设，可以得到生产商实际面临的需求曲线是一条折线 MKD。

这条折线决定了间断的边际收益曲线，与需求曲线 MK 对应的边际收益曲线是 MH；与需求曲线 KD 对应的边际收益曲线是 FB。只要边际成本曲线（MC）与边际收益中断部分 HF 相交，生产商就不会改变其价格与产量，而继续保持在 P^*与 Q^*的水平。这是因为此时的 P 与 Q 对生产商最有利。从图中可以看出，当 MC 与 HF 相交时，MC 并不等于 MR，从这一点来说，这时的产量并不合适，但是此时的生产商是无法进一步调整其价格和产量的。如果他进一步降低价格，扩大产量，MR 曲线中起作用的将是 FB 线段，边际

收益将大大低于边际成本。如果他提高价格，减少产量，起作用的边际收益曲线将是 *MH* 线段，边际收益将超过边际成本，也不能达到最佳，所以保持产量 Q^*和价格 P^*将是最为稳妥的。产量与价格的变动一般不会发生在中断部分（*HF*）之外，这是因为寡头垄断生产商的规模都相当大，他们已经拥有大量的固定资产设备，如无重大的技术革新，基本不可能使得边际成本发生重大变化。

三、博弈论与寡头协议

在寡头市场里，企业之间高度依存，每个企业在决定采取某一行动之前必须对同行其他企业可能的反应做出自己的估计，并相应地制定下一步的行动。每个企业可以选择自己的策略，但它最后得到的报酬—— 利润，却是同行所有企业采取的策略共同作用的结果。这样看来，一个企业就好像是在与其他企业下棋一样，在决定自己行动的同时估计对手的步骤，经济学上就采用博弈论的方法来研究相互依存的企业之间的竞争与合作。

在寡头市场里，企业可以有两种策略上的选择，第一种是相互之间不合作，每一个企业都按照自己的目标和原则独立地追求利润的最大化；第二种是相互之间合作（协议），谋求行业的利润最大化，并在企业之间合理分配这些利润，合作一般能使企业取得更大的利润。但是，这种合作应当有强有力的监督保障机制，否则，企业的“逐利性”会导致企业背弃相互之间的合作和协议，进入恶性竞争。在博弈论中，用“囚徒困境”来描述这一现象。

囚徒困境是 1950 年兰德公司提出的一个博弈论模型。经典的囚徒困境如下：

警方逮捕甲、乙两名嫌疑犯，但没有足够证据指控二人获罪。于是警方分开囚禁嫌疑犯，分别和二人见面，并向双方提供以下相同的选择：

若一人认罪并作证检举对方（“背叛”对方），而对方保持沉默，此人将即时获释，沉默者将判监 10 年。

若二人都保持沉默（“合作”），则二人同样判监半年。

若二人都互相检举（互相“背叛”），则二人同样判监 2 年。

甲、乙二人选择情况概述见表 6-1。

表 6-1　甲、乙二人选择情况概述

	甲沉默（“合作”）	甲认罪（“背叛”）
乙沉默（“合作”）	二人同服刑半年	乙服刑 10 年；甲即时获释
乙认罪（“背叛”）	乙即时获释；甲服刑 10 年	二人同服刑 2 年

那么，两个囚犯该怎么办呢？

从表 6-1 来看，最优的选择应该是两人都沉默，如果两人都沉默，共获刑 1 年，这是帕累托最优解决方案。

但实际上，二人均为理性的个人，且只追求自己个人利益，最大的可能是选择对自己最优的方案，即“背叛”对方，检举对方并希望对方不检举自己，这样可即时获释，并不考虑对方利益，所以二人的理性思考都会得出相同的结论——选择“背叛”。但最后结果就是互相“背叛”，两人各获刑 2 年。也就是说最终结果是二人都得到了次优的结果，二人判决均比“合作”高，总体被判处 4 年，总体上是次优。

囚徒困境的矩阵见表 6-2。

表 6-2 囚徒困境的矩阵

	“合作”	“背叛”
“合作”	0.5；0.5	10；0
“背叛”	0；10	2；2

囚徒困境反映了个体理性与集体理性的冲突。经济学中，把这样寡头垄断中的协议联合体称为卡特尔。

卡特尔的优势是显而易见的，它使本来为数就不多的寡头联合起来，几乎会把整个市场变成一个完全垄断的市场。这样，企业之间就可以避免价格战争，增加利润，降低决策风险。协议的形成可以是明确的统一的价格和产量协议，也可以是价格领导或其他能够减少企业竞争的做法。许多行业中的管理决策都倾向于形成这样一种避免激烈竞争的维护定价的行业纪律，以保护全行业的利益，但这样做会降低消费者福利。在我国，道路客运市场开放初期曾经出现过几家个体经营户联合起来抬高票价的做法，就是这样的例子。

对于一个卡特尔，比较关键的问题就是制定什么样的价格以及如何在成员间分配产量。卡特尔通常会把自己作为一个整体来考虑，卡特尔组织的目标就是整体利润的最大化，此时的卡特尔就是一个完全垄断商。这样，卡特尔会把整个市场的需求作为自己面临的需求，根据各个成员的成本状况来估计自己的边际成本曲线。然后根据 MR=MC 的原则就可以确定产品的价格和全行业的生产量。下面的问题就是产量分配了。内部产量的分配在确定的统一价格基础上，根据各个成员的边际成本不同来予以确定。先假定各成员的边际成本相等，确定各成员的产量，然后再把边际成本较高的成员的产量调整一部分给边际成本较低的成员，以保持整体的总成本最低，利润最大。卡特尔的维持要通过限制产量和成员的严格自律遵守协议来实现。20 世纪由世界上主要的原油产出国形成的石油输出国组织（OPEC）曾经通过这种联合，成功地控制了原油价格，原油价格从最低时的不足 3 美元每桶大幅度上升，1981 年达到了 35 美元 1 桶，2012 年 9 月超过 110 美元 1 桶。

但是，卡特尔从它诞生的那一刻起就开始走向崩溃。一方面在价格制定和产量分配上各个成员的影响力不同，可能会带来不公。更为普遍的现象是卡特尔内部成员的欺骗性。因为一般卡特尔会通过限制产量把价格维持在一个较高的水平，其中的个别成员看到有利可图，会私下背弃相互之间的协议，扩大产量，如果其他成员并没有发觉，那么他就可以获得高额利润。一旦其他成员发现他的这种行为，也会加入其中以扩大产量获取更大利润。市场总供给会因此不断扩大而造成价格下降，卡特尔也就随之瓦解。卡特尔瓦解的原因在于其内部成员的“逐利性”以及监管机制的软弱无力。

四、寡头垄断的评价

寡头垄断企业的竞争，其优点是显而易见的。

1）由于寡头垄断企业供应整个市场的全部需求量，企业的生产规模一般较大，可以获得规模经济的好处，降低成本，多元经营，可以提供规格丰富、价格低廉的产品。我国道路运输业一直存在着运输企业组织较小、竞争力明显不足的弊端，长期以来的成本高、效益低、管理水平低下、服务单一等问题，与企业规模较小不无关系，应向集约化的寡头垄断发展。

2）寡头的大规模竞争，有利于技术革新，推进社会文明。寡头拥有雄厚的财力支持，为了竞争的需要，往往会组织开发技术创新并推广，从而提升整个社会的科技进步和文明进步，而小企业是无法做到这一点的。

3）有利于先进管理技术的推行使用。大型企业当然会面临管理上的效率递减问题，但是这也促使大型企业去研究和掌握更为先进的管理技术，把企业的发展建立在科学管理的基础之上。同时，先进管理技术的使用，也意味着社会资源的更有效配置。

但寡头垄断的缺点也是比较明显的，主要的缺点是企业间竞争往往不足，相互关系有时会比较“暧昧”，形成联合，使消费者得不到本来可以用更低价格取得的商品。联合后的价格固定也会起到保护落后的作用，使生产成本较高的企业仍然有生存的空间，不利于市场发展。

思考题

1. 理论上的完全竞争市场具有什么条件？
2. 在完全竞争市场中厂商如何决定价格和产量？运输企业何时确定停止运输？
3. 怎样的市场称为完全垄断市场？应该如何对垄断进行管制？
4. 如何实行差别价格？
5. 垄断竞争有什么特点？如何形成垄断竞争市场？
6. 寡头市场有什么特点？寡头如何决定运量？

第七章 运输资源配置

【学习目标】

了解运输生产要素的内容和基本特征,等产量曲线、等成本曲线和最佳要素使用量;
了解企业的规模经济;
掌握生产要素的价格确定方法;
熟悉工资、利息、地租、利润的经济学原理;
了解运输业对各要素的使用及社会影响。

【导读案例】最低工资标准

《关于调整北京市2019年最低工资标准的通知》,京人社劳发〔2019〕71号:

各区人力资源和社会保障局、北京经济技术开发区人事劳动和社会保障局,各人民团体,中央、部队在京有关单位及各类企、事业等用人单位:

为深入贯彻落实习近平新时代中国特色社会主义思想和党的十九大精神,切实保障低收入职工的基本生活,按照国家有关要求,经市委、市政府批准,对我市最低工资标准进行调整。现将有关事宜通知如下:

1)我市最低工资标准由每小时不低于12.18元、每月不低于2 120元,调整到每小时不低于12.64元、每月不低于2 200元。

下列项目不作为最低工资标准的组成部分,用人单位应按规定另行支付:

①劳动者在中班、夜班、高温、低温、井下、有毒有害等特殊工作环境、条件下的津贴。

②劳动者应得的加班、加点工资。

③劳动者个人应缴纳的各项社会保险费和住房公积金。

④根据国家和本市规定不计入最低工资标准的其他收入。

2）综合考虑本市降低社会保险费率和调整社保缴费基数等因素,非全日制从业人员小时最低工资标准确定为24元/小时,非全日制从业人员法定节假日小时最低工资标准确定为56元/小时。以上标准包括用人单位及劳动者本人应缴纳的养老、医疗、失业保险费。

3）实行计件工资形式的企业，要通过平等协商合理确定劳动定额和计件单价，保证劳动者在法定工作时间内提供正常劳动的前提下，应得工资不低于我市最低工资标准。

4）生产经营正常、经济效益持续增长的企业，原则上应高于最低工资标准支付劳动者在法定工作时间内提供劳动的工资；因生产经营困难确需以最低工资标准支付全体劳动者或部分岗位劳动者工资的，应当通过工资集体协商确定或经职工代表大会(或职工大会)讨论通过。

5）在劳动合同中约定的劳动者在未完成劳动定额或承包任务的情况下，用人单位可低于最低工资标准支付劳动者工资的条款不具有法律效力。

6）上述各项标准适用于本市各类企、事业等用人单位。

7）本通知自2019年7月1日起执行。

截至2019年6月，全国月最低工资标准最高的是上海的2480元。

问题与思考：

1．你认为政府是如何确定最低工资标准的？工资代表着什么？

2．制定这种标准对产业经济会带来什么样的影响？不同地方政府为何会有不同的规定？

第一节　运输生产要素的使用

一、运输生产要素

1．要素及其价格

与其他生产一样，运输生产所需要的生产要素也无外乎资本、劳动、土地、管理者、技术等。只不过在不同的运输生产中各种要素的使用有不同的程度，在运输中，运输设施和运输设备需要大量的资金；运输道路场地设施占用大量的土地；港站生产可以是劳动密集型的生产，也可以是资本密集型的生产，但都需要一定的劳动力；运输的复杂性需要较高水平的生产管理；运输工具和运输管理已成为高技术的行业，运输工具往往是现代科学技术的结晶，为了提高运输效率，充分利用运输设施和设备，现代管理技术和手段在运输行业中广泛使用，运输的技术含量极高。

各种生产要素参与运输生产，必然要获得相应的报酬，或者说，运输生产需要使用各种生产要素，必须对生产要素支付成本。法国经济学家萨伊提出“三位一体”公式，认为要素的成本表现为：劳动——工资、资本——利息、土地——地租。英国人马歇尔增加了企业家的才能——利润，形成“四位一体”的公式。除了设备、设施建设、能源，现代生产普遍使用的技术要素也需要支付成本，它是以支付专利费的方式来表现的，在购买技术设备时，已在设备的价格之中包含所要支付的专利费。

那么如何来界定要素价格呢？根据欧拉定理的解释：如果服从规模收益不变，那么，每一种生产要素按边际产量所获得的收入恰好等于所有要素的总产量。换言之，厂商所生产的产品的价格，等于其使用的每一种要素的价格的总和。

关于要素价格的确定，在西方经济学理论中，主要有以克拉克为代表的边际生产力理论和以马歇尔为代表的均衡价格理论。

边际生产力理论认为，在其他要素不变的情况下，最后增加一单位某种生产要素所增加的产量即为该生产要素的边际生产力。假如生产只是用劳动（L）和资本（K）要素，当资本要素的数量不变，最后增加一单位劳动要素，则增加的产量就为劳动要素的边际生产力。或者，劳动要素不变，而资本要素不断增加，最后增加的一单位资本所增加的产量即为资本的边际生产力。这种生产力所对应的价值也就表达了该要素的收益，或者使用该要素的价格。

边际产量所对应的收益即为边际收益。根据边际收益递减的经济学定理，一种要素连续增加，其获得的相应的边际产量也是递减的。因此，可以说各种要素的边际产量是递减的。

马歇尔的均衡价格理论则是从要素的供求关系分析入手，通过要素供给和要素需求形成的均衡状态所确定的价格为要素价格，均衡数量为要素的使用量。

2. 生产要素的需求特点

（1）生产要素的需求是引致需求或派生需求。对消费者而言需要的是产品，不需要生产要素。厂商购买生产要素用于生产产品，并不是为了满足自己的需要。

（2）生产要素的需求以边际生产力为基础。厂商使用生产要素是因为生产要素能为其增加产量，如果不能增加产量，就不会使用该生产要素。

（3）生产要素的需求是一种联合的或相互依赖的需求。任何生产都需要使用多种生产要素，各种生产要素相配合才能实现生产目的。而且，在一定范围内，生产要素之间可以相互替代。

（4）生产要素的需求来自厂商，但生产要素的供给来自于公众，包括产品的消费者。

二、等产量曲线

等产量曲线是表示两种生产要素的不同数量组合可以带来相同产量的一条曲线，或者说表示某一固定数量的产品可以用所需要的两种生产要素的不同数量的组合生产出来的一条曲线。如图 7-1a 所示，横坐标为劳动带来的产量，纵坐标为资本带来的产量，A 点和 B 点的劳动资本要素组合所产生的产量是相同的 Q。

$$Q=Q_L+Q_K$$

等产量曲线是一条向右下方倾斜的曲线，其斜率为负值。这表明，在生产者的资源和生产要素价格既定的条件下，为了达到相同的产量，在增加一种生产要素时，必须减少另一种生产要素。由于边际产量递减的规律，如果只用一种要素时，该要素会无穷大，因而等产量曲线必然凸向原点。

在同一平面图上，可以有无数条等产量曲线。同一条等产量曲线表示相同的产量，当所投入的生产资源的总量发生变化时，产量水平会发生变化。如图 7-1b 所示，总资源投入增加，即（$L+K$）增加，产量增加，曲线向外移动，即 Q_1 向 Q_2 移动；反之，总资源减少，向内移动，Q_1 向 Q_3 移动。在图 7-1b 中，产量顺序为 $Q_2>Q_1>Q_3$。在同一平面图上，任意两条等产量曲线不可能相交。

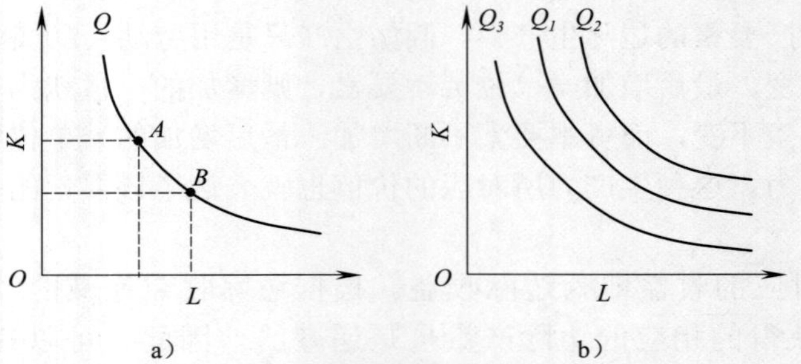

图 7-1　等产量曲线及其移动

a）等产量曲线　b）等产量曲线移动

三、等成本曲线

等成本曲线又称为企业的预算线，表明在生产者的成本与生产要素价格既定的条件下，生产者所能够买到的两种生产要素数量的最大组合的曲线。如图 7-2a 所示，横坐标表示劳动的使用量，纵坐标表示资本的使用量。如用 TC 表示成本，P 表示价格，Q 表示要素使用量，则成本等于劳动的成本和资本的成本之和，表达为

$$TC=TC_L+TC_K$$

设：总成本投入为 100 万元，劳动价格为 4 万元，资本价格为 2 万元。则：当完全使用劳动时需要 25 单位，完全使用资本时需要 50 单位。如果使用 30 单位资本，则只能使用 10 单位劳动。

如果要素价格不变，总投入发生变化，则相应的要素使用量可以改变，也就会使得等成本曲线发生移动，如图 7-2b 所示。

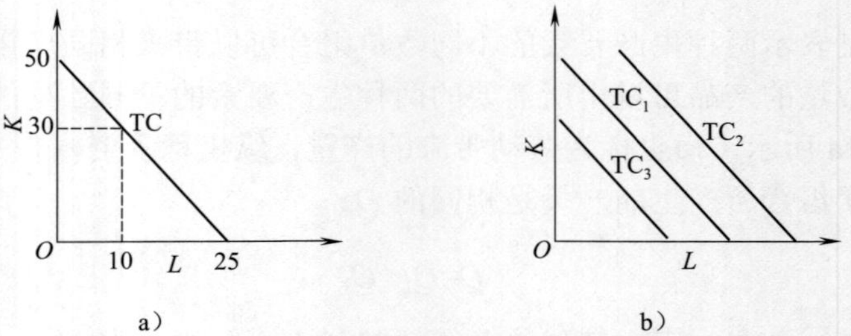

图 7-2　等成本曲线及其移动

a）等成本曲线　b）等成本曲线移动

如果要素价格上升，要维持原有的产量，则相应的总成本投入要增加。反之要素价格下降，则总成本投入减少。

四、生产要素最佳组合

如果把等产量曲线（图 7-1）与等成本曲线（图 7-2）合并在一个图上，等成本曲线必然与无数条等产量曲线中的一条相切于一点。在这个切点上，就实现了生产要素的最佳组合，即为成本最小时的要素使用量。图 7-3a 中等成本曲线与等产量曲线中的 Q_1 相切于 E 点，E 点所对应的要素使用量就是在相应的总成本投入时的最佳要素使用量，劳动为 m，资本为 n。

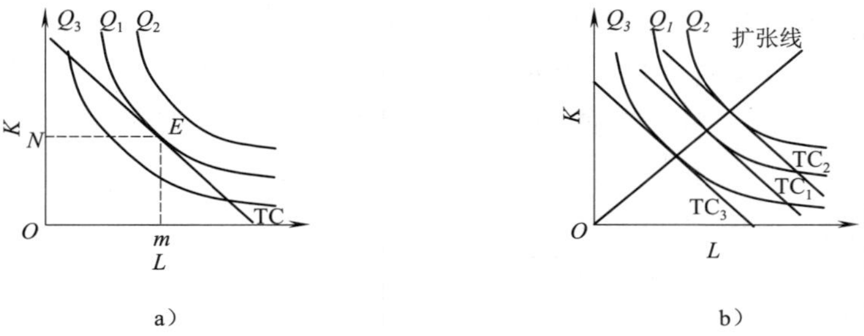

图 7-3 要素最佳组合与扩张线

a）要素最佳组合 b）扩张线

在图7-3a的E点上，等成本曲线和等产量曲线的斜率相同，用TC_K表示资本的成本，TC_L表示劳动的成本；Q_K表示资本的产量，Q_L表示劳动的产量，可以得到

$$\frac{TC_K}{TC_L}=\frac{Q_K}{Q_L}=\frac{n}{m}$$

得到

$$\frac{TC_K}{Q_K}=\frac{TC_L}{Q_L}$$

也就是说，成本最小时的要素组合为各种要素成本与各自要素的实物产量的比相等。在有多种要素时，可以表示为

$$\frac{TC_K}{Q_K}=\frac{TC_L}{Q_L}=\frac{TC_X}{Q_X}=\cdots$$

要素的最佳组合实现了特定产量时成本最小化，但此时并不表示达到利润最大化，如果此时边际收益大于边际成本，还可以通过扩大产量增加利润。只有当边际产量等于边际成本时的产量中的要素最佳组合的成本最小化才能实现利润最大化。

假如说生产投入扩大或减少，也就是说投入的总成本增加或减少，则所增加或减少的等成本曲线也会与某一条等产量曲线相切。将所有的切点连线，则形成一条在总投入变动时，最佳要素投入的扩张线，如图 7-3b 所示。也就是说，当生产者沿着扩张线的要素组合扩大生产时，可以始终实现生产要素的最适组合，从而使生产规模沿着最有利的方向扩大。反之向内移动，当然也代表着最有利的缩小。

五、运输生产要素替代和产品要素属性

运输生产需要使用多种生产要素，但是各种要素的使用量并不是完全固定的。假设某运输生产使用两种要素，即资本和劳动。这两种要素缺一不可，但在实现相同的运量时，可以采用不同的要素组合。如图 7-4 所示，当产量为 Q 时，可以采用两种运输要素组合，X_1Y_1 和 X_2Y_2 组合。如果假设 X 为劳动要素，Y 为资本要素，其中：$X_2>X_1$，$Y_1>Y_2$，则 X_2Y_2 为劳动密集型的运输生产，X_1Y_1 为资本密集型的运输生产。

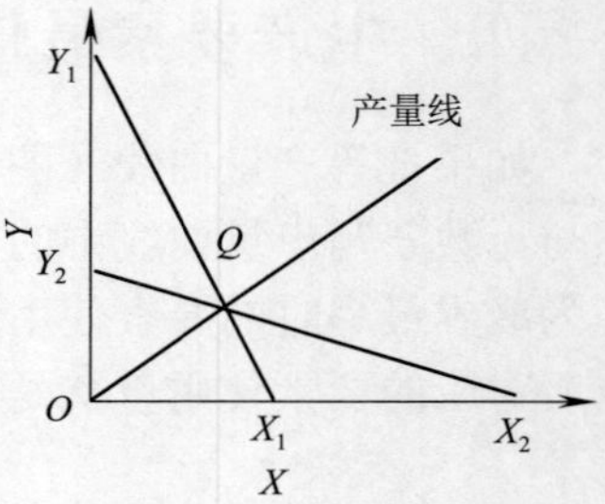

图 7-4　生产要素的替代

例：假如某两种产品的劳动和资本的投入分别为：A 产品的劳动投入为 2 单位，资本投入为 6 单位；B 产品的劳动投入为 4 单位，资本投入为 7 单位。问两种产品的要素属性如何？

解：

A 产品的资本劳动比为：6:2=3

B 产品的资本劳动比为：7:4=1.75

显然，两者比较，A 产品是资本密集型产品，B 产品是劳动密集型产品。

第二节　工资与劳动力

一、经济学的工资

工资是劳动力要素的价格，是劳动者提供劳动力所获得的报酬。在经济学中有关工资的理论，也可以用克拉克为代表的以边际生产力理论为基础的工资理论和以马歇尔为代表的以均衡价格理论为基础的工资理论来说明。

劳动是由居民提供的，居民的时间可以用于提供劳动，也可以闲暇、娱乐。当把时间用于劳动时获得工资收入，当把时间用于闲暇时成为消费者。因而可以说，劳动是由消费者提供的要素，而厂商则作为劳动的需求者。对居民来说，可以支配的时间是固定的，除了少数人可以“工作就是娱乐”外，绝大多数人的时间要么工作，要么闲暇，其时间只能进行分段后做一种安排。居民将时间和劳动力投入劳动获得工资并不是其生活的目的，也没有获得效用，只有在消费闲暇时才获得效用。但是消费闲暇必须要花费费用。总而言之，居民通过出卖劳动获得收入，然后使用劳动所获得的收入消费闲暇。居民在这之中也追求效用的最大化，就是尽可能多地消费闲暇，但又要尽可能多地获得劳动收入。

二、边际生产力确定的工资

根据克拉克的边际生产力理论，工资是由投入的最后一个劳动单位所产生的边际收益产量所决定的，即工资取决于劳动的边际生产力。也就是说，厂商雇用的最后那个工人所

增加的产量，等于付给该工人的工资。如果工人所增加的产量小于付给他的工资，厂商就不会雇用；如果工人增加的产量大于厂商支付的工资，即工人的劳动有剩余，那么厂商为了获得更多的剩余就会增加雇用工人，直到边际产量等于所支付的工资为止。这种关系如图 7-5 所示。

在图 7-5 中，首先假定设备、场地等其他要素不变，在工人不足时，增加工人使得人、机、场配合，产量增加，达到最佳配合时产量最大，即图 7-5 中的 *Q* 点。随着劳动要素使用的增加，劳动与其他要素之间的配合状态变差，劳动的生产力减弱，呈现出递减的规律。但是在此期间，厂商还会继续增加使用劳动力，直到边际生产力 *W'* 等于其所支付的工资 *W* 时，就不再增加劳动力。*OM* 为使用劳动（工人）的数量。*OMW'W* 所围成的面积就为厂商所支付工资的总额。*WQW'* 为资本家的剩余，或者说是其他生产要素的报酬。

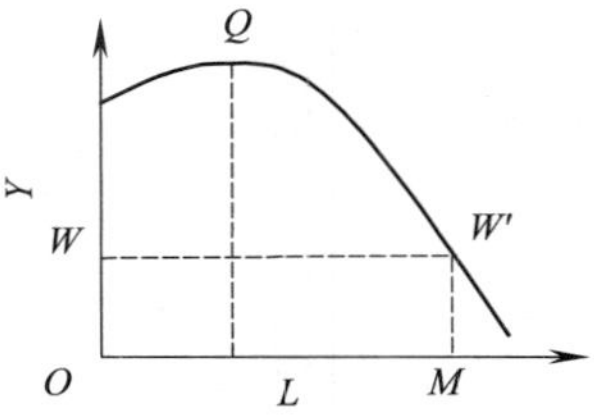

图 7-5　边际产量与工资的关系

三、以均衡价格为基础的工资

1. 劳动的需求

厂商从事生产必须使用劳动要素，至于劳动要素的使用量则是根据生产的性质、劳动的边际生产力、劳动者的素质、劳动的价格和供给能力来确定的。其中劳动的边际生产力具有递减的规律，而劳动的价格直接影响到劳动的使用量，当劳动价格高时，厂商节省使用劳动；当劳动价格低时，厂商可以更多地使用劳动要素。劳动的需求显现出价高时使用减少，价低时使用增加的特性。图 7-6 所示的向右下方倾斜的曲线 *D*，表明劳动的需求量与工资呈反向变化的特性。

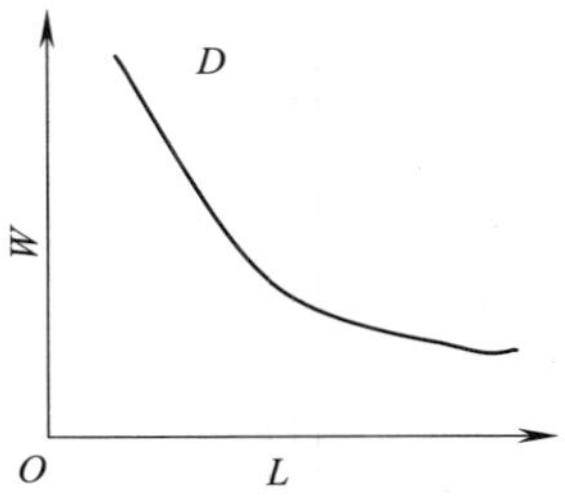

图 7-6　劳动的需求曲线

一般来说，运输业属于劳动密集型的产业，工资对运输业有着重大的影响。

2. 劳动供给

劳动是由居民提供的，居民提供劳动的数量取决于劳动的收益，而收益是由工资收入扣除成本所确定的。劳动的成本包括两方面内容：①劳动力的实际成本，其中包括维持劳动者及其家庭生活必需的生活资料的费用以及培养、教育劳动者，训练劳动技能的费用，这种费用多数是由父母预先提供的，因而也称为劳动力的再生产费用。②心理成本，劳动是以牺牲闲暇的享受为代价的，劳动会给劳动者心理上带来负效用，对于这种负效用的补偿就是劳动的心理成本。

劳动量可以说是工资的函数，也是居民闲暇的函数，因而工资水平和闲暇的享受决定了居民愿意提供的劳动量。

如果工资率提高，使得闲暇的成本增大，居民愿意提供更多的劳动，增加收入，因而减少消费闲暇的时间，这是工资提高的替代效应。但增加收入并不是居民的目的，并没有得到效用。居民的收入增加，则其闲暇的消费能力也在提高，可以消费更多的闲暇，这就是工资提高的收入效应。因此，工资率的提高在短期内可以提高劳动的供给，即替代效应大于收入效应时，劳动增加；当替代效应小于收入效应时，劳动时间反而减少，即居民在获得较高的收入后，更愿意享受闲暇。

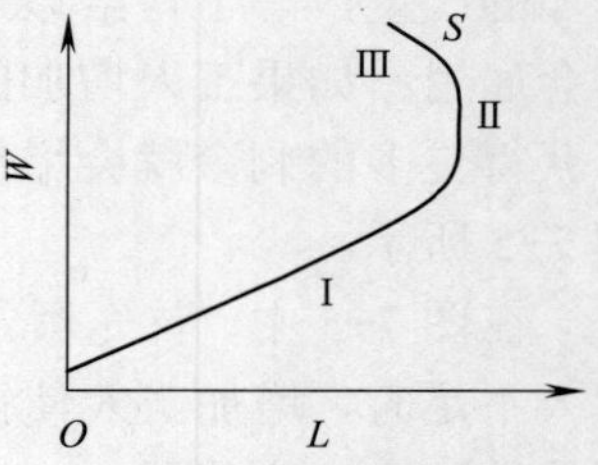

图 7-7　劳动的供给

劳动供给经历三个阶段，如图 7-7 所示。

Ⅰ阶段是存在不充分就业时的情况。当劳动价格升高，更多人愿意花更多的时间工作，劳动的供给量就会增加。

Ⅱ阶段是充分就业时的情况，当劳动的价格上升时，劳动的供给并没有增加。

Ⅲ阶段时继续增加工资，但劳动的供给量却减少。这是因为居民的货币收入增加后，货币的边际效用降低，而闲暇的减少，使得闲暇的边际效用增加，这时居民宁愿少劳动、少拿工资，而利用时间享受闲暇。这种阶段一般发生在经济高速增长之后的富裕社会，或者一些高薪阶层的局部现象。

劳动的供给曲线被称为“向后弯曲的供给曲线”。

劳动供给还会受到人口增长率、劳动力的流动、移民等因素的影响而改变。居民的受教育程度或接受技能训练情况，会使得劳动力在局部市场的供给发生变化。例如，居民的受教育程度提高或接受新的技能训练，会使得熟练工、研发领域、高技术生产领域的劳动供给增加。

3. 供需均衡时的工资

劳动的供给和需求共同决定了劳动的工资水平和均衡的劳动使用量。如图 7-8 所示，劳动的供给 S 与劳动需求 D_0 相交在 E_0 点，所对应的工资为 W_0，对应的劳动使用量为 L_0。当劳动需求增大到 D_1 时，则 E_1 为新的均衡点，这时工资提高到 W_1，劳动使用量增大到 L_1。

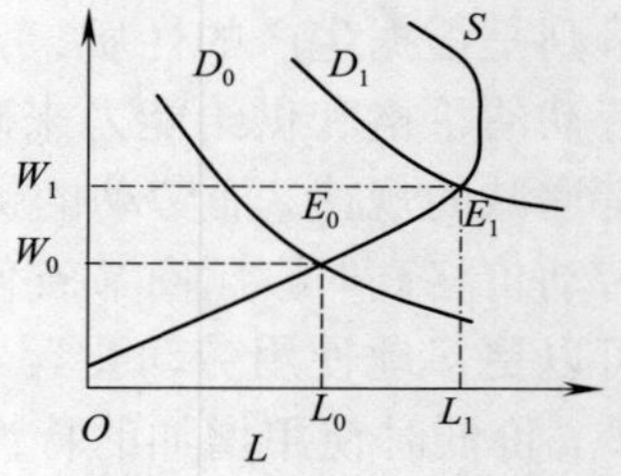

图 7-8　工资的决定与变动

四、不完全竞争劳动市场的工资

不完全竞争劳动市场是指具有垄断的劳动市场。这种垄断有三种现象，一种是厂商对劳动购买的垄断；另一种是劳动者对劳动市场的垄断。还有一种情况为政府制定的最低工资标准。

1. 厂商对劳动购买的垄断

由于厂商购买劳动，具有劳动使用的选择权力。同时劳动者是分散的个体，不具有谈判力量，属于劳动市场的弱者，在多数未充分就业的劳动市场，劳动者并没有太多的劳动选择权，因而厂商具有劳动的垄断能力。也就是厂商并没有按劳动的边际生产力支付工资。如图 7-9 所示，劳动的边际生产力为 W_0，但厂商支付的工资仅为 W_1，使得劳动的总工资收入降低为 $OMW_1'W_1$ 所围成的面积；而厂商

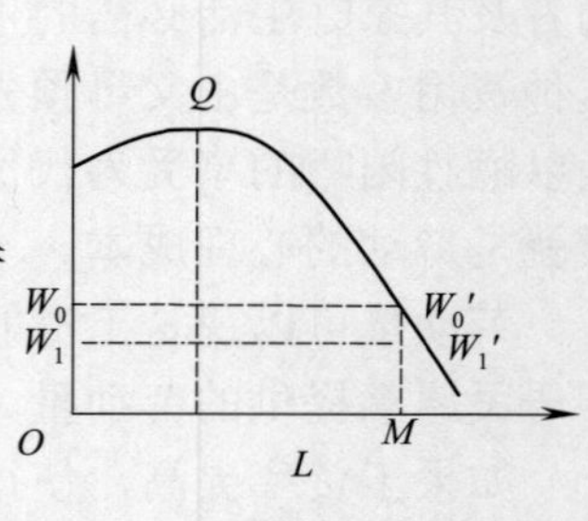

图 7-9　厂商对劳动的垄断

增加获得了 $W_1W_1'W_0'W_0$，厂商的剩余增加。

2．劳动者对劳动供给的垄断

劳动者能够对劳动供给进行垄断，主要来源于工会的作用和选票对执政者的作用。劳动者通过对政府的影响，如投票、代表提案等方式，使得政府通过制定最低工资标准的方式保证劳动者的工资收入，而形成垄断价格。在西方国家，劳动的垄断更多是通过工会进行的。工会是工人的组织，以保护工人的权益为目的，一般按照行业进行组织，也有跨行业的广泛组织。工会是通过大量工人参与罢工、停工等的斗争来显示力量，具有谈判的能力。在西方国家，大多数的工资水平是由工会代表工人与雇主进行谈判确定的。因而被认为工会垄断劳动。工会对劳动垄断的主要方法有：

（1）增加劳动需求　工会通过反对进口、推动出口、反对机器代替工人、反对加班等促进生产和增加对劳动的使用。

（2）减少劳动的供给　推动限制移民、禁止使用童工、强制退休、减少工作时间的法案制定，甚至采取排斥非工会会员的受雇等方式减少劳动的供给。

（3）最低工资标准　工会促使政府立法规定最低工资标准，这样在劳动供给大于需求的情况下，也可以使工资维持在一定的水平之上。

（4）强化谈判能力　通过采取联合罢工、停工等方法迫使资本家提高工资。

3．最低工资标准的影响

当最低工资标准低于市场均衡工资时，也就是说，厂商对劳动的需求大于最低工资所对应的供给量，厂商愿意提高工资获得劳动，因而最低工资标准对均衡工资没有影响，只是对个别特殊情况产生影响。

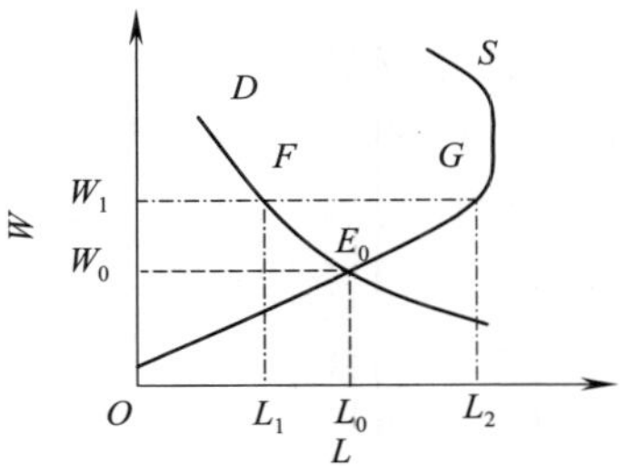

图 7-10　最低工资的影响

当最低工资标准高于市场均衡工资时，所产生的影响以图 7-10 进行说明。在完全竞争的劳动市场中，劳动供给 S 与劳动需求 D 相交于 E_0 点，形成均衡的工资 W_0 与劳动需求 L_0。此时最低工资标准为 W_1，且 $W_1>W_0$，则劳动的实际需求量为 F 对应的 L_1，而劳动的供给量为 G 所对应的 L_2。供给大于实际的需求，劳动者以 L_2 提供劳动，厂商以 L_1 使用劳动，也就是使得实际上 L_1L_2 的劳动未被使用，形成失业或者隐性失业。

五、运输条件与社会工资

劳动的需求和供给以及劳动的边际生产力决定了工资水平，但具体的工资还受到很多因素的影响，如政府职员的统一工资、劳动者的素质、劳动者的资历、劳动力的成本、劳动者出售劳动的交易成本等。其中劳动成本中的运输成本是一项外在成本，对工资的水平会产生系统性的影响。

假设居民是分散地居住在城市的各居住区内，居住成本相同，如果不考虑上下班的交通成本，则应该是各地的工资相同。但在考虑交通费后，工人所得到的实际工资就会因为交通费的支出而不一样，离居住地远、交通费高的实际工资减少；交通费用少的则实际工资高。

在相同实际工资收入命题下，居民宁愿在离居住地近且交通费低的地方工作，即就近工作，尽管获得的名义工资较低。而离居住地远的工作就需要得到较高的名义工资。因而表现为，在离居民居住地近的工业区的工资较低，而远离居住地的工业区的工资较高的特征。

如果城市具有较好的公共福利，如城市中心地区的公共运输享有补贴，而郊区没有。那么就会使市中心交通成本较低，人们宁愿得到较低的工资到市中心工作，而去郊区工作就需要获得更高的工资。

六、工资的差异

在现实中，不同行业、不同工种具有不同的工资，航空业有较高的工资，而场站作业工资水平较低。行业性或岗位性的工资差别，主要是由下述原因造成的：

（1）补偿性的工资差别　各种职业的社会地位、工作条件、工作时间、工作方法、难度和危险程度不同。因而人们不愿意从事那些工作环境差、工作劳动强度大、社会地位低、危险性高、夜间工作的职业，也就是供给量少，而需求量大，因而其均衡工资很高。这种单纯用于补偿职业之间非金钱差异的工资差别叫作补偿性的工资差别。

（2）劳动质量不同的工资差别　劳动者在脑力、体力、受教育程度和技术熟练程度存在着差异，能力强、素质高的劳动者具有较高的劳动生产率，能够胜任复杂的工作，所以他们的工资水平也就较高。因而如飞机、船舶的驾驶操作等专业人士、熟练工人获得的工资比一般从业者要高。

（3）市场不完全性的工资差别　同一职业、同一工种在不同的地区，甚至在同一地区、不同的企业或单位具有不同的工资水平。这是因为劳动市场的不完全性造成的，其中：地区差别是因为劳动不能自由流动，且局部地区的供求关系不同；同地区的差别是由于制度所造成的，工会的保护、政府的劳动政策、企业的性质等都会造成地区内劳动不能自由流动。

（4）劳动的成本不同　劳动者及其家庭生活和劳动力的再生产成本具有一定的差别，工人参加劳动的交通、餐费的差别及时间成本的不同，也会形成地区间的劳动工资不同。

第三节　利息与资金

一、利息与利率

利息是货币资本生产要素的价格，也就是企业为生产所需要的货币资本的投入所支付的成本。这种货币资本的投入不论是企业或者是资本家自有的货币资本，还是通过融资方式获得的货币资本，都存在着资本成本。

利息一般不用绝对量来表示，而采用利率的方式表示。利率为每一单位资本在一定时期内所要支付的成本。例如，货币资本为 10 000 元，一年的利息为 1 000 元，则年利率为 10%，也就是说利率为 10%。或者说由于这一年使用了 10 000 元资本，要对这 10 000 元资本支付 10%的价格。而这种价格仅仅为在这一段时期内占用资本所支付的成本，因而可以说是时间成本，支付利息并不能获得资本本身。因而可以说利息只是使用货币资本的成本。换言之，利息是货币资本所有者提供货币资本供使用所获得的收益。

货币既可以用于即期的消费，也可以等待将来消费。货币所有者之所以要等待将来消费，在经济学上认为是因为货币在等待中会产生收益，也就是利息。当现期的消费所获得的效用小于将来加上利息所获得的效用时，资本家就愿意将资本保留以赚取利息和等待将来消费。

利息标准一般有时间周期，也称为计息周期，有年、季、月、日等，对应的有年利率、季利率、月利率、日利率。日利率也称隔夜利率，是指当天起息第二天归还的银行同业拆放贷款的利率。在一个计息周期中一般采用单利，即只计算本金利息，当然也可以在多个周期中采用单利法。利息总额的计算公式为

利息总额=本金×利率×期数

如果借贷超过多个周期，则可能采用复利法计算利息，即前期的利息加入后期的本金计算利息。利息和资金总额计算如下：

$$I = P[(1+i)^n - 1]$$

$$F = P(1+i)^n$$

式中：I—— 利息总额；F—— 到期资金总额（本利和）；P—— 本金；i—— 利息率；n—— 借贷期数。

利率除了名义利率外，还有实际利率。实际利率是指剔除通货膨胀率后得到利息回报的真实利率。

二、资本的边际生产力所确定的利息

使用资本需要支付利息容易理解，但是利率的数值是如何决定的呢？以克拉克的边际生产力理论解释利息的理论认为，利率是使用资本这种生产要素所获得的边际收益所决定的。

假定在其他条件不变的前提下的某生产，随着资本量的增加，产量开始递增，但产量增加到一定程度之后，随着资本投入量的继续增加，产量增加量开始减少，这就是资本的边际生产力递减的规律。如图 7-11 所示，随着资本 K 的增加，产量 Q 的增幅减少。也就意味着随着资本的增加，资本所获得的收益减少。如图 7-12 所示，资本 K 不断增加，但所增加的资本的收益 i 却在减少。当所投入的资本为 M 时，则 M 资本所获得的边际收益就是资本的利息。在图 7-12 中，资本 M 所对应的资本边际收益曲线的收益就是资本的利息 i_0。从该图中还可以看出，当资本继续增加时，利息就会降低；反之，资本减少，利息就会增加。

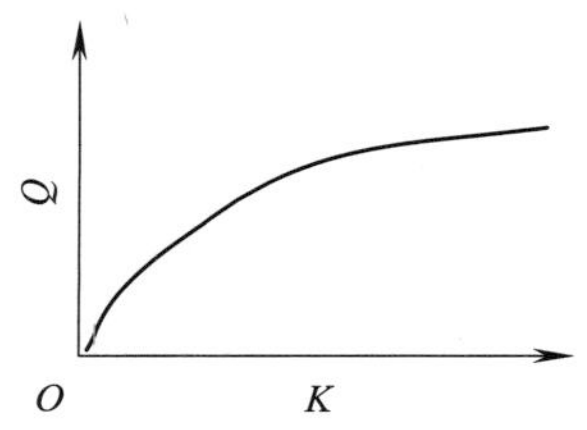

图 7-11 资本与产量的关系

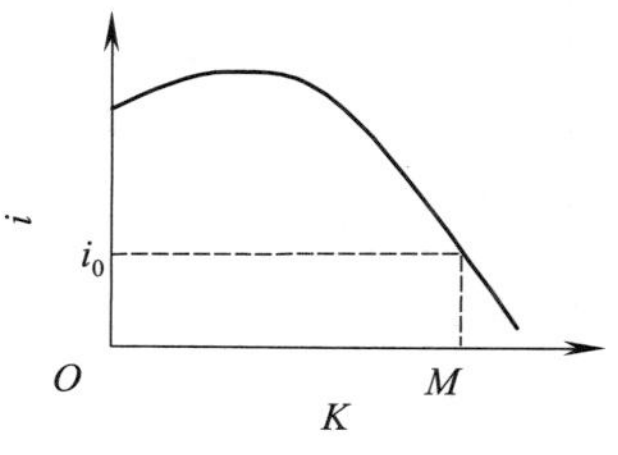

图 7-12 资本、边际收益与利息

三、供求关系所确定的利息决定

1．资本的需求

资本的需求是为了使用资本获得生产或者经营的收益，假如使用资本进行生产所获得的收入固定，生产者的利润就是这个收入扣除使用资本的成本。资本成本越低，生产者获得的利润越多，就更加愿意使用更多的资本。因此，资本的需求是随着利息的降低而增加的，表现为图 7-13 中的 D 曲线的特征，向右下方倾斜。

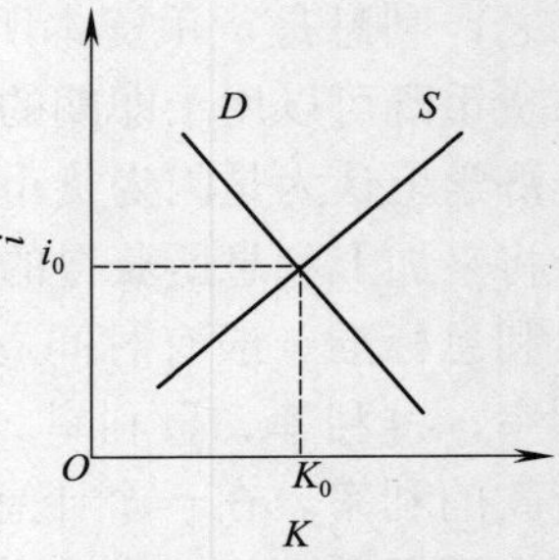

图 7-13　资本供求决定利息

2．资本的供给

货币资本可以用于消费，使得货币所有者当时获得消费的效用。当然货币持有者也可以选择将来消费，将货币储蓄而获得利息收入，使得将来有更多的货币消费，获得更大的效用。如果货币储蓄可以获得更多的利息，则将来的消费效用更大，就会有更多的货币放弃当前的消费，而投入生产。也就是说，利息越高，放弃消费的越多，货币供给越大。货币供给与利息的关系呈现出正相关的变化，如图 7-13 所示的 S 曲线。

3．供求平衡所确定的货币市场的利息

在一个货币市场中，利息是由资本的需求与供给双方共同决定的。当供给等于需求时，市场处于均衡状态，因而产生了均衡的市场利率 i_0 和均衡的货币量 K_0。

这种通过市场供需平衡所确定的利率称为“纯利率”，它反映了资本的净生产力。在实际资本市场，利息则是受众多其他因素影响的，它不仅包括供求关系，还是货币贬值因素、投资风险因素、政府宏观调控因素的相互作用的结果。

4．政府对利率的调控对货币市场的影响

多数政府均有通过对利率的调控影响货币市场的能力。如果政府所规定的利率低于市场均衡利率，其对货币量会产生如图 7-14 所示的影响，$i_1<i_0$，在规定利率 i_1 时的货币需求为 K_2，市场货币供给为 K_1，如图 7-14 所示的 $K_1<K_2$，也就是货币供不应求，产生 K_1K_2 的缺口。整个市场都会显现出货币不足的投资饥渴症，任何人都在千方百计地吸引投资。

如果政府规定的利率高于市场均衡利率，如图 7-15 所示，$i_2>i_0$，货币的实际需求量就会降低到 K_2，货币的供给量则升为 K_1，$K_1>K_2$，供给大于需求，结果是使多余的资本 K_2K_1 闲置，市场资本剩余。

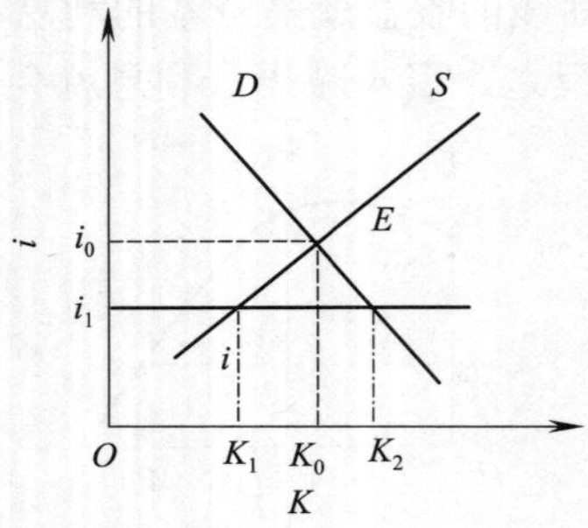

图 7-14　利率低于均衡利率

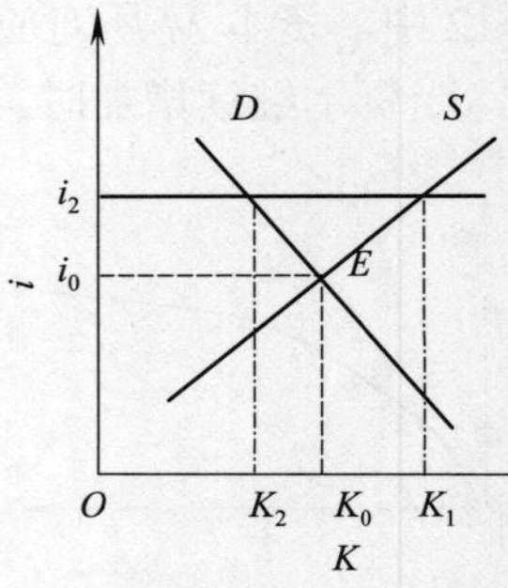

图 7-15　利率高于均衡利率

四、利息与资金流动与运输投资

运输业作为资本密集型的行业，需要大量的资本投入。一般在经济进入高速发展时期前后，交通运输的投资在总投资中会超过 20%，有的国家高达 40%～50%，很多发达国家在经济起飞时期交通运输和其他基础设施投资占国民生产总值的 10%。大量的资金用于运输设施建设，必然需要特别关注所使用的资金的成本。而投资对利率具有高度的敏感，当资金利率高时投资大幅度减少；利率降低，有利于投资的增长。但在经济发展时期的运输投资又不可缺少，因而运输基础设施投资需要政府投资或者政府贴息投资。

贴息是指由政府承担部分利息的方式，如贴息率为 i'，则使得投资实际承担的利率降低（i_0-i'），如图 7-16 所示，投资需求就会增加到 K'，使投资增加。同时投资者所获得的利率仍然还是名义利率 i_0。

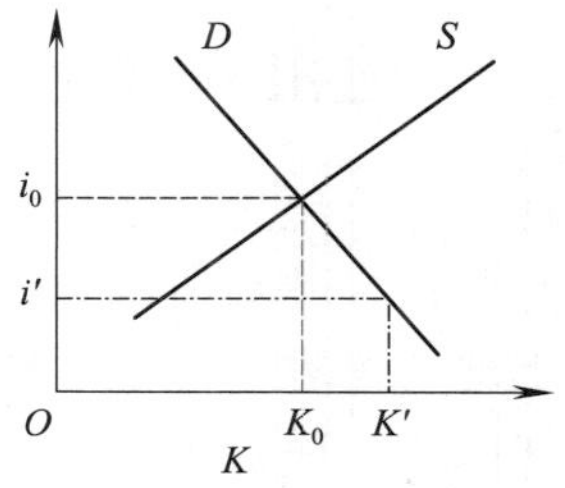

图 7-16 贴息使资本需求增加

贴息政策是政府鼓励政策中最常用的政策之一，不仅有政府的直接贴息，还可以通过金融机构采取贴息的方式进行。特别是在造船、飞机制造和购买、港口建设、铁路建设等基础设施建设上广泛使用，以鼓励运输业的超前发展。

第四节 土地与地租、租金

一、土地供给的特点

土地作为一种自然资源，具有数量有限、位置不变，以及不能再生的特点。因而土地的供给是恒定的，只有在特殊的情况下才会发生增加和减少，如填海造地使土地增加，沙漠化使土地减少，但这种变化是在很小的幅度和较长的时期内发生。虽然有些土地品质发生变化，如盐碱化，但土地的数量并未变化，只是土地使用的情况或需要的投入不同。因而在总的土地供给上，可以看作是常数，其供给曲线表现为垂直线，如图 7-17 的 S 线的上端所示。但是在考虑土地的未开发因素时，则会形成土地供给量逐步增加的变化，如荒山开垦，如图 7-17 的 S 线的下端所示。在完全开发后，其总量就只能为常数（当然也有人认为荒山也是土地的另一种用途，都是在国家领土的范围内）。

在某些领域里研究土地因素时，由于通过更大的代价可以从别的领域获得土地，或者通过改变土地用途，增加某一领域的土地供给量。例如，将农田改为工业用地，使工业用地增加。当然这种改变不仅要承担土地原来用途的收益，还要承担原来用途的退出成本，因而不可能大面积地进行。

土地供给的特性表现为：土地只会发生价格的升降，而不会增加供给量。但在局部市场，随着土地价格的增加，其供给量会极少量增加，如图 7-18 的 S 曲线所示。

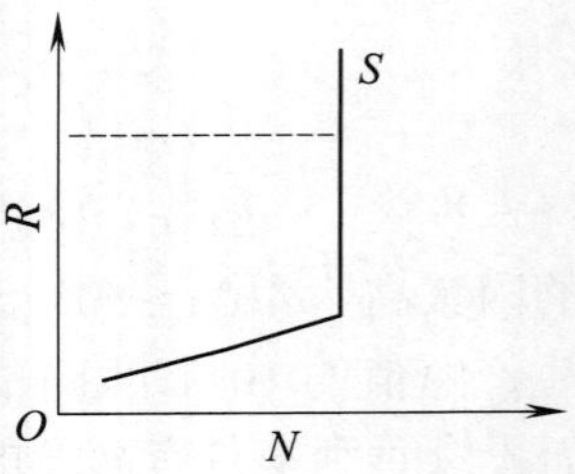

图 7-17　土地的供给特性

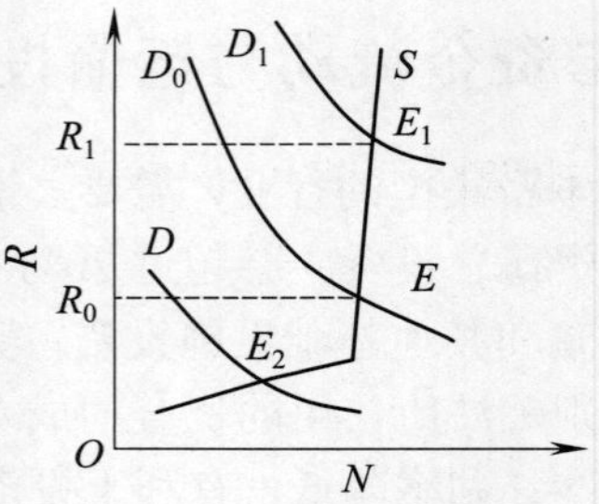

图 7-18　地租的决定

二、地租的确定

地租是土地生产要素的价格，是在一定时期内使用土地的价格。根据经济学的原理，价格是由供求关系所确定的。但土地这种要素则主要是因为需求因素影响价格。

土地的需求取决于土地的边际生产力，而在其他条件不变的条件下，土地的边际生产力是递减的。所以土地的需求曲线表现为向右下方倾斜，如图 7-18 的 D 曲线所示。

因供给和需求的相互作用形成了土地的价格——地租。在图 7-18 中，D_0 与 S 的交点形成了土地的地租 E。当需求增加至 D_1 时，供给量没有太多的增加，但地租却大幅度地增加到 E_1。当土地需求大幅度减少时，地租的降低幅度会逐步降低，并不会完全消除，如 E_2 所示。

土地的地租原则上是受需求决定的，但是对于具体的土地，还因为土地的地理位置、地质情况、肥沃程度、开发投入等因素影响，而形成不同的地租。这种地租的不同，称为级差地租。一般来说，土地所带来的收益大于开发的成本时，净收益越大，级差地租越高。当收益与成本相同时，则没有级差，成为边际土地。而收益小于成本时，土地不会被利用。如果经济发展，土地所带来的收益整体增大时，会使得级差地租增加，原来不能被利用的土地也会被利用。

三、运输业对土地的需求

运输业不仅是资金、技术密集型产业，对土地的需求也相当巨大。公路、铁路、场站的建设完全依赖土地。航空、航海、地铁虽然不占用土地，但机场、港口、地铁站等还是需要一定的土地。有人说，城市是由道路和建筑物构成的，道路占用了城市一半的面积。运输业对土地的需求特点表现为：

1）运输业需要大量占用土地。

2）运输线路是不间断的、连续的占用土地。

3）运输对土地的占用往往持续时间很长，并且是一种排他性的占用。

4）为了保持运输效率（速度），需要平坦的道路和尽可能的直线运行，不能被阻碍。

5）越是经济中心、居住中心，越需要运输，运输往往使用的是优质（高级差地租）土地。

四、运输对地租的影响

1．运输成本与地租的关系

1826年冯·杜能（Von Thunen）建立了解释农业土地地租的差别模型，他认为，农作物专业化分工的中心地区应该环绕中心市场发展，同性质空间的地租差别完全是由运输成本的节约所决定的。黑格（Haig，1926）将杜能的论点运用到城市学中，认为："地租与运输成本通过它们与空间摩擦的关系而紧密地联系在一起。运输是以时间和金钱为代价减少这种摩擦的手段。支付高点租金，可以得到交通成本较低的地点。那些愿意为改进交通设施支付最高价格的人，将能享受到最合意的区位。"这种地租与运输成本的关系如图 7-19 所示。在经济中心地区，几乎要支付最高的地租，但却可以承担较小的运输成本；而在离经济中心最远的地区，基本上不需要支付地租，但要支付最高的运输成本；在两者之间逐渐过渡，地租逐渐减少，而运输成本逐渐增加。

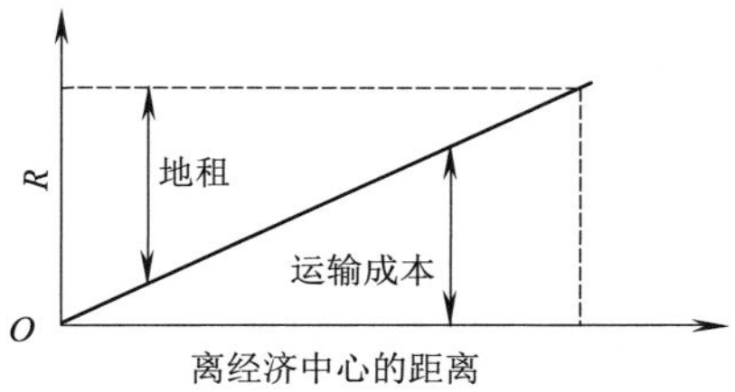

图 7-19　地租与运输成本的关系

2．运输的改善对地租的影响

随着运输的发展，运输条件的改善和运输能力的提高，会产生运输成本下降的变化，当运输成本下降后，如图 7-20 虚线所示的变化过程将会发生，这种变化可以通过两方面进行分析。

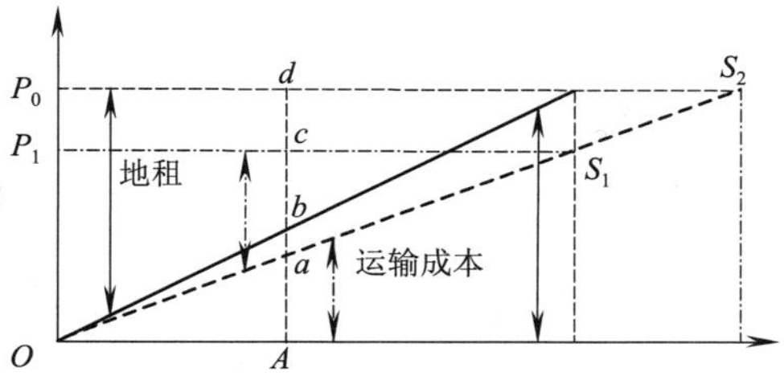

图 7-20　运输成本降低，地租降低

1）当地租是具有弹性的（可变），则会因为运输成本的降低，使地租的总水平降低，如图 7-20 所示的，运输成本线降低到 OS_1，中心地区的地租从 P_0 降低到 P_1，也就意味着地租总水平出现降低。但在中心到边缘地区地租的变化并不是与中心地区保持相同数值的变化，而会将运输成本的降低转移到地租上。因而会呈现出：当运输改善时，中心地区地租下降 P_0P_1，中间层地区的地租并没有同步下降 P_0P_1 的变化现象，如 A 点的地租为 ac 段，

显然要大于 bc 段，多了一段 ab。

2）当地租不具有弹性时（不变），随着运输的改善，中心地区的地租并没有下降，依然是 P_0。运输改善所起到的作用是使得相同运输成本可以实现更远距离的运输，达到 S_2，或者说经济中心的经济辐射范围扩大。这种现象在地租的影响上表现为：如图 7-20 中，在 OS_2 线上，中心地区地租未下降，依然是 P_0，但中间层地区的地租反而增加，$ad>bd$；原来没有地租的边缘 S_1 成了中间层，具有了地租收益，地租边缘向外扩展到 S_2。

五、租金

由于在短期内，土地和实物资本具有不可变动性，因而土地和实物资本被统称为固定资本。而货币资本常常被划分为流动资本。利息是货币资本的成本，地租是土地生产要素的成本，用于生产投入的实物资本的成本则是租金。租金和地租具有较为相似的性质。英国人马歇尔将租金称为准地租。

租金是实物资本在短期内的收入。而机器、厂房、运输设备等固定资本是生产所必需的投入，不论这种固定资本是否取得收入，都不会影响其供给。只要生产出的产品的销售价格能补偿这种短期平均成本，就可以利用这些固定资本进行生产。在这种情况下，产品价格超过其平均可变成本的余额，就代表着固定资本的收入，这种收入也就是实物资本的租金。如图 7-21 所表现的，当市场价格为 P_1 时，产量为 Q_1，收益等于平均变动成本，就不存在租金；当市场价格上升到 P_2 时，产量增加到 Q_2，这时收益弥补平均变动成本后，还有剩余。图 7-21 中的阴影部分就是实物资本的租金。

一般来说实物资本只是短期内的一个定义，在长期中，固定资本也可以变现，表现为折旧费和购买固定资本的货币资本的利率。这样，就不存在租金了。

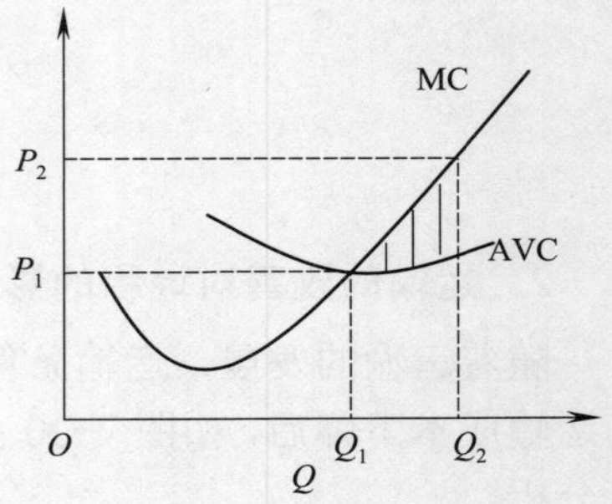

图 7-21　租金的产生

六、经济租金

经济租金是指素质较差的生产要素在长期内由于需求的增加而获得的一种超额收入。具体来说，就是生产要素的所有者所得到的实际收入高于所期望获得的收入，则超过部分的收入就称为经济租金。经济租金与供给无关，是因为需求因素决定的。

例如，汽车客运中新车的运价为 200 元，而旧车的运价为 150 元。在春运期间，旅客的需求旺盛，都以 200 元的价格购买车票。则对新车来说两者相符，而对旧车来说原来只能够获得 150 元，但在需求旺盛时，也得到了 200 元的收入，多获得的 50 元就是经济租金。

假如要素的供给曲线为 S，要素的需求曲线为 D，要素供求关系如图 7-22 所示，要素的均衡点为 E，均衡价格为 P_0，均衡的要素使用量为 Q_0。则所有要素总的经济租金为 AEP_0（图 7-22 中的阴影部分）。其上部的 BEP_0 面积就是消费者剩余，也就是要素使用者获得的剩余。

显然，根据图 7-22 可知，当供给曲线为一横线时，即要素供给的价格弹性为∞，没有经济租金；若供给曲线为一垂线，即供给的价格弹性为 0，则经济租金就为全部的剩余。这也就是常见到工作能力一般的人的工资与能干的人的工资差不多的现象。

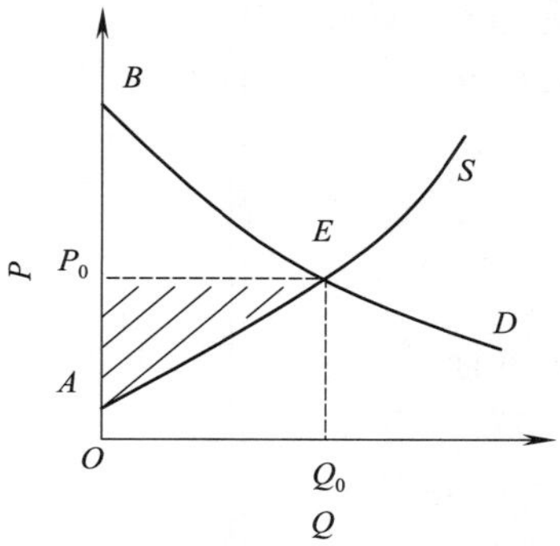

图 7-22　经济租金

当然，如果要素需求可完全按照品质进行划分，则要素就不存在经济租金。

第五节　利　　润

利润可以说是一种报酬，一种从事生产和经营的回报。厂商从事生产的目的就是为了追求利润，利润是经济发展的原动力。由于厂商追求利润，才会使得社会资源得到更充分的利用，才能为社会带来财富，使居民获得就业的机会。在经济学中把利润分为正常利润和超额利润。

一、正常利润

在西方经济学中，将正常利润归结为企业家才能的价格，也就是企业家才能这种生产要素参与经济活动所获得的收入。它包括在产品的成本之中，与其他要素的性质一样，参与经济活动并获得报酬。与其他要素一样，企业家才能的价格也是由其边际生产力和供求关系所决定的。

企业家才能是指企业家进行生产组织和管理的能力，具体有：①将劳动、资本、土地、技术等各种生产要素组织和结合在一起，使生产能力得以充分发挥的能力；②为厂商做出非例行公事的决策；③进行创新以使用新的生产方法和生产具有创造性的产品；④承担经营的风险。

企业家才能作为一种特殊的生产要素，其获得的报酬应该是一种要素成本而不是利润，所以正常利润实际上是经济成本的一部分。因而在经济成本中除了明显成本、隐含成本外，还包括正常利润。

二、超额利润

超额利润是指超过正常利润的那一部分利润，即总收益减去经济成本后的剩余部分，又称为纯粹利润或经济利润。

在静态经济和完全竞争市场中不会产生超额利润。在静态经济中，生产成本、收益、供给和需求都保持不变，生产量和价格均可准确预测，因而不存在着风险报酬。而在完全竞争市场，如果该行业具有超额利润，就会吸引大量的厂商进入，使供给增加，价格降低，最后都获得平均收益，没有超额利润。因而只有在动态经济中才会产生超额利润。

动态经济具有高度的不确定性，在不完全竞争市场中具有垄断性才是产生超额利润的条件。具体来说，超额利润来源于以下四个方面：

1．创新获得超额利润

创新是指企业家对生产要素进行新的组合，形成某种优势。它包括五种情况：

1）引入一种新的产品，能够获得更高的收益。

2）采用新的生产方法，使生产效率提高。

3）开辟新的市场，获得产量的增长，获得规模利益。

4）获得新的原料来源，降低成本。

5）采取新的企业组织形式，提高生产效率、降低成本。

企业家通过创新，使得生产力提高或者经济成本降低，因而获得超额利润。创新为企业家获得超额利润，是社会对企业家的奖励，也是社会进步所要付出的代价，是社会进步的动力。

2．承担风险获得超额利润

在动态经济里，未来是不确定的和多变的，这种不确定性给企业家对未来的决策带来了风险。如果未来发生了风险，企业家将要承担损失；如果没有发生风险，企业家就可以获得超额利润。因而这种超额利润是对企业家承担风险的补偿。

3．垄断获得超额利润

由垄断获得的超额利润称为垄断利润。它可以是卖方垄断，也可以是买方垄断。当一个厂商是某个市场的主要卖者时，它可以通过控制供给和提高价格获得超额利润；而当它作为市场的主要买者时，可以通过需求控制和压低价格，获得采购的利润。由垄断所获得的超额利润是社会净福利的损失。

4．占有劳动的剩余价值获得超额利润

西方经济学认为生产要素投入生产均获得相应的报酬。资本家投入在生产资料上的资本称为不变资本，它的价值按照损耗程度转移到产品价值中去；而投在劳动上的资本称为可变资本，它的价值是再生产出来的。资本家购买劳动力是以最终的边际生产力为价格，根据边际生产力递减的规律，资本家支付给工人的工资远远低于工人边际生产力的总和，如图 7-23 所示，工人的工资为 W，因而资本家无偿占有了相当一部分的剩余劳动，如图 7-23 的阴影部分所示，因此获得超额利润。

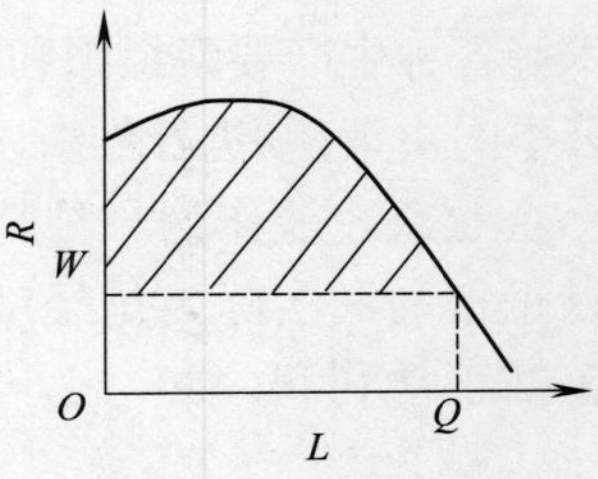

图 7-23　劳动的剩余价值

思考题

1. 如何确定生产要素的使用？生产要素有什么特点？
2. 如何确定要素最佳组合？要素最佳组合是否达到利润最大化？
3. 规模经济是什么意思？如何确定最合适规模？
4. 根据边际生产力理论，为什么厂商不在生产力最大时决定生产要素的使用量？
5. 为什么说劳动供给曲线向后弯曲？
6. 最低工资标准对劳动供给会产生怎样的影响？
7. 如何确定利息？利息又如何影响资金？
8. 运输条件如何影响地租？运输业对土地需求有什么特点？
9. 如何获得超额利润？

第八章 交通运输与国民经济

【学习目标】

掌握国民经济核算的指标，了解核算方法；
熟悉交通运输对国民经济的影响；
掌握交通运输发展与经济增长的关系；
认识运输业与就业之间的关系。

【导读案例】中国2019年国民经济和社会发展统计公报摘录：

初步核算，2018年全年国内生产总值900 309亿元，比2017年增长6.6%。其中，第一产业增加值64 734亿元，增长3.5%；第二产业增加值366 001亿元，增长5.8%；第三产业增加值469 575亿元，增长7.6%。第一产业增加值占国内生产总值的比重为7.2%，第二产业增加值比重为40.7%，第三产业增加值比重为52.2%。2018年全年最终消费支出对国内生产总值增长的贡献率为76.2%，资本形成总额的贡献率为32.4%，货物和服务净出口的贡献率为−8.6%。人均国内生产总值64 644元，比2017年增长6.1%。国民总收入896 915亿元，比2017年增长6.5%。

2018年年末全国大陆总人口139 538万人，比2017年年末增加530万人，其中城镇常住人口83 137万人，占总人口比重（常住人口城镇化率）为59.58%，比2017年年末提高1.06个百分点。

2018年年末全国就业人员77 586万人，其中城镇就业人员43 419万人。全年城镇新增就业1 361万人，比2017年增加10万人。2018年年末全国城镇调查失业率为4.9%，比2017年年末下降0.1个百分点；城镇登记失业率为3.8%，下降0.1个百分点。全国农民工总量 28 836 万人，比 2017 年增长 0.6%。其中：外出农民工 17 266 万人，增长 0.5%；本地农民工 11 570 万人，增长 0.9%。

2018 年全年全国一般公共预算收入 183 352 亿元，比 2017 年增长 6.2%。其中税收收入 156 401 亿元，比 2017 年增加 12 031 亿元，增长 8.3%。

2018 年年末国家外汇储备 30 727 亿美元，比 2017 年末减少 672 亿美元。全年人民币平均汇率为 1 美元兑 6.617 4 元人民币，比 2017 年升值 2.0%。

2018 年全年全部工业增加值 305 160 亿元，比 2017 年增长 6.1%。规模以上工业增加值增长 6.2%。

2018 年全年社会消费品零售总额 380 987 亿元，比 2017 年增长 9.0%。全年实物商品网上零售额 70 198 亿元，比 2017 年增长 25.4%，占社会消费品零售总额的比重为 18.4%，比 2017 年提高 3.4 个百分点。

2018 年全年货物进出口总额 305 050 亿元，比 2017 年增长 9.7%。其中：出口 164 177 亿元，增长 7.1%；进口 140 874 亿元，增长 12.9%。货物进出口顺差 23 303 亿元，比 2017 年减少 5 217 亿元。

2018 年全年货物运输总量 515 亿吨，比 2017 年增长 7.1%。货物运输周转量 205 452 亿吨公里，增长 4.1%。全年规模以上港口完成货物吞吐量 133 亿吨，比 2017 年增长 2.7%，其中外贸货物吞吐量 42 亿吨，增长 2.0%。规模以上港口集装箱吞吐量 24 955 万标准箱，增长 5.2%。

2018 年全年旅客运输总量 179 亿人次，比 2017 年下降 3.1%。旅客运输周转量 34 213 亿人公里，增长 4.3%。

2018 年年末全国民用汽车保有量 24 028 万辆（包括三轮汽车和低速货车 906 万辆），比 2017 年年末增长 10.5%，其中私人汽车保有量 20 730 万辆，增长 10.9%。民用轿车保有量 13 451 万辆，增长 10.4%，其中私人轿车 12 589 万辆，增长 10.3%。

问题与思考：国民经济有哪些统计指标？通过以上摘录你对我国经济有什么看法？你对我国的交通运输规模有何认识？

第一节　国民经济核算与交通运输

一、国民经济核算指标

一国经济的状态不能以具体产品量核算，必须使用具有代表性的指标体系，那就是国民经济核算体系，国民经济核算则是指计算国民经济的一套规则和方法。国民经济核算的核心是国内生产总值（GDP），其他指标还有：国内生产净值（NDP），国民收入（NI），个人收入（PI），个人可支配收入（PDI）。此外还有部分国家采用的国民生产总值（GNP）体系。

（一）国内生产总值

1. 国内生产总值的含义

国内生产总值（Gross Domestic Product，GDP）表示一个国家在一定时期内生产的所有商品和服务的货币价值总和。因而 GDP 是对一国总产量的标准测量指标（见表 8-1），它的内涵为：

1）GDP 是指一年内生产出来的产品和服务的总值，因而不包括以前生产的产品和服务的价值。

2）GDP 是指最终产品的总值，不包括中间产品的价值；或者只以产品增值计算。

3）GDP 是以一国的国内经济为核算范围的，发生在一国国内的经济总量，以地理上的国境为统计标准，包括本国人、外国人在本国所生产的总值。

表 8-1 世界 GDP 前 20 名

（2015 年，IMF 数据）

排名	国家或地区	GDP/亿美元	排名	国家或地区	GDP/亿美元	排名	国家或地区	GDP/亿美元
	世界	77.3 万	7	印度	20 598.99	14	西班牙	11 997.15
1	美国	179 681.95	8	意大利	18 190.47	15	墨西哥	11 443.34
2	中华人民共和国	108 648.77	9	巴西	17 996.12	16	印度尼西亚	8 589.53
3	日本	41 200.83	10	加拿大	15 727.81	17	荷兰	7 384.19
4	德国	33 580.52	11	韩国	13 768.68	18	土耳其	7 336.42
5	英国	28 492.78	12	俄罗斯联邦	13 247.34	19	瑞士	6 646.03
6	法国	24 227.67	13	澳大利亚	12 238.87	20	沙特阿拉伯	6 532.19

2．与国内生产总值有关的几个概念

（1）名义 GDP 和实际 GDP　GDP 是用货币表示一国的经济总量，一般都是直接对当年全部最终产品的市场价值进行核算，但这种 GDP 不能与往年的 GDP 进行比较，不具有纵向可比性，因为存在着通货膨胀。这种未经通货膨胀调整的 GDP 称为名义 GDP，通过通货膨胀修正的 GDP 为实际 GDP。实际 GDP 是用从前某一年作为基期的价格计算出来的当年全部最终产品的市场价值。它能够衡量在两个不同时期经济中的产品产量的变化，以相同的价格基础来计算两个时期所产生的所有产品的价值。

$$\text{实际GDP} = \frac{\text{当期名义GDP}}{\text{GDP物价平减指数}} \times 100$$

上式中，GDP 物价平减指数是一种价格指数，也是通货膨胀指数的一种表示。

（2）GDP 增长率　由于 GDP 总量极大，在经济分析时常用 GDP 增长率来说明问题。

$$\text{GDP 增长率} = \frac{\text{当期GDP} - \text{前期GDP}}{\text{前期GDP}} \times 100\%$$

上式中的当期 GDP 和前期 GDP 如果为名义 GDP 时，计算出的为名义 GDP 增长率。如果当期 GDP 和前期 GDP 为实际 GDP 时，计算出的为实际 GDP 增长率。

GDP 增长率一般使用实际 GDP 增长率，以便进行纵向比较。当实际 GDP 增长率为正值时，表明经济在增长；当实际 GDP 增长率为负值时，表明经济在衰退，也称为负增长。

（3）潜在 GDP　对于经济未来的增长能力，可以使用潜在 GDP 来说明。潜在 GDP 是指在社会劳动和资本均得到充分利用时所能产生的理论 GDP。潜在 GDP 与实际 GDP 会有一定的差别，如果实际 GDP 较大程度低于潜在 GDP，表示经济增长减慢或者出现衰退，严重降低时则表示经济萧条。而当实际 GDP 向潜在 GDP 接近，则表示经济繁荣。

（4）人均 GDP　人均 GDP 是指一个经济体中在一年内所生产的商品和劳务总额与人口总量的比值。人均 GDP 是一项宏观指标，表示个人对经济发展的贡献，但并不表示个人的平均收入或可支配收入。人均 GDP 可在一定程度上表示居民的总体生活水平。

（5）GDP 贡献率　GDP 贡献率是指一个生产部门同期的产值在 GDP 中的比重。

（二）国内生产净值、国民收入、个人收入、个人可支配收入

（1）国内生产净值（Net Domestic Product，NDP）　国内生产净值是指一国在一年内新增加的产值，即在国内生产总值中扣除折旧之后的产值。

NDP=GDP−折旧

（2）国民收入（National Income，NI）国民收入是指一个国家在一年内用于生产的各种生产要素所得到的全部收入，即工资、利息、地租和利润的总和。

NI=NDP−间接税

（3）个人收入（Personal Income，PI）个人收入是指一个国家一年内个人所得到的全部收入。

PI=NI−企业未分配利润−企业所得税+政府给居民的转移支出+
政府向居民支付的利息（公债和其他债券）

（4）个人可支配收入 PDI　个人可支配收入也称为 DPI（Disposable Personal Income），是指一个国家在一年内个人可以支配的全部收入。

PDI=PI−个人所得税

或者

PDI=消费+储蓄

（5）个人平均收入与基尼系数　以上的个人收入、个人可支配收入均为宏观统计数据，反映社会的整体情况，如果对这些数据进行人口数平均，可以获得个人平均收入的理论数据，而实际上居民的收入是有差别的。国际上常用基尼系数定量测定社会居民收入分配的差异程度。采用收入实际情况的分布与平均情况进行比较，基尼系数的数值介于 0～1 之间，基尼系数越小收入分配越平均，系数为 0，表示收入分配完全平等；基尼系数越大收入分配越不平均，系数为 1，收入分配绝对不平等。一般把 0.4 作为社会分配不平均的警戒线。

（三）国民总收入 GNI，国民生产总值 GNP

国民总收入（Gross National Income，GNI）是本国国民一年内在世界各地收入的总和，是一个收入概念，包括居住在本国的本国居民、暂居在外国的本国居民、常住本国但未加入本国国籍的居民（含无国籍人）。它是以国民人口为统计标准。1993 年联合国将 GNP（Gross National Product）改称为 GNI，中国在 2003 年开始将统计术语 GNP 改为 GNI。

GNI=GDP+本国公民在国外生产的最终产品的价值总和−
外国公民在本国生产的最终产品的价值总和

由于核算国民在国外的产值较为困难，大都不采用该核算体系。我国国家统计局 1985 年起开始使用 GDP 核算体系统计和发布国民经济状态。1991 年以前的美国采用 GNP 核算体系，之后改为 GDP 核算体系。

二、GDP 核算方法

1．支出法

支出法又称为流动法、产品支出法或最终产品法。这种方法是从产品使用出发，把一年内购买各项最终产品的支出加和，计算出该年内生产出的最终产品的市场价值。一般来说划分为四个类别：

（1）个人消费支出（C） 包括个人耐用品、非耐用品、住房租金、其他服务支出。

（2）私人国内总投资（I） 包括厂房、设备、居民住房、企业存货变动。

（3）政府购买支出（G） 政府办公、公务活动等。

（4）净出口（$X-M$） 出口与进口的差额。

$$GDP=C+I+G+(X-M)$$

国民经济核算体系以支出法为基本方法，即以支出法所计算出的国内生产总值为标准。

2．收入法

收入法又称为要素支付法或要素收入法，是测量由出售产品而获得的各种收入的总和，包括居民收入、厂商收入、政府收入，即工资、利息、租金、利润、间接税收和折旧相加。

$$\text{GDP}=\text{工资}+\text{利息}+\text{租金}+\text{利润}+\text{间接税收}+\text{折旧}$$

3．增加价值法

增加价值法也称为生产法，是以产品的每一个中间环节所增加的价值进行核算的方法。就是产品生产后出售收益扣除购买的零部件、原料的价格后的增加值。

$$\text{GDP}=\text{所有厂商的增加价值之和}$$

三、国民经济核算中的恒等关系

从支出法、收入法、增加价值法所得出的国内生产总值的一致性，可以说明国民经济中的一个基本平衡关系。总支出代表了社会对最终产品的总需求，而总收入代表了社会对最终产品的总供给。因此，从国内生产总值的核算方法中可以得出：

$$\text{总需求}\equiv\text{总供给}$$

或者称为

$$\text{总支出}\equiv\text{总收入}$$

对于一个具有厂商、居民、政府和对外经济交往的经济体而言，其收入和支出如图 8-1 所示。总支出包括了居民的消费支出 C、厂商的投资支出 I、政府支出 G 和外国对本国产品的支出（$X-M$）。即总需求（AD）代表着总支出，就是国内生产总值。

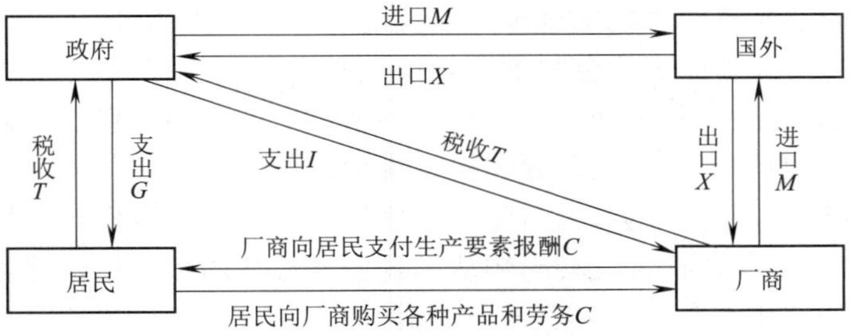

图 8-1 四部门经济的收入流量循环模型

$$总需求\ AD=总支出=C+I+G+(X-M)$$

总收入包括厂商出售产品的收入（即居民购买产品的消费 C）、居民剩余的储蓄 S、政府获得的税收 T 三部分。即：总供给（AS）代表着总收入，也表示国内生产总值。

$$总供给\ AS=总收入=C+S+T$$

由此得到

$$C+I+G+(X-M)=C+S+T$$

得出四部门经济的恒等式为

$$I+G+X\equiv S+T+M$$

如果不考虑政府税收和进出口，则可以得到

$$I\equiv S$$

这就是投资和储蓄的恒等式，表示在任何时候实际发生的投资和储蓄必须相等。

如果 $S>I$，GDP 将会下降，即储蓄大于投资，短期内经济增长会减速。

如果 $S<I$，GDP 将会上升，即投资大于储蓄，短期内经济增长会加快。

如果 $S=I$，GDP 保持不变。

第二节 运输业与经济增长的分析

一、经济增长基本理论

（一）经济增长的定义

经济增长是指在一段较长时期内一国国内生产总值不断增加或人均国内生产总值增加的现象，或者称为为居民提供种类日益繁多的经济产品的能力长期上升。经济增长与经济发展不同，经济发展是指一国由不发达到发达状态。经济发展不仅包括经济增长，而且还包括社会制度、经济结构的变化。

经济增长包括三方面的含义：

1）经济增长表现在经济实力的增长上，商品和劳务总量的增加，即国内生产总值的增加，并不等同于社会福利的增加和个人幸福程度的提高。

2）经济增长的必要条件为技术进步，也就是生产率水平的增长。

3）经济增长的充分条件是社会制度和意识的相应调整。

人们将经济增长的源泉归结为：资本积累的增加，劳动力质量的提高，资源配置效率的改善和技术进步，即资本、劳动资源和技术进步。

在衡量经济增长时，无论是对国内生产总值还是对人均国内生产总值进行衡量，都应采取不变价格计算，以便把物价变动影响从国内生产总值的数字中消除。在消除了物价变动的影响后，可采用 GDP 增长率来表示经济增长率。

（二）经济增长的模型

经济增长的模型是指决定经济增长的因素之间的关系，主要有哈罗德—多马经济增长模型、新古典经济增长模型、新剑桥经济增长模型等。以下简要分析哈罗德—多马经济增长模型。

该模型的基本假设为：单一产品；只有劳动和资本两种要素；一定时期技术不变；在一定的边际消费倾向下储蓄不变。得出

$$G=\frac{s}{C}$$

式中 G——经济增长率；

s——储蓄率，即储蓄—收入比值；

C——资本—产量比值，即生产一单位产品所要使用的资本量。

上式说明：

1）经济增长率与储蓄率成正比，储蓄率越高，将来的经济增长率越高。

2）经济增长率与资本—产量比成反比，即单位产量资本使用越多，经济增长率越低。

资本—产量比可以说是因技术的提高而改变，一般来说它在短期内不会有太大的变化，按照该模型，储蓄在经济发展中起着决定作用，高储蓄率会带来经济的较高速度的增长。

哈罗德还认为经济要实现稳定的增长，需要实际增长率和合意增长率相一致，并与自然增长率一致。

实际增长率即经济已发生的增长情况增长率。

合意增长率也称为有保证的增长率，也就是有保证的储蓄率和核算的资本—产量比率。

自然增长率则是由人口、资源、技术进步所能达到的最大的增长率。

它们之间具有以下影响关系：

自然增长率是经济增长的上限，实际或合意增长率高于自然增长率时，实际增长率将要下降。

实际增长率高于合意增长率时，表明实际储蓄率高或者实际资本—产量比低，会引起积累性扩张，促进厂商投资，加速经济扩张。反之，会引起积累性收缩。

二、交通运输与经济增长

交通运输业对国内生产总值的贡献，一方面表现为交通运输基础设施经营以及交通运

输自身的产值，即运输产品价值增加值的直接效果，表现为交通运输业对 GDP 的直接贡献。另一方面，交通运输业是经济发展的基础产业，更重要的作用是对国民经济的带动作用，保证了其他生产和人民生活的正常运行，并影响与此相关的加工制造业、冶金业、进出口贸易、国际保险与金融以及与之有关的其他行业的产值方面，即所谓波及效果。

由于国内生产总值是反映一个国家经济发展总水平的综合性指标，因此通过分析交通运输业对国内生产总值的贡献，可以清楚地看出交通运输业在国民经济中的地位和作用。

发达的交通运输业能促进社会分工的细化，改进和促进现代大工业的发展，促进现代市场的发展，扩大经济覆盖范围。同时，与交通运输业相关的产业也是庞大的产业，必然也会同交通运输业同步发展。交通运输业具有极强的波及效果。

交通运输服务的对象是旅客和实物，运输经济反映的是实体经济，不能反映金融经济、信息经济、文化、本地服务等无运输产业的经济情况，在运输经济分析中需要注意经济结构的差别。

三、交通运输与经济增长的关系

（一）投入产出的基本系数

1．国内生产总值增值系数

国内生产总值增值系数是指某一部门（j）单位产值能产生的国内生产总值增值。根据定义，部门 j 的国内生产总值增值系数可表示为

$$z_j = \frac{g_j}{X_j}$$

式中 z_j——部门 j 的国内生产总值增值系数；

g_j——第 j 部门的 GDP；

X_j——X 个生产部门的 GDP 合计。

2．直接消耗系数

交通运输业消耗了许多其他生产部门的产品，拉动了其他产业的产出，其他部门被交通运输业拉动的产值可以用直接消耗系数表示。直接消耗系数是指某生产部门（j）单位产值所需要的其他部门（i）的中间投入产值。直接消耗系数的计算公式为

$$a_{ij} = \frac{x_{ij}}{X_j}(i, j = 1, 2, \cdots, n)$$

式中 a_{ij}——直接消耗系数；

x_{ij}——第 j 部门所消耗的第 i 部门中间投入总产值；

X_j——第 j 部门生产总值。

直接消耗系数反映了各部门产品之间的经济关系，即受影响的程度，可以用来考核各部门生产情况是否改善的一个重要技术经济指标。

3. 完全消耗系数

国民经济各部门之间除了直接消耗以外，还存在着各种间接消耗关系。如某一部门 j 在生产中除了要直接消耗第 i 部门的产品价值外，还会通过消耗其他部门的产品价值形成对第 i 部门的间接消耗。所有直接消耗与间接消耗之和，就构成了第 j 部门的产品价值对第 i 部门产品价值的完全消耗。

完全消耗系数 b_{ij} 是指第 j 部门生产单位产品总产值需要完全消耗的第 i 部门的产品总产值，即

$$b_{ij} = a_{ij} + \sum_{k=1}^{n} a_{ik} b_{kj}$$

（二）运输业对 GDP 的直接效果

交通运输业是国民经济重要的产业部门，它不仅促进经济的发展，是其他产业发展的基础和保证，还直接为国民经济创造财富，这种创造财富用交通运输业增加值表示。交通运输业增加值占 GDP 的比重来表示，即交通运输业的 GDP 贡献率。马克思说过，交通运输业是“除了采矿业、农业和工业以外”的“第四个物质生产领域”。因此，交通运输业本身就能创造 GDP 或增加国民收入。这种因交通运输生产本身对 GDP 所做的净贡献，即为交通运输业的直接效果。

据国家统计局统计，从 2004～2013 年，我国交通运输业增加值一直保持着较高的增长速度，10 年间增长了 1.8 倍，以现价计平均每年增长 12.2%，扣除价格影响，实际增长超过 8%。在此期间，交通运输业增加值占 GDP 比重却呈现出平缓下降态势，从 2004 年占比 5.8%下降到 2013 年的 4.4%。这个占比水平以及下降态势是一个比较复杂的问题。总体而言，是交通运输条件的改善使得交通效率提升，交通运输价格下降；交通运输瓶颈得到很大缓解，已能够支持整个经济系统的增长，国民经济其他部门增长更快㊀。

（三）运输业对国民生产总值的波及

1. 运输业对国民生产总值的波及效果、波及源及波及线路

（1）运输业的波及效果　波及效果就是一石击水产生的波纹依次扩展的影响效果。所谓运输业波及，是指国民经济体系中，当运输业产值发生变化，这一变化会沿着不同的产业关联方式，引起与其直接相关产业部门产值的变化，并且这些相关产业部门产值的变化又会导致与其直接相关的其他产业部门产值的变化，依次传递，影响力逐渐减弱，这一过程就是波及。这种运输业产值变化波及其他产业变化对 GDP 的影响，就是运输业的波及效果。

（2）运输业的波及源　产生运输业波及的原因是运输业的波及源。在投入产出分析中，运输业波及效果的波及源一般有两类：

一类是最终需求项目发生变化。运输业的最终需求，如投资需求、消费需求、进出口需求等发生或将要发生变化时，会对国民经济各个产业部门的生产活动产生或将要产生波及效果。或者说，运输业最终需求发生变化，必将导致包括运输业在内的各个产业部门各

㊀资料来源：国家统计局统计科学研究所“交通运输业发展状况研究”课题组。

自产出水平的变化。

另一类是毛附加价值（折旧费+净产值）发生变化。当运输业的毛附加价值部分的构成项目，如折旧、工资、利润等发生或将要发生变化时，会对国民经济各产业部门的产出水平发生或将要发生或大或小的影响。这种影响既可能是由于提高工资水平的分配方面的变化而引起对各产业部门产出水平的影响，也可能是由于价格的变化而导致对各产业部门产出水平的影响。

（3）运输业的波及线路　运输业与其他产业间的联系方式就是运输业波及的线路。由于运输业波及效果总是通过已有的运输业与其他产业间的通道，即运输业与其他产业关联的联系状态来实现的，因而这些波及必然是依据运输业与其他产业之间的联系方式和联系纽带所规定的线路一轮轮传递下去。由于运输业与其他产业间联系的纽带、类型不同，运输业无论是因最终需求项目发生变化而导致的波及，还是因毛附加价值中的某一项目或某些项目发生变化而导致的波及，其效果是不一样的，其引起国民经济其他产业产出水平也是各异的。波及效果还与运输业和其他产业的联系深度与广度有关。

运输业与其他产业间的联系方式有三种：

1）单向联系与多向联系。单向联系是指先行产业部门为后续产业部门单向提供产品，以供其生产时直接消耗，但后续产业部门的产品不再返回先行产业部门的生产过程。多向联系是指多个产业部门之间，先行产业部门为多个后续产业部门提供产品，或者后续产业部门要多个先行产业部门提供产品。

2）顺向联系和逆向联系。顺向联系是指某些产业因生产工序的前后，前一产业部门的产品为后一产业部门的生产要素，这样一直延续到最后一个产业的产品，即最终产品为止。逆向联系是指后续产业部门为先行产业部门提供产品，作为先行产业部门的生产消耗。

3）直接联系和间接联系。直接联系是指两个产业部门之间存在着直接的提供产品、提供技术的联系。间接联系是指两个产业部门本身不发生直接的生产、技术联系，而是通过其他一些产业部门为中介，发生联系。

2．运输业波及效果分析

运输业的波及效果分析就是分析运输业发展变化导致其他产业部门产值发生怎样的变化与影响过程及程度，这种变化与影响有的可以计算，也有一些无法计算，而采用投入产出进行核算。根据运输业波及效果产生的途径不同，一般可以包括以下几种：

（1）后向波及效果　交通运输业的发展离不开基础设施的建设，建设基础设施需要大量的原料，如水泥、钢铁等。依赖交通运输设备制造业、金融业通用和专用设备的同时，在运输生产过程中还需要消耗电力、石油加工、炼焦及燃料加工业的产品。因此，运输生产本身会不断扩大对这些投入的需要量，从而促使这些产品的生产部门扩大生产，为这些部门带来效果。这些部门生产的扩大又进一步产生对其各自的中间需要，于是又促使另一些部门扩大生产。我们把交通运输业与这些提供运输生产所需的中间产品的部门之间的关系称为运输业的后向波及，把运输业这种需要其他部门的产品作为自己的中间投入而产生的波及效果总和称为后向波及效果，如图 8-2 所示。

后向波及效果可以采用直接消耗系数或者完全消耗系数衡量。据统计，我国 2014 年交通运输及仓储业每增加 1 个单位产值，就需要直接消耗 0.186 个单位的石油加工、炼焦及燃料加工业的产品。对于石油和天然气开采业完全消耗系数为 0.152 8。

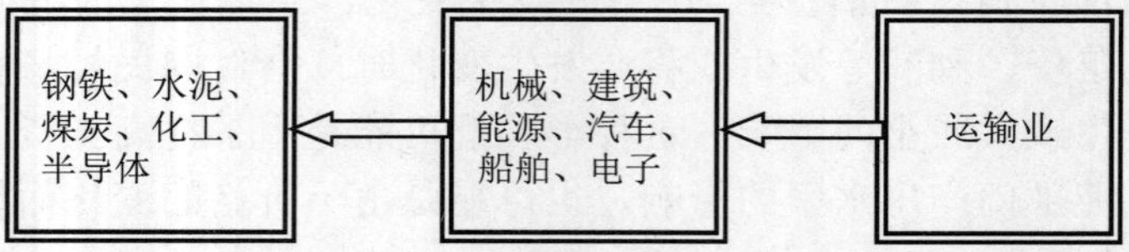

图 8-2　运输业的后向波及效果示意图

（2）前向波及效果　交通运输业是生产过程在流通领域内的继续，交通运输进行产成品、原料运输，为生产部门扩大生产创造了条件，从而为生产企业和部门带来效果。而这些部门如果想进一步扩大生产，必然要求其他中间投入也按比例增加，进而给这些生产中间产品的部门带来效益。而这些部门生产的扩大，又导致了它们对各自的中间投入需要的相应增长。通常把交通运输业与这些以交通运输生产为其中间投入的部门之间的关系，称为交通运输业的前向波及。把交通运输业这种因充当其他部门的中间投入而产生的波及效果的总和称为前向波及效果，如图 8-3 所示。

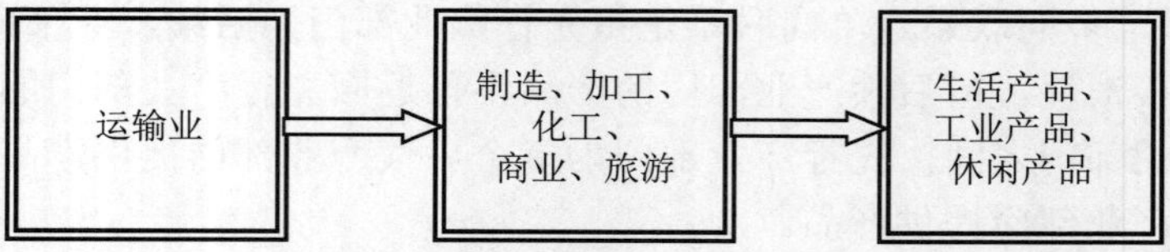

图 8-3　运输业的前向波及效果示意图

前向波及也可以说是其他部门的发展对交通运输的消耗增加。可以用交通运输及仓储业的感应度系数来衡量，据统计 2014 年为 1.899 4，高于平均水平，在 41 个部门中排在第 6 位。这说明交通运输及仓储业对经济发展的感应程度强，国民经济其他行业对交通运输及仓储业的依赖程度较大，前向联系非常密切。期中邮政业对交通运输及仓储业的直接依赖性最高，其产值每增加 1 个单位，就直接消耗了 0.144 个单位的交通运输及仓储业的产品。建筑业对交通运输及仓储业的直接依赖也比较明显。建筑业产值每增加 1 个单位，就直接消耗了 0.093 个单位的交通运输及仓储业服务。批发和零售贸易业、租赁和商务服务业等，在其生产中也对交通运输业有较大的消耗。

第三节　交通运输对经济发展的作用

一、交通运输对经济发展的直接作用

（一）运输对经济发展的基础作用

“衣、食、住、行”从来就是人们生存的四大基本要素。其中的“行”，就是指空间位移。人与货物对空间位移的需求，是人类社会的生产活动和社会活动的一项基础性需求。经济的发展离不开人与货物的空间上的位移，经济发展的速度越快、层次越高，人与货物的集散在规模上就越大、在空间上就越广，人与货物对空间位移的需求也就越大。而人与货物的空间位移是通过运输生产活动得以实现的。因此可以说，运输是经济发展的必要条件，对经济发展起着基础性的作用。

具体来说，运输对于经济发展的基础作用表现在两个方面：

（1）运输是社会经济的主要纽带　社会化大生产是一个复杂的过程，生产、分配、交换和消费是在一个极其广大的空间进行的，只有依靠运输这一纽带，才能将整个复杂过程的各个环节联结起来，使社会化大生产得以实现。从经济社会的空间来看，只有通过运输这一纽带，才能把矿山、油田和工厂、工厂和市场、城市和乡村、沿海和内地、国内和国外等连接起来；从功能上看，只有通过运输这一纽带，才能把生产、分配、交换和消费这几个环节有机地结合起来。

（2）运输是经济布局形成的基础因素之一　经济布局既是经济发展的起点，又是经济发展的结果。从经济发展的起点看，经济布局对经济发展的影响是带有基础性的。经济布局除了受制于经济地理因素和国家或地区的发展战略及政策因素外，在很大程度上是一个空间运输状况的概念。资源基地分布、工农业布局的形成、中心城市的形成，都与运输枢纽布局、运输网络、运输通道以及运输能力、运输速度、运输效率密切相关。

（二）运输对于经济发展的推动作用

运输对经济发展的推动作用是指运输带动经济发展、充当经济发展的“发动机”的作用。运输对于经济发展的推动作用体现于以下几个方面：

1)运输体系的改进和完善带动了现代化大工业的出现,并促进了现代化大工业的发展。现代化大工业的出现以大量耗用矿物能源的制造业为主体，以分工、集中生产和规模化生产为特征。它依赖运输业远距离地运入大量原材料，又依赖运输业远距离地运出大量半成品、成品。从历史上看，现代化大工业的发展过程是由当时运输体系的性能改进和完善达到一定程度所带动的。如果没有相对于当时历史阶段而言相对先进和其费用能为经济社会所承受的运输体系的建立，集中生产所能覆盖的空间就要受到限制，社会分工的程度也要受到限制，规模生产就无法实现，就带不动现代化大工业的出现。所以说，现代化大工业的建立，是由运输体系的改进和完善所带动的，而现代化大工业的发展，又离不开运输体系的不断改进与完善。

2）运输业对于技术向生产力的转换起着催化作用。新技术只有在某一个生产领域或方面得以实际应用才能转化为生产力。运输业在吸收新技术方面有着很大的潜力，为新技术的应用提供了巨大的空间，新的运输工具的问世，总是新技术的结晶，运输业以这样的潜力推动着技术进步，催化着技术向生产力的转换。

3）运输促进了国际经济一体化。国际经济一体化是当今世界经济发展的重要特征，跨国投资、跨国生产、跨国经营是国际经济一体化的主要活动，跨国公司是推进国际经济一体化的主力。谁也不能否认运输对于国际经济一体化的地位。正是由于发展了原材料运输领域的大型化、散装化运输和成品、半成品运输领域的国际集装箱多式联运，极大地提高了运输能力，改进了国际货物运输，跨国生产和跨国经营才能得以蓬勃发展。而从更深层的原因看，正是运输的发展促进了不同国家、不同地区人民之间的来往和交流，从而推动了包括经济一体化在内的广泛领域的国际化。

（三）运输为经济发展提供积累

运输对经济发展的作用还体现在运输业的收入为经济发展提供积累。运输业的收入是一国国民经济收入的重要来源，这在有些国家更加突出。而且，一国的运输业往往可以通过向第三国提供运输服务而获得外汇收入。再有，一些运输业相对落后的国家，通过发展本国的运输业，改变对别国的依赖，可以节省大量的外汇支出。因此，运输业可以为经济的进一步发展积累财富，尤其是外汇。

二、交通工业在经济发展过程中的突出作用

交通工业是运输业的一项后项联系工业。需要强调的是：同运输业的其他后项联系工业不同，交通工业的前项联系只有运输业。这一特点决定了交通工业对经济发展的作用与运输业对经济发展的作用的统一性。

交通工业包括造船工业、汽车工业、飞机制造工业等，它们支持着运输业，而它们的发展又受制于运输业的发展。在经济发展的历史上，每当一种新的运输方式问世并成长时，与其相对应的交通工业总是代表着当时的新技术，这种代表新技术的交通工业就自然成了当时的支柱产业。不仅如此，一些与交通工业相关的、因交通工业的发展而兴旺的其他工业，如随汽车工业发展而兴旺的炼油工业、橡胶工业等，也成为支柱产业。就这样，运输业的发展带动了交通工业及相关产业的发展，从而促进经济的发展，而这种作用在运输方式处于创新和成长阶段时，就更加突出。

交通工业对于经济增长与发展的影响是不可忽视的。例如，19 世纪的英国和 20 世纪 50 年代以来的日本，它们所拥有的发达的造船工业及船舶出口创汇，对于国家经济发展影响很大。尤其要强调的是，在一种新的运输方式诞生及成长时期，交通工业对于经济发展的影响特别大，常常是革命性的。从经济发展的历史来看，在一种新的交通工业诞生及开始应用时，那些掌握运输技术的国家，交通工业常常是它们外汇收入的主要来源，对它们经济发展起着非常关键的作用。例如，在 19 世纪后半期，英国、美国、比利时、德国和法国都先后成为铁路运输设备的主要出口国，经济发展与之紧密相关。有专家研究发现，这些国家的经济起飞，从时间上看，就发生在从铁路运输设备的进口国向出口国转换的时期，它还促进了一批与其有较高联系效应的其他支柱产业如钢铁工业、煤炭工业的发展。又如 20 世纪以来，美国、德国、英国、法国、日本、意大利都先后成为主要的汽车出口国，汽车工业的发展及出口创汇对这些国家维持经济的高速增长做出了重要贡献。有专家研究发现，对比这些国家 20 世纪的经济发展历程，每一个国家的经济快速发展或经济起飞的时间域，同汽车工业从兴起到保持较高出口率的时间域，基本上是一致的。汽车工业不仅本身是国民经济的主导产业，而且还带动同其有较强联系的汽油、橡胶、钢材、玻璃等工业的发展。

而且，在新运输方式问世的一段时间里，掌握新的运输技术的国家，往往将交通工业作为重要的出口产业，通过新的交通工具的出口进一步刺激经济的发展。

交通工业的这种作用不是永恒的，它将随着新的运输方式的发展经历一个由弱到强，再由强到弱的过程。当运输方式都变得成熟的时候，交通工业就不再是新技术的标志、新兴产业的代表，而成为传统工业，而且与之联系效应较强的产业也大多变成传统产业。这时，交通工业对经济发展就不会再有刺激作用。

三、运输业与经济发展互相作用的动态过程

（一）运输作用于经济发展的动态过程

随着经济的发展，社会对运输会不断提出新的要求。

第一阶段，这种新的要求首先通过对现有的运输系统进行改进和扩展来满足。在这个阶段，如果运输能适应经济发展的需要，那么运输对于经济的作用主要体现在支持经济的增长和发展上，这样的作用往往比较隐蔽，有时好像不存在似的，往往不为人们所关注。但是，如果运输不能适应经济发展的需要，运输对经济发展就起阻碍作用，也就是说，此时，运输以阻碍经济发展的消极方式，来显示其在经济发展中的作用。

第二阶段，随着经济的进一步发展，社会对运输的要求进一步扩大，将迫使新的运输方式产生（引进）和发展。新的运输方式的产生及随之而来的迅速发展，必然造成一批新兴产业的产生和壮大，进而推动整个经济的增长和发展。因此，在这一时期，运输对经济发展的作用比较明显，不仅表现在支持经济的增长和发展上，而且还体现在刺激经济的增长和发展上，就好像是运输业推动着经济的发展。

发展到第三阶段，运输方式变得越来越成熟，维持它们的交通工业也就从新兴产业变成传统产业。到这个阶段，运输对经济发展的作用就只体现在支持经济的增长和发展上，对经济的刺激作用就消失了。再以后，就又回到了第一阶段。

（二）运输业在经济发展不同阶段的发展类型

（1）在经济起飞阶段　这时国家面临着投资短缺的问题，需要对优先发展哪种产业做出选择。在这一阶段，运输业是否应该得到相对优先发展，不能一概而论，而要视运输方式本身处于何种发展阶段而定。如果运输业处在某一新的运输方式问世后的成长阶段，那么，运输业相对优先发展是可取的。理由是：①这有利于刺激新兴的交通工业的发展，进而推动与其有较强联系效应的其他新兴工业的发展，并运用掌握的新的运输工具的生产技术占领世界市场，促进经济的进一步发展；②新的运输方式的迅速发展所产生的运输效率的大幅度提高及运输费用的大幅度下降，对经济起飞是很大的支持。如果运输业处在各种运输方式的成熟阶段，考虑到运输业是一种基础产业，投资规模大、建设周期长、收益慢、投资效率低，运输业就不宜相对优先发展。理由是：①这时的交通工业及与其联系效应较强的产业都是传统产业，交通工业发展无法刺激经济的发展；②由于运输工具的生产技术已经成熟，为众多的国家和地区所掌握，世界市场竞争激烈，靠此出口创汇的难度较大，而且利益小。

（2）在国土大规模开发阶段　国土大规模开发阶段是一个特殊的时期，在该时期，不

论运输方式的发展处于什么阶段，运输业的发展都可能促成其他产业的产生和发展，推动经济的高速发展。所以，运输业在这一阶段宜采取优先发展或超前发展的战略。

（3）在经济相对发达的时期　这时，投资不再短缺，运输业的发展应与经济的发展保持基本均衡，运输业向着高效化、低成本化、环境保护水平提高发展。

四、运输与工业、农业、国际贸易的关系及其波及效果

（一）运输与工业

1．运输对于工业发展的作用

运输是现代工业的先驱，在 18 世纪英国发生工业革命，运输发挥了决定性的影响。英国工业革命之前的几十年中，其早期的交通运输已经得到了明显的改善，到工业革命发生的时候，水陆运输网为工业革命准备好了条件。欧美其他国家的工业革命，也都伴随着大规模的水陆运输建设。以火车和轮船为代表的机械化运输，促进了工业化的进程。

生产规模的扩大有利于降低产品的单位生产成本，这是一条基本的经济原理，称为规模经济性。工业化造成的是以大规模制造业为核心的经济，在技术革新的前提下，社会化大生产是工业化的基本条件和特征，要求极广的社会分工与协作，并在此基础上实现规模化生产。制造业需要大规模地利用原材料、燃料，这使得对运输的需求大幅度增加，而大规模生产又意味着产品的生产单位数量减少、分布更加集中，这无疑使原材料、燃料以及半成品、成品的运输不仅在运量上剧增，而且运输距离更长。所以，没有良好的运输条件，社会的流通就要受阻，就不可能实现工业化。

同时，运输业本身的发展，对社会物质资料提出了巨大需要，这又刺激其他工业生产的扩大，加快了工业化的进程。发展运输就是发展工业。铁路、港口、公路和机场的大规模修建，促进了建筑业的崛起；运输业的巨大能源消耗，促进了煤炭和石油工业的兴旺；铁路、船舶和其他运输机械对金属的需要，是采矿和冶金工业得到迅猛发展的基本动因之一；而各种运输工具的大量生产，则无疑极其有力地推动了机械加工工业的发展；运输业还是各种成熟技术应用的广阔市场，在吸收新技术方面有巨大潜力。为运输业服务的建筑业、煤炭工业、石油工业、钢铁和冶金工业、造船工业、汽车工业、航空工业等，无一不发展成为不同时期的支柱产业，这就是运输业对工业化做出的另一方面的贡献。

2．工业化的不同阶段对运输的不同要求

在工业化的初级阶段，纺织工业、钢铁和冶金工业首先得以发展。在这一阶段，煤炭和钢铁产量的增长幅度超过国民生产总值的增长，总运输量的增长也超过国民生产总值的增长。社会经济对运输业的需求主要表现在量的方面，要求迅速建成四通八达的铁路和水路运输网，大规模地提高运输能力。

在工业化发展到以机电工业和化工工业为主并进一步向加工工业发展的较高阶段，货物运输量的增长速度开始放慢，逐渐与国民生产总值同步或比其略慢地增长。而在此时，综合性的运输体系已经形成，交通的指挥控制系统也开始逐步实现自动化和半自动化。在这一时期，社会经济对运输的需求则更多地表现在质的方面，即运输需求出现多样化，要

求更迅速、更方便、更完善的运输网，以满足多方面的需求。

在20世纪70～80年代，发达国家经济的增长进一步转向提高加工层次以获得更大的附加值，转向更多地依赖技术、依赖信息，服务业的地位也变得更加重要。运输业总的增长速度明显放慢，而通信业的地位迅速上升。社会经济对运输业在运输质量方面提出了更加严格的要求，要求满足小批量高频率运输的需要，满足快速运达的需要，满足高度可靠性的需要，满足“零库存”的需要，满足生产方式多样化的需要，满足生产全球化的需要。而这些需要就要求多种运输方式连接成有机的多式联运系统，并将运输融入社会的物流系统之中，使各种运输方式之间以及它们与社会物流系统的其他环节和设施之间的配合和衔接更加紧密和合理，以便进一步节约总的物流成本。随着信息时代的到来，运输业将部分地被信息业所替代，但绝不会被取代，运输业仍将具有存在的重要价值。

3. 运输与工业布局

（1）运输与采掘工业的布点　尽管采掘工业的布点首先基于自然资源分布的状况，但是，在国家任务确定以及某一地点资源探明的条件下，该地点是否能成为采掘工业的布点之一？如果成为布点之一，其开发规模应为多大？这些问题在很大程度上取决于该地点资源的对外运销条件。交通运输条件好的资源地，必须得到优先开发；而交通条件差的资源地，其发展必须以新建或加强运输线路、改善运输条件为前提。所以，在不同资源地作为采掘工业布点的比选中，决定因素除了各资源地自然条件的差异外，还包括各运销方式的单位成本的差异。

交通运输条件不仅影响采掘工业布点，还影响采掘工业布点的集中或分散程度。通常，采掘工业产品的生产在地理上具有较大的局限性，而其消费在地理上却有相对的普遍性，如煤矿、金属矿山、大型林区、大油田等。每一个采掘基地都有一个产销区域的范围。对同类采掘基地来说，各个基地的产销区域范围越大，基地的布点就越集中；反之，范围越小，布点就越分散。而各个基地产销区域范围的大小，同交通运输条件是非常相关的。当交通运输部门劳动生产率的提高加快时，如其他条件不变，则采掘工业布点的分布会由于运费的降低而更加集中在一些开采条件有利的地区；反之，则会引起布点更加分散。

采掘工业产品的运量及运输周转量在整个交通运输网中所占的比重很大。采掘工业的产品是初级产品，其本身的价格都较低廉，这就往往使运费在最终价格中所占的比重较大，有些远距离运输的煤炭，运费往往超过其本身的开采价格。这些因素就更加剧了交通运输对于采掘工业布点的影响。

（2）运输与加工工业的选址　加工工业的厂址选择，即工厂定点的布局，同交通运输密切相关。一旦产品市场及原材料、燃料产地确定好，则加工工业厂址的选择，取决于原材料、燃料产地和消费地与工厂选址的相对位置，比较选择的原则是总运输费用最小。从理论上讲，加工工厂应位于原材料、燃料产地和产品市场之间总运费最小的位置。

如果我们把加工工业所需原材料、燃料的重量与成品重量之比定义为“失重比”，那么根据失重比的大小可以将加工工业分为三类：

1）第一类是失重比大于1的加工工业，即原材料和燃料较成品为重的工业，多数的初加工工业都属于这一类，如钢铁工业、化肥工业、造纸工业、制糖工业等。

2）第二类是失重比小于1的加工工业，即原材料和燃料较成品为轻的工业，如硫酸工业、酿酒工业等。

3）第三类是失重比接近 1 或稍大于 1 的加工工业，如原材料和燃料与成品相比较，重量接近或稍大的加工工业，如电子工业、机器制造业、棉纺工业、面粉工业等。

从总运输费用最小的原则来看，这三类加工工业工厂的选址有很大不同。

对于失重比大于 1 的加工工业来说，其选址又可根据本身生产过程的不同特点分为三种情况：①选址应接近原料产地；②应接近燃料产地；③对于原料和燃料依靠进口的国家来说，其工业选址应接近进口的港口。

技术进步和运输业发展对失重比大于 1 的加工工业选址有很大的作用。以钢铁工业为例，一个多世纪来，由于高炉焦比显著降低，炼 1 吨铁所需的铁矿石要多于所需的煤，这使钢铁工厂的选址出现由接近产煤区移向铁矿区的趋势。另外，随着近代大工业的发展，在巨大的机器制造中心，由于冷加工要剩下约三分之一的废钢材，故又出现了处于城市或工业区的合金钢和高级钢工业。第二次世界大战后，由于澳大利亚、巴西近海铁矿的大量开采和廉价海运，某些缺乏铁矿资源的国家如日本建立起了沿海大型钢铁基地，这也说明了交通运输对钢铁工业选址的变化有着非常重要的影响。

对于失重比小于 1 的加工工业，根据总运输费用最小的原则，一般设在较集中的消费区或城市和工业区的外围。

对于失重比接近 1 或稍大于 1 的加工工业，由于原材料和燃料在运输中的损耗一般较成品为小，故这类工业的选址一般应接近消费地，或与消费地有良好的运输联系的地区，当然同时还应考虑电力、水源、土地、劳动力等其他条件。

失重比的分析表明了交通运输对加工工业选址影响的一个方面。另一方面，原材料、燃料和成品运输的难易程度也对加工工业的选址产生影响。例如，农业机械制造业，其原材料和成品的重量相差不大，但由于钢材和木材的运输比农业机具的运输方便和经济，因而其选址就接近消费地。

当然决定加工业的布局影响最大的因素还是高素质的劳动力的获得和销售市场的因素。交通运输只是其中一个较为重要的因素，特别是在运输条件已基本完善的现代社会。

（二）运输与农业

1. 运输与农业区域专门化

农业合理布局的任务之一，是根据国民经济的需要和各地的自然、技术、经济条件，进行区域经济专门化。要实现区域经济专门化必须具备充分的粮食市场和有利的销售市场，二者都是要靠交通运输来实现的。

在土地、劳动力、资金一定的条件下，假定某地区和外地区的亩产量相等，那么该地区实现经济作物专门化的必要条件是：

该地区每亩经济作物的生产成本<外地区每亩经济作物的生产成本

该地区每亩经济作物的销售价格>该地区每亩粮食的销售价格

而该地区实现经济作物专门化的充分条件是：

（外地区每亩经济作物的销售价格−该地区每亩经济作物的生产成本−每亩经济作物的单位里程运费率×经济作物从该地区运到外地区的运输距离）>（该地区每亩粮食的销售

价格−该地区每亩粮食的生产成本）

（外地区每亩粮食的销售价格+每亩粮食的单位里程运费率×粮食从外地区运到该地区的运输距离）<（外地区每亩经济作物销售价格−该地区每亩经济作物的生产成本−每亩经济作物的单位里程运费率×经济作物从该地区运到外地区的运输距离）

在以上的两个充分条件中，假定其他条件不变，当运费率下降或运输距离缩短时，第一个不等式的左边上升，右边值不变，第一个不等式更容易满足；第二个等式的左边值下降，右边值上升，第二个不等式也更容易满足。总之，随着运输条件的改善和运输效率的提高，该地区实行经济作物专门化的充分条件就更容易得到满足。由此可见，土地、气候、水分等自然条件和劳动力、技术、装备等社会条件，只能为农业的区域专门化提供可能性，要将其变为现实，关键因素之一在于交通运输。发达的交通网和低廉的运价能促进农业产品的商业化，降低其运输成本，扩大运销范围。我国松辽平原大豆、甜菜专门化生产地带的形成，长江及其支流上几大米市的兴起，珠江三角洲甘蔗种植的集中，都同铁路、水运交通发达分不开。要把我国几千年来沿袭下来的自给自足、品种齐全的农业生产，改造成为现代化的、专门化的农业生产，必须以现代化运输支持农业，在广大的农业地区修筑稠密的公路网和内河航运网，并使其同铁路、公路和水路干线联系起来。

2. 运输与农村发展

农业现代化要求根据各地自然、技术与经济条件，实现在土地资源综合利用基础上的粮食、经济作物、林、牧、副、渔成品的专业化。但要实现这样的专业化，必须解决运销问题，一个由工业区、大中城市通往农产品基地以及粮食和经济作物区之间的交通系统和综合运输网络的建立是必要的。

我国人均耕地不足 2 亩，东南沿海人均耕地面积更少，这使得我国大部分地区农业的发展不能走美国、加拿大、澳大利亚式的农业道路，而宜采用类似日本、丹麦式的使农业进一步集约化的道路；同时，在广大农村应实行农工结合，发展农工商联合企业。这样，就要求建立起由公路、内河航运和铁路组成的深入广大农村的地方交通网。这些年来，乡镇企业办得好的地方，多集中于苏南、浙北、珠江三角洲等交通便利的农村，“要想富，先修路”的口号证实了交通运输是农村经济发展的保证。

我国的一些老苏区、老解放区，过去，交通不便是在此建立农村革命根据地的有利条件；而现在，交通不便已成为发展生产、改善当地人民生活的主要障碍。如何加速修建由老区通往外地的交通干线，并在当地形成现代化交通网，是改变老区落后面貌的关键所在。

（三）运输与国际贸易

1. 国际贸易与国际运输的相互作用

国际运输原先不是一个独立的行业，而是与商品贸易结合在一起的。当国际贸易的规模扩大到一定程度，以及交通工业和运输技术发展到一定阶段，国际运输就从商品贸易活动中分离出来，形成独立的运输业。以国际海上货物运输为例，起先就没有独立的国际航运业。当时，商人拥有自己的船舶或船队，用来贩运商品，而且商人往往随船同到商品的销地，在那里开展商务活动。这就是航运史上的“船商合一”时期。第一次产业革命之后，生产力空前发展，贸易活动规模越来越大，范围越来越广，同时，造船技术和航海技术不断提高。在这样的条件下，海上运输活动逐渐从贸易活动中分离出来，形成独立的国际航运业。

2. 国际贸易对国际运输的影响

国际贸易是国际运输的本源需求，而国际运输是国际贸易的派生需求，国际贸易的增长是国际运输发展的前提。国际贸易对国际运输的影响表现在以下几个方面：

（1）国际贸易量的大小决定国际运输量的大小　国际运输是为国际贸易服务的，有国际商品贸易，才有国际货物运输。因此，国际运输货物的运量与国际贸易量是紧密相关的，如石油作为工业的“粮食”，其国际贸易量最大；在国际运输方面，石油是世界海上运输量最大的一种货物，油轮也是最大的一类船舶。从第二次世界大战结束至20世纪70年代初，世界石油贸易量增长很快；在国际运输方面，这一时期海上运量也呈现快速增长的景象，油轮的大型化也大步推进。20世纪70年代初石油危机以后，世界石油贸易增长减慢；在国际运输方面，海上石油运输量的增长也减慢，油轮大型化受阻。国际贸易对国际运输在量上的影响还表现在国际商品贸易量的季节性变化上，这种季节性变化也直接影响国际货物运输量，使其也呈现出同样的季节性变化。以谷物为例，美国墨西哥湾沿岸的谷物出口，夏季进入低谷，到9月份收获季节开始回升；在运输方面，新奥尔良港口每年9月份到年底期间的航运业务量比夏季要多一倍。

（2）国际贸易商品种类的构成决定国际运输货物的结构　国际运输货物的结构同国际贸易商品种类的构成是一致的，后者的变化必然导致前者的改变。例如，在工业化发展的过程中，石油、煤炭、铁矿石等工业原料的国际贸易量及其在国际贸易总量中的比重不断增加，相应地，大宗散货在国际运输量中的比重也不断上升；20世纪70年代末80年代初以来，初级产品的比重逐渐下降，而工业成品、半成品的比重逐渐上升，相应地，大宗散货在国际运输量中的比重也逐渐下降。在国际海上货物运输中，1981年以前，原料、煤炭和铁矿石三种最主要散货的运量之和占总运量的比重都在50%以上，但1981年以后，这一比重已下降到50%以下。与此同时，以运输产生品为主的集装箱运输得到了高速发展。

（3）国际贸易的交易关系决定国际海上运输货物的流向和运距　例如，20世纪60年代后和20世纪60年代前相比，美国从主要使用阿拉斯加的石油和进口墨西哥、委内瑞拉的石油转变为更多从中东进口石油，欧洲和日本也把中东作为石油进口的主要贸易伙伴，于是就形成了中东至美国、中东至欧洲、中东至日本的世界石油运输的主要流向，平均运距也随之延长。20世纪70年代中期开始，美国又增加了使用阿拉斯加的石油和进口墨西哥的石油。欧洲增加了使用北海石油，于是，世界石油运输的主要流向更加分散，平均运距也随之缩短。20世纪90年代后期起，中国成为石油净进口国，石油的海上运距又被延长。

（4）国际贸易商品的批量决定国际运输的方式　以海上运输为例，货物运输的方式可以分为租船运输和班轮运输，决定货物采用哪一种方式运输的一个重要因素是货物的批量，而货物的批量取决于商品贸易的批量。一般来说，工业成品、半成品的贸易相对于船舶容量而言批量较小，形成件杂货，采用班轮运输，尤其是适合小批量、多种类、多批次的集装箱班轮运输；初级产品的贸易批量较大，宜采用整船运输，租船运输是更为适当的运输方式。

（5）国际贸易政策影响国际运输货物的运量、结构、流向和运距　以区域集团化的贸易政策为例，区域集团化具有双重性，集团内部向自由贸易更迈进了一步，而对外却往往筑起更牢固的贸易壁垒，这使集团内部的商品贸易及货物运输比重增加。而集团与外部的贸易和运输比重就相应下降，从而影响货物的流向和运距。又如，在贸易保护主义日益升级的形势下，美国和日本的汽车制造商为了避开贸易壁垒，在国外建厂，就地生产，就地销售，这影响了汽车进口运输的流向和运距。

3．国际运输对国际贸易的影响

国际商品贸易中的一切商品都必须通过运输才能从出口地到达进口地，国际运输是国际贸易业务过程中必不可少的重要环节之一，是国际贸易的桥梁和纽带。国际运输开展得顺利与否，运输的快速性、准确性、安全性、可靠性以及运价的高低，都对商品贸易的范围与规模产生影响。

国际运输对国际贸易的作用还表现在：作为运输业后项产业的交通工业的出口创汇是国际贸易的重要内容之一。

另外，随着国际交往的日益扩大，国际旅游业也蓬勃兴起，而国际旅游业就是国际服务贸易的一种。配合历史名城、风景区的内、外交通线路，规划便捷的游览路线，组织快捷和舒适的长短途客运，是旅游业兴旺发达的必不可少的条件。

4．国际运输本身就是一种国际服务贸易

（1）服务与国际服务贸易的含义　服务是指提供活劳动的形式以满足他人某种需要并获取报酬的活动。劳动力在提供服务时是当作商品来出售的，所以，服务同样具有商品的属性，广义的商品是包括服务在内的。国际服务贸易是指服务的进出口。服务的出口，主要是指一国劳动力向另一国消费者提供服务并获得外汇收入的过程；服务的进口，则是指一国消费者购买他国劳动力提供的各项服务。

（2）国际运输是国际服务贸易的一种　按照以上定义，首先，国际运输就是一种服务，是提供活劳动以帮助他人实现其本身或其货物的位移并取得报酬的活动。从狭义上讲，国际运输中的“第三国运输”就是一种国际服务贸易。一国的航运企业为别国运输旅客或非本国贸易货物并获得外汇收入的过程，就是一种服务的出口；同一过程，从反方向看，就是一种服务的进口。

从广义上讲，与国际运输相关的国际服务贸易的范围更广，以海运为例，它包括了国际船舶租赁、船舶经纪、船舶维修、集装箱维修、顶推与拖轮作业、货物仓储、货物装卸、船舶代理、船舶供应、货运代理、海事公证及检验发证、引航、通信及气象服务、船员出租、海上保险等。

第四节　运输业与就业

一、失业与就业率

1．失业的定义及衡量

失业是指“所有那些未曾受雇，以及正在调往新工作岗位或未能按照当时通行的实际工资率找到工作的人”（《现代经济学词典》）。国际劳工组织（ILO）的失业是指有劳动能力、愿意接受现行工资水平但仍然找不到工作的现象。其失业需要满足三个条件：无工作；想找工作；找到工作可以立即到岗。失业人数一般以到有关部门登记的失业者人数为准，一般是排除学生、军人、囚徒等不可雇佣者。各国对于失业有不同的定义。以美国标准为例，属于失业范围的劳动者包括：

1）新加入的劳动力第一次寻找工作，或重新加入劳动队伍正在寻找工作已达 4 周以上的人。

2）为了寻找工作而离职的劳动者。

3）被暂时辞退并等待重返工作岗位而连续 7 天未得到工资的人。

4）被解雇而且无法返回原工作岗位的人。

衡量一个经济中的失业状况的基本指标是失业率。失业率是失业人数占劳动力总数的百分比，表示为

$$\text{失业率}=\frac{\text{失业人数}}{\text{劳动力总数}}\times 100\%$$

在西方国家一般来说，女性失业率高于男性，青年失业率最高。当然对失业影响最大的是经济状态。

我国有两个失业率数据，登记失业率和调查失业率。登记失业率是由人社部门登记失业人数统计的，也称为“城镇登记失业率”；调查失业率则由国家统计局抽样调查确定。在失业统计中未计入的隐蔽性失业，是指表面上有工作，但实际上对生产并没有做出贡献的“就业者”。这些人有职无工，其边际生产率为零。

2．充分就业的含义

充分就业并不是指 100%的就业率，而是认为没有周期性的失业时的就业状态就是充分就业。一般来说失业率对经济和社会没有影响时，就认为达到充分就业。如美国，认为就业率达到 93.5%～94.5%就实现了充分就业。

二、失业的类型和解决失业的方法

1．失业的类型

失业划分为两类：一类是自愿失业；另一类为非自愿失业。

自愿失业是指劳动者不愿意接受现行的工资，而放弃工作机会的失业。

非自愿失业是指劳动者虽然愿意接受现行的工资，但仍然找不到工作而发生的失业。一般所说的失业就是指非自愿失业，非自愿失业包括以下几种类型：

（1）摩擦性失业　由于劳动力的流动所出现的失业，主要出现在劳动者离开原劳动岗位之后，还需要一定的时间寻找新岗位的期间。由于劳动力流动的原因很多，一般认为这种失业是正常现象。

也有人将新加入劳动力队伍正在寻找工作而造成的失业列入摩擦性失业之中。

（2）结构性失业　由于经济结构发生变化而发生的失业。因产业结构变化，一些产业衰退，一些产业兴起，但衰退产业挤出的职工并不能满足新产业的生产要求而引起的失业。

在社会产业结构调整时期，就存在大量的结构性失业，一方面工人大量下岗，另一方面新产业大量缺员，失业与空位并存。一般所称的技术性失业也属于结构性失业的范围。

（3）寻找性失业　由于工人不满意现有的工作，自愿离职去寻找更理想的工作所造成的失业。这种失业也是劳动力流动的后果，但引起的原因不同，如果就业市场具有充分的信息，工人可以第一时间选择理想的职业，就会减少寻找性失业。寻找性失业往往是年轻人失业的主要原因。

（4）季节性失业　由于行业的季节性变动而引起的失业。如农业、旅游业、饮食业等都存在着这种现象，因而对于这种失业很难避免。

（5）需求不足的失业　由于社会总需求不足所带来的失业。社会总需求不足，造成产品过剩，生产减产或停止，解雇工人，从而带来失业。因而往往在经济萧条时期，大量的失业存在。

（6）古典失业　由于工资刚性所造成的失业。所谓工资刚性是指工资只能上升不能降低的现象，这不仅是人们的愿望，也是工会、政府的目标。在生产和经营管理中，往往限定工资总额，当工资不断提高时，企业所雇用的人数减少，因而造成失业。

2．失业的危害

对于个人来说，如果是自愿失业，则会给他带来闲暇的享受，并没有损失。但如果是非自愿失业，则会使他收入减少，生活水平下降，劳动者将陷入贫困。

劳动者的劳动能力（时间）是固定的，劳动是一种不能延缓消费的经济物品，失业造成劳动这种社会资源的浪费，并且是永远的浪费。失业者还会因为劳动技能的生疏、技术脱节，而丧失人力资本。

对社会来说，失业增加了社会福利的支出，造成财政困难。当失业严重时，还可能引起社会的动乱。

美国经济学家阿瑟·奥肯在20世纪60年代提出的奥肯定理，说明了失业与国民收入增长率的关系：失业率增加1%，则实际国民收入减少2%左右；反之，失业率减少1%，实际国民收入增加2%左右。

3．解决失业的方法

失业的原因不同，解决失业的方法也不同。

解决需求不足失业的方法是运用宏观的财政政策和货币政策。通过增加政府支出、降低税收，或者增加货币供给量的方法，刺激总需求，从而达到增加生产，提高就业。通过鼓励出口，促进进口替代的经济政策也能在一定程度上促进就业。

摩擦性失业和结构性失业是通过实施人力政策来降低。通过有效的人力政策，使劳动者与就业机会相适宜，促进就业，人力政策包括四个方面：

1）提供职业训练。通过政府举办或鼓励举办各种培训，加强对新技术和产业的技术教育和培训，使居民能够适应新的就业需要。

2）提供就业信息。建立就业信息服务机构，向失业人员提供就业信息，降低社会就业成本，加快就业。

3）采取鼓励就业的政策。对企业或经济组织增加的就业采取相应的鼓励措施，增加就业数量。通过灵活的经济发展措施，鼓励私有经济发展，也是促进就业的有效措施。对于新发展区域，鼓励居民搬迁，加快劳动力流动，也能减少失业。

4）反对就业歧视。通过立法，限制对种族、性别和宗教歧视，限制工会或教会等的就业歧视。

三、交通运输与就业

1. 交通运输的发展促进经济发展，促进就业

交通运输的发展不仅促进经济发展，改变社会文化，对劳动就业的促进也是显而易见的。

交通运输业兴起带动加工工业、农业、通信业等发展，交通运输的改善促进经济发展，扩大社会需求，促进就业需求，大量增加就业。

交通运输的发展促进旅游业的发展，提高服务业的地域覆盖范围，促进服务业的发展。在所有经济体中，服务业均是最大就业领域。通过这种波及，交通运输对就业的影响大大加强。

交通便利使得人们的就业范围更为广阔，农村人口的农闲时间能外出务工，降低隐性失业。良好的交通条件使得劳动力的流动更为便捷，减少流动性失业时间。

2. 交通运输业本身就是重要的就业部门

交通运输业本身虽然是资本密集型的产业，但同样需要大量的劳动力，特别是交通运输的一些部门，如场站装卸搬运作业、仓储，司乘、邮轮服务、货运中介。此外尤其是交通运输基础设施建设都是劳动密集型的生产和服务。而多数的运输设备操作则需要大量的高技术人才，如航空、航海、机车驾驶和设备运行管理都需要高度人力资本的专业人才。

从事运输业及其相关产业的劳动力，在经济发达国家或地区劳动力总数中的比例也相当高，大多数超过10%。2014年中国按登记注册类型和行业分城镇单位就业人员数分布见表8-2，交通运输、仓储和邮政业在整个就业岗位中所占比例为4.7%。在就业总数上处在制造业、建筑业、教育、公共管理和社会组织、批发和零售业之后的第六位。这也说明我国的运输业在就业中有着重要的地位，同时还有较大的就业空间，仍然是作为增加就业的可发展行业。

表8-2　2010、2014年中国按登记注册类型和行业分城镇单位就业人员数　（单位：万人）

按国民经济行业分组	2010	所占比例	2014	所占比例
全国总计	13 051.5	100%	18 277.8	100%
农、林、牧、渔业	375.7	2.9%	284.6	1.6%
采矿业	562.0	4.3%	596.5	3.3%
制造业	3 637.2	27.9%	5 243.1	28.7%
电力、燃气及水的生产和供应业	310.5	2.4%	403.7	2.2%
建筑业	1 267.5	9.7%	2 921.2	16.0%
交通运输、仓储和邮政业	631.1	4.8%	861.4	4.7%
信息传输、计算机服务和软件业	185.8	1.4%	336.3	1.8%

（续）

按国民经济行业分组	2010	所占比例	2014	所占比例
批发和零售业	535.1	4.1%	888.6	4.9%
住宿和餐饮业	209.2	1.6%	289.3	1.6%
金融业	470.1	3.6%	566.3	3.1%
房地产业	211.6	1.6%	402.2	2.2%
租赁和商务服务业	310.1	2.4%	449.4	2.5%
科学研究、技术服务和地质勘查业	292.3	2.2%	408.0	2.2%
水利、环境和公共设施管理业	218.9	1.7%	269.1	1.5%
居民服务和其他服务业	60.2	0.5%	75.4	0.4%
教育	1 581.8	12.1%	1 727.3	9.5%
卫生、社会保障和社会福利业	632.5	4.8%	810.4	4.4%
文化、体育和娱乐业	131.4	1.0%	145.5	0.8%
公共管理和社会组织	1 428.5	10.9%	1 599.3	8.7%

（资料来源：中国统计年鉴 2011、2015）

表 8-3 为 2010、2014 年底我国交通运输各行业的职工人数。

表 8-3　2010、2014 年底我国交通运输各行业的职工人数　（单位：人）

运输方式	铁路运输业	道路运输业	城市公共交通业	水上运输业	航空运输业	管道运输业	装卸搬运和其他运输服务业	仓储业
2010	1 756 385	1 616 625	1 119 633	444 930	272 023	27 341	285 980	
2014	1 902 500	3 881 462		491 124	507 789	37 632	436 132	328 367

（资料来源：中国统计年鉴 2011、2015）

3．运输业对劳动就业的贡献核算

运输业对劳动就业的贡献，主要表现为运输业进行 1 个单位的生产，在运输业和其他部门直接和间接所需要（提供）的就业总人数。这里主要用综合就业系数来表示运输业对劳动就业的贡献。

计算交通运输业对劳动就业的贡献，可以采取如下方法：

（1）运输业就业系数

$$运输业就业系数=\frac{运输业就业人数}{运输总产值}$$

如 1995 年交通运输就业人数为 1 942 万人，交通运输产值为 3 236.5 亿元，运输业就业系数为 19 420 000/3 236.5=6 000.3（人/亿元）。

（2）综合就业系数　综合就业系数表示运输业对整体就业的影响程度。

$$综合就业系数=\beta\times运输业就业系数$$

β为运输业对劳动就业贡献系数，按照陈贻龙《运输经济学》对 1992 年投入产出的分析得出的结论为 2.225 3。

则 1995 年的综合就业系数为 2.225 3×6 000.3 =13 352.5（人）。也就是，运输业每增加 1 亿元产值，就能提供社会 1.3 万相关就业人数。

4．高度重视发展交通运输业，促进劳动就业

我国是人口大国，有丰富的劳动力资源，特别是农村剩余劳动力的素质特点，发展交通运输是现阶段解决这类劳动力就业的重要途径。因此，我国现阶段要充分利用社会劳动力来加速发展铁路、公路、港口、场站等重要基础设施，满足社会经济不断增长的需要，加速中国现代化建设，减少社会就业压力，实现社会稳定，同时这也是加快发展交通运输的一个大好时机。

思考题

1．名词解释：GDP，NDP，NI，PI，PDI，失业率，经济增长。
2．如何看待交通运输产值在 GDP 中的地位？
3．国民经济恒等式表示什么意义？
4．请通过哈罗德—多马经济增长模型分析经济的增长与收缩。
5．交通运输业对国民经济增长的直接贡献主要表现在哪两个方面？
6．试分析运输业对国民生产总值的波及情况。
7．试分析运输业与工业的关系。
8．失业有哪些类型，如何提高就业率？
9．论述交通运输与就业的关系。

第九章 运输宏观经济

【学习目标】

了解通货膨胀的意义及对经济的影响，了解货币制度；掌握国家对交通运输进行宏观调控的必要性，以及进行宏观调控的方法及措施，分析宏观调控的政策效果，并在此基础上深入领会宏观经济政策对运输行业的影响。

【导读案例】2018 年国民经济和社会发展统计公报（摘要）

金融：2018 年年末广义货币供应量（M_2）余额为 182.7 万亿元，比 2017 年年末增长 8.1%；狭义货币供应量（M_1）余额为 55.2 万亿元，增长 1.5%；流通中现金（M_0）余额为 7.3 万亿元，增长 3.6%。

2015 年年末全部金融机构本外币各项存款余额 182.5 万亿元，比年初增加 13.2 万亿元，其中人民币各项存款余额 177.5 万亿元，增加 13.4 万亿元。全部金融机构本外币各项贷款余额 141.8 万亿元，增加 16.2 万亿元，其中人民币各项贷款余额 136.3 万亿元，增加 16.2 万亿元。全年社会融资规模增量 19.3 万亿元，按可比口径计算，比 2014 年少 3.1 万亿元。

物价：全年居民消费价格比 2017 年上涨 2.1%，固定资产投资价格上涨 5.4%。工业生产者出厂价格上涨 3.5%。工业生产者购进价格上涨 4.1%，农产品生产者价格下降 0.9%。

固定资产投资：全年全社会固定资产投资 645 675 亿元，比 2017 年增长 5.9%。其中，固定资产投资（不含农户）635 636 亿元，增长 5.9%。分区域看，与 2017 年相比，东部地区投资增长 5.7%；中部地区投资增长 10.0%；西部地区投资增长 4.7%；东北地区投资增长 1.0%。

交通运输、仓储和邮政业固定资产投资比 2017 增长 3.9%。

问题与思考：货币发行量指标有什么意义？价格上升与通货膨胀一样吗？存款代表着什么？投资又会带来什么影响？

第一节　货币、通货膨胀和经济周期

一、货币与通货膨胀

（一）货币

货币是被人们普遍接受的、充当交换媒介的工具。货币一般由国家发行，也有一些地方发行货币，或者多个国家使用同一种货币。货币的职能也是它的性质，主要表现在：①作为交换的媒介，便于交换；②作为计价单位，表示交换的价值数量；③资产储藏手段，作为财富的一种方式。

货币有以下几种形式：

纸币和铸币：由中央银行发行的，由法律规定其地位的法偿货币，也称为通货或现金。

存款货币：又称为银行货币或信用货币，是商业银行中的活期存款。活期存款可以用支票在市场流通，或者直接支取现金。

近似货币：又称为准货币，是商业银行中的定期存款和其他储蓄机构的储蓄存款。在一定条件下可以支取现金或转为支票流通。

货币替代物：在一定条件下可以暂时替代货币进行交换，如信用卡。

经济上，把货币发行的总量分为 M_1 和 M_2：

M_1=通货+商业银行活期存款，被称为狭义的货币。

M_2=M_1+定期存款和储蓄存款，被称为广义的货币。

货币是交换的媒介，货币的数量应该与交换品的数量相对应。在纸币时代，纸币本身不具有价值，但它的使用量必须与社会财产相对应。简单来说，社会有一单位价值的交易财产，可以用一单位的纸币表示，即一单位纸币表示一单位财产。如果社会增加到两单位价值的交换财产，纸币量还是一单位，则一单位纸币就能表示两单位财产，这种变化称为通货紧缩。反之，财产还是一单位，但纸币增加发行到两单位，那么一单位纸币只能表示 0.5 单位财产，这种情况就称为通货膨胀。

（二）通货膨胀

1. 通货膨胀的含义

通货膨胀是指物价水平持续和相当程度的上升。通货膨胀已经是现代经济中的一项顽症，经常困扰着人们的经济生活。一般把通货膨胀表述为：由于货币供应过多，超过流通中对货币的客观需要，而引起货币贬值、物价上涨的现象。理解通货膨胀应注意以下几点：

1）不是少数或几种物价的上升，而是物价水平普遍的上升，或者称物价总水平上升。

2）不是一时的物价上升，而是持续一定时期的物价上升。

2．衡量通货膨胀的指标

衡量通货膨胀的指标是物价指数，即对不同时期的物价指数进行比较来衡量通货膨胀。物价指数是表示某些商品的价格从一个时期到下一个时期变动程度的指数，也称为拉氏指数（Laspeyres Index）。

$$物价指数=\frac{\Sigma p_{\mathrm{t}}q}{\Sigma p_0 q}\times 100$$

式中 p_0，p_{t}——基期和本期的价格水平；

q——采样标准的商品量。

常用的反映经济状况的物价指数有：

1）消费物价指数，简称 CPI，又称为零售物价指数或生活费用指数、消费品价格指数，是衡量各个时期居民个人消费的商品和劳务零售价格变化的指数。

2）批发物价指数，简称 WPI，是衡量各个时期生产资料（即资本品）与消费资料（即消费品）批发价格变化的指标。另外还有生产价格指数 PPI，是衡量工业企业产品出厂价格变动趋势和变动程度的指数，是反映某一时期生产领域价格变动情况的重要经济指标。

3）国内生产总值折算值，是名义 GDP 和实际 GDP 的比率，是衡量各个时期一切商品与劳务价格变化的指标。

3．运输价格指数

运输价格指数是指在某一时间点（也称为报告期）的运价与基准统计时间点的数值的比值，简称运价指数。一般来说它需要通过标准的取样，如线路和货物，通过当期数值和基期比较获得。我国交通运输行业采用的运价指数主要有中国出口集装箱运价指数（CCFI）、中国沿海散货综合运价指数（CBFI）。国际上采用的运价指数有波罗的海运价指数（BFI）、世界油轮运价指数等。

4．通货膨胀的分类

（1）爬行的通货膨胀　又称为温和的通货膨胀，通货膨胀率较低且稳定。

（2）加速的通货膨胀　一般具有两位数的通货膨胀现象。

（3）超速的通货膨胀　又称为恶性通货膨胀。通货膨胀率非常高，往往使经济崩溃。

（4）隐蔽的通货膨胀　又称为受抑制的通货膨胀，是指政府采取措施抑制价格上升，因而未表现出通货膨胀。但抑制措施解除时，价格会迅速爆发性上升。

5．通货膨胀的原因

通货膨胀从表面上看是因为发行的货币量超出经济总量而造成的货币符号的贬值，但实质上还是由于经济的本质因素所造成的。具体原因经济学家们归结为以下几类：

（1）需求拉动的通货膨胀　由于总需求的过度增长，总供给不足，即“太多的货币追逐较少的货物”。也可以说是社会需求增加的程度大于财产供给数量的增长，使得价格升高。

（2）供给推动的通货膨胀　社会供给就是生产，而生产取决于成本。当生产成本增加时，厂商将所增加的成本转嫁到产品的价格之上，使得产品价格提高。因引起成本增加的原因不同，供给推动的通货膨胀又可以分为：

1）工资成本推动的通货膨胀：因为劳动工资的提高所引起的产品价格的提高。

2）利润推动的通货膨胀：因为基础产品的垄断厂商通过提高价格增加利润而造成的通货膨胀。

3）进口成本推动的通货膨胀：由于进口原材料价格上升所引起的通货膨胀。这种现象往往会造成通货膨胀在国家间蔓延。

（3）供求混合推动的通货膨胀　由以上两种原因共同或者交替影响使价格不断升高的通货膨胀。

（4）结构性通货膨胀　由于经济结构的调整，新产业为了从旧产业中吸引资源，需要付出较大的成本（如工资、资金利息等），使得产品价格上升；而同时旧产业供给减少，价格并没有降低，因而整体上会造成价格上升。

（5）预期的与惯性的通货膨胀　当人们普遍预期存在通货膨胀时，就会在产品定价、利润目标、利息、地租、工资等各方面预算时加入通货膨胀率，最终使得实际通货膨胀发生。而在发生通货膨胀之后，虽然影响通货膨胀的因素消除了，但通货膨胀还会持续较长的一段时间，这就是惯性的通货膨胀。

（6）货币发行造成的通货膨胀　如果一个国家实际 GDP 增长率为 10%，通货膨胀率为 5%，那么实际货币供应量需求大约是 15%，如果货币发行量过高就会引起通货膨胀。

6．通货膨胀对经济的影响

如果通货膨胀率很小且是可以预期的，那么通货膨胀对经济的影响就很小，甚至能促进消费，扩大内需。但还是会造成汇率贬值。

在通货膨胀不能完全预期的情况下：

1）在债务人和债权人之间，通货膨胀有利于债务人而不利于债权人。

2）通货膨胀有利于雇主而不利于工人，因为工资不能迅速按通货膨胀率调整。

3）通货膨胀一般有利于政府而不利于消费者，政府可以获得意外的“通货膨胀税”。

4）通货膨胀使得社会资产贬值，不利于储蓄，使得经济持续发展的能力降低。

二、经济周期与运输经济周期

（一）宏观经济周期

在西方经济发展的过程中，比较明显地表现出经济周期波动的现象，这引起了众多经济学家的广泛研究，形成了经济周期的理论。

经济周期是经济水平的一种波动，它形成一种规律性的模式，即：先是经济活动的扩展，随后是收缩，之后又进行扩张，具有长期存在的现象。

经济周期可以分为两个阶段：扩张和收缩，并经过四个过程：繁荣、衰退、萧条和复苏，如图 9-1 所示。在四个过程中的特点表现为：

（1）繁荣 A 之前过程，国民收入与经济活动高于正常水平的一个阶段。在这个阶段，生产迅速增加，投资增加，信用扩张，价格水平上升，就业增加，公众对未来乐观。

（2）衰退 A 到 B 过程，是从繁荣到萧条的过渡过程，经济收缩，产品大量剩余，生产大量停止，失业明显增加。

（3）萧条 B 到 C 过程，生产急剧减少，投资减少，信用紧缩，价格水平下跌，失业严重，公众对未来悲观。

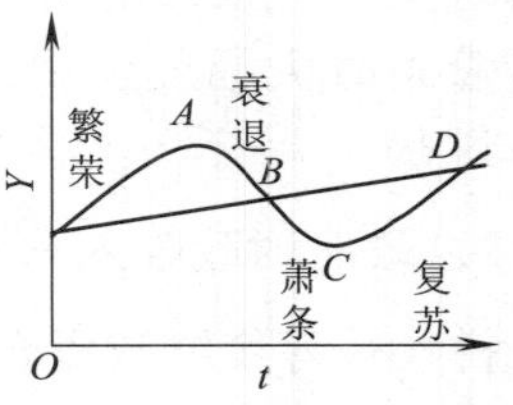

图 9-1 经济周期

（4）复苏 C 到 D 过程，是从萧条走向繁荣的过程，生产开始不断增加，工人加班时间延长，但经济未达到正常水平。

（二）运输经济周期

作为经济活动组成部分的运输业也受到经济周期的直接影响，基本上与经济周期同步，但在此期间也具有其自有的特征。

在经济繁荣的初期，需要运输的货物量大幅增加，运力潜力不断挖掘，但是运输价格并没有明显提高。在经济繁荣中期，运力增长已跟不上需求，运价大幅增加。在经济繁荣的后期，因运力大幅增加，运量仍然很大，但是运价开始降低，这种现象一直持续到衰退前期。在衰退中期，运量大幅降低，运力又退不出市场，运价更低。直到复苏阶段，运量开始缓慢增长，但运价仍然处在低位。运输中的运量周期基本与经济周期同步，但运价周期具有上升慢、下跌快的现象，运价高位的繁荣期相对较短暂。此外，运输价格周期更容易受到经济短周期的影响。

第二节 宏观经济政策对运输业的影响

一、财政政策

财政政策是政府通过财政收支总量的变化来调控宏观经济的手段，包括政府财政支出和税收政策。财政调控的目标是社会经济发展的战略目标，即宏观经济政策目标。宏观经济政策目标一般为充分就业、物价稳定、经济增长、国际收支平衡。当然在不同时期，还会有不同的政策目标。

1. 政府财政支出

政府财政支出包括各级政府的支出，分为政府购买和转移支付两部分。政府购买是对商品、劳务的购买支出；转移支付是政府用于社会福利、社会安全、公共设施、环境建设、失业、养老、救济等的支出。在交通运输领域的财政支出是政府支出比较大的部分，我国 2014 年交通运输领域的财政支出占政府支出的 7%左右，主要有：政府购买运输服务，提供公共运输补贴，道路、港口、机场、桥梁建设等。

财政支出政策分为加大支出的扩张性的财政支出政策和减少支出的紧缩性的财政支出政策。扩张性的财政支出政策会带来社会总支出的增加，促进经济增长，一般会在经济萧条时大幅度使用。而在经济繁荣时期，一般会采用紧缩性的财政支出政策，防止经济过热。

2．政府财政收入——税收政策

税收是筹集财政资金的主要工具，通过税收调整直接作用于企业，影响生产者和消费者的利益，调节社会再生产过程的总量和结构平衡。因而税收具有指导微观、调节宏观的功能。由于税收具有法制性，不会轻易发生变化，税收政策往往具有一定的稳定性。我国2015年税收收入超过11万亿元，比2014年增长6.6%，与经济增长基本协调。

对不同行业、不同企业，设计不同的税率，使社会利润大体均衡，这有利于资源合理配置，实现结构平衡和总量平衡；也有利于平等竞争，促进企业改善和加强经营管理。在税收的调节办法中，可采取资源调节税，来调节资源和地理位置等因素造成的利润率高低悬殊；采取高价高税，低价低税，以调节因价格过高或过低造成的利润悬殊。

由于种种原因，我国运输业的运价一直偏低，但在税费征收上，并没有采取低价低税的办法，相对来说，运输业的税费率较高，收费项目也很多，不利于运输业的发展。为了扶植运输业发展，应运用减少税收的政策宏观调控。自2011年起逐步试点，2013年全面开展的交通运输服务业营业税改增值税工作，实施了在结构上减税的政策，有利于交通运输业的发展。

3．财政政策的种类

（1）赤字财政政策　赤字财政政策是政府采取政府支出大于财政收入的政策。一般来说政府通过减少税收，大量发行公债和借款，同时增加支出，使得政府收支失衡，形成赤字。赤字财政政策一般在经济萧条时期采用，其目的是扩大社会总投入，刺激经济增长。

（2）紧缩财政政策　当经济处于通货膨胀时期，政府应采取紧缩财政政策，加大税收，回购国债，同时减少支出，使财政支出小于收入。紧缩财政政策一般在经济过热时期采用，其目的是减少社会总投入，抑制经济增长。

（3）平衡性的财政政策　采取财政收支平衡的策略，按照收入确定政府支出，在经济上政府不施加影响。多数政府往往是在经济稳定时期采取这种政策。

二、货币政策

货币政策是调节社会总需求的重要手段，其主要目标是稳定币值、稳定物价、繁荣经济。《中共中央关于建立社会主义市场经济体制若干问题的决定》指出：“运用货币政策与财政政策，调节社会总需求与总供给的基本平衡，并与产业政策相配合，促进国民经济和社会的协调发展。”

中央银行执行货币政策，可以采取调控货币供应量、公开市场业务、调整再贴现率和改变法定准备金率等手段，并根据经济运行的不同情况使用某一种手段，或综合使用几种手段。一般情况是通过信贷和利率来调整货币供求量。

1. 货币供应量

政府通过中央银行向社会发行货币，一个国家的货币发行量是政府对经济控制的最基础的手段。政府根据社会需要确定货币总量，并保持尽可能的稳定，按照经济增长的幅度增加货币投入。如果经济没有发生本质性变动，一般不轻易改变。

直接由中央银行发行的货币称为高能货币，通过商业银行收储和发放贷款，会使得中央银行发行的货币在市场流通中成数倍的增长，这种现象称为银行创造货币的机制。所造成的货币增加的倍数称为货币乘数。例如，中央银行发行 100 单位货币，存入某商业银行。假如商业银行需要保留 20%的法定准备金，该商业银行可以贷出 80 单位货币；这 80 单位的贷款（在使用后）又被存入另一家商业银行，该银行又可以贷出 64 单位货币；这 64 单位货币又被存入第三家银行，第三家银行又可以贷出 51.2 单位货币……在整个银行体系中共发生的贷款为：100+80+64+51.2+…。这个过程就是银行创造货币的机制。

2. 货币政策工具

中央银行通过货币政策工具来控制经济总量中的货币供给，以调节利息率和改变信贷条件，进而最终影响总需求的变动。

（1）公开市场业务　公开市场业务是指中央银行在金融市场上买进或卖出政府债券的活动。在央行卖出债券和国库券时，回收市场货币，减少货币流通量；当买进债券和国库券时，增加金融市场的货币流通量。这种交易有时候还会针对地方政府债券、政府担保的债券、银行承兑汇票等。例如，中央银行的国债正回购、逆回购。公开市场业务反应快，可以进行经常性、连续性的操作，是短期经济调控的重要手段。

国债正回购是指央行卖出债券，并在约定的未来日期买回债券。相当于以手中所持有的债券做抵押向金融机构融入资金，并承诺到期再买回债券并付出一定利息。央行在卖出时回收货币，在买回时放出货币。国债逆回购则为央行向一级交易商购买有价证券，并约定在未来特定日期将有价证券卖给一级交易商的交易行为。逆回购为央行向市场上投放流动性的操作，逆回购到期则为央行从市场收回流动性的操作。

（2）贴现率政策　中央银行作为商业银行的银行，大量持有商业银行的贷款，当它调整对这些存款所收取的利息，即贴现率时，必然影响到商业银行对储户所支付的利息。利息增加，则存款增加，社会流通货币减少；反之，利息降低，存款减少，社会流通货币增加。

（3）调整法定存款准备金率　法定存款准备金是法规规定商业银行必须在收储和贷款之间的保留货币量。导读案例提到 16.5%的法定准备金率，如果调低，则货币创造量增加；如果提高，则货币创造量减少。

如果法定准备金率为 16.5%，则意味着商业银行收到 100 元储蓄，必须向中央银行缴存 16.5 元准备金，而只有 83.5 元可用于贷款等商业活动。

三、交通运输的宏观调控

（一）宏观调控的含义

市场在资源配置中起着决定性作用，但市场并不是万能的。市场经济内固有地存在着众多分散主体的局部利益与社会整体利益的矛盾，这种矛盾仅靠市场本身是无法解决的，必须借助于市场外的、与市场经济密切结合的宏观调控。也就是说，宏观调控的必要性是由市场经济决定的。市场对某些经济现象无能为力，需要由市场外的力量来加以校正，也就是政府对经济进行适度干预，以克服市场的消极方面。

市场经济和宏观调控是互补的，市场是资源配置的基本形式，主要是在微观经济领域、日常生产经营活动和经济资源配置方面直接发挥作用。宏观调控是在整体上、总量控制、结构调整、经济布局等方面发挥作用。对经济活动进行宏观调控是政府的一项重要职能。宏观调控就是以国家为主体，为实现社会供给和社会需求总量的基本平衡、经济结构的优化进行调节和控制，使整个社会经济运行正常，社会资源配置合理，保证社会收入分配的公平，各种社会经济利益协调，以保障国民经济的持续、快速、健康发展。

交通运输是国民经济的重要组成部分，是社会再生产过程中的纽带和前提条件，国民经济发展的重要标志是生产和分配的增长，而生产和分配的增长又依赖于交通运输的发展，交通运输是先导行业。在我国经济建设中，要通过市场机制和国家宏观调控，重点加强运输业的建设和发展，形成增加交通运输基础建设的投入，促进国民经济协调发展的机制。

（二）国家对运输宏观调控的政策措施

1. 建立交通运输投融资机制

在交通运输建设上合理划分中央与地方职权范围，中央政府通过实行交通建设多项基金制，扩大交通建设投资比重，国家征集能源交通重点建设基金，专门用于交通运输重点项目建设。增大国家预算资金投入，对交通运输等重点产业实行投资倾斜政策，从宏观上调控，加快交通运输等基础产业的建设。地方政府要在国家总体规划指导下，集中一定资金用于地区性交通设施建设。

建立投资导向机制，鼓励合资兴办交通运输业，引导预算外资金、银行信贷和企业资金投资，形成多层次、多渠道投资开发体系。进一步放宽政策，扩大交通运输的开放，广泛利用外资。

2. 改革和理顺运输价格

运价属于基础价格，是社会商品价格的重要组成部分，优先改革运价，可以为理顺国民经济价格体系创造必要条件。

改革开放后，国家对铁路、公路、水运、民航的客运票价和直属水运货物运价制定进行了调整和改革，是十分必要的。但仍需继续进行改革，要使运输企业在正常运营条件下的运输生产费用从运价上得到补偿，并且获得相当于全国工业企业平均水平的资金利润率。应建立国家调控与市场调控相结合的运价形成机制，可以采取国家控制重要的客货运价水平的政策，赋予企业一定的价格浮动权，而对国民经济全局没有重大影响的一般性运输经营活动，由企业自主定价，实行市场调节。

3. 实行扶植运输业的政策

借鉴国外经验，世界上经济发达国家在其经济发展过程中，都对交通运输业采取了特殊的扶植政策。例如，美国采取了赠予大量土地供建设铁路，提供低息或无息贷款，给予财政补贴等优惠措施。美国政府拨款治理河流，疏通内河航道，资助码头建设。英国政府对经济的宏观调控主要采取国有化政策。20 世纪 50 年代英国工党上台后，将银行、煤炭、钢铁、邮电、航空、运输等部门都变为国有工业。德国运用财政手段进行宏观调控，1967 年预算了 33 亿马克（原德国货币单位）的预算赤字，主要用于铁路、邮政和公路的开支。1984 年 1 月 1 日，德国 DB（原联邦铁路）和 DR（原民主德国铁路）合并，成立了国家拥有全部股份的德国铁路股份有限公司（DBAC），享有独立自主经营权。为了公司的顺利起步，德国政府免去了原 DB 和 DR 所欠的国家债务。

交通运输是国民经济的基础，仅依靠市场的自然投资规模不能满足运输基础设施建设需要，需要国家扶持发展。为此，应调整信贷政策，对国家指定的重点交通建设项目的贷款利率由国家支付，或发放专项无息、低息、贴息贷款。对内河航道和港口水上建筑项目，由贷款改为拨款。可将运输企业上缴所得税的一部分以及客货运输附加费的全部返还企业，利用补贴可提高折旧率，利用差别税率或减免税收，实行优惠政策以扶植运输行业。对国防交通设施建设，由财政直接支付。

第三节 运输规划和运输基础设施建设

一、运输规划与运输网络的意义

（一）运输规划的意义

规划是比较全面的长远发展计划，是政府进行宏观调控的手段。在社会主义市场经济体制下，市场和规划作为配置资源的两种方式，不可分割地联系在一起：无论是规划调控优越性的发挥，还是其局限性的克服均有赖于市场调控；另外，市场调控的实现，对其消极作用的克服，也有赖于规划调控。

运输规划是运输业比较全面的长远发展计划。从某种意义上说，运输规划也是一种宏观调控，做好运输规划，对运输业的发展十分重要。从交通运输规划进行宏观调控，首先，应以搞好社会经济发展的预测，确定经济发展方向和重大战略为重点，及时为微观经济发展决策和政府制定决策提供依据。其次，应以市场为基础，遵循市场规律。规划通常为粗线条的，有弹性的。

（二）运输网络的意义

现代运输业是由铁路、公路、水路、航空和管道五种主要运输方式组成。每一种运输方式有其特定的运输线路和运输工具，形成了各自的技术营运特点、经济性能和使用范围。如果各种运输方式在社会化的运输范围内和统一的运输过程中，按其技术经济特点组成分工协作、有机结合、连接贯通、布局合理的交通运输综合体，其功效会更高，这就是通过对运输网络的布置从而形成分工的综合运输。构成综合运输体系的物质基础是综合运输网络。综合运输网络是在一定空间范围（国家或地区）由铁路、公路、水路、航空和管道的线路及多种运输方式的结合部—— 运输枢纽等固定技术装备所组成的综合体。综合运输网络的空间分布、通过能力和技术水平，体现着整个运输体系的状况和水平。在交通运输业的发展中，运输网络的发展占有十分重要的地位。运输网络的建立必须以科学和合理的规划为依据，并通过政府的宏观管理手段和直接参与来保证。

（三）制定运输规划的指导思想和原则

1．制定运输规划的指导思想

发展运输业必须遵循三个指导思想：首先，坚持科学发展观，广泛采用新技术，实现交通工具和运输设备的现代化，通过科学管理不断提高效率，促进交通绿色化。其次，明确发展交通的目的是满足工农业生产和改善人民生活的需要。国民经济的发展对交通运输在数量、质量、运输结构、运输方式等方面都提出了更高的要求，要按照“适度超前”的原则，构建便捷、安全、经济、高效的综合运输体系，为国民经济和社会发展提供强有力的支撑和保障。最后，运输方式的多样化、综合化，使各种运输方式之间的关系更密切了，整个运输过程要求系统化、合理化和高效化，其基本点是注重各种运输方式的综合发展，形成能够发挥多种运输方式优势的综合运输体系。

2．制定运输规划的原则

（1）运输规划要符合国家长远发展规划　鉴于我国交通运输的现状，运输业的规划应在国家的发展规划指导下制定。交通运输建设规模和发展速度要适应经济和社会发展的需要，使运输能力的增长与经济和社会运输需求保持合理的比例关系；交通运输网的布局要适应工农业生产布局、商业外贸布局、旅游布局以及人口分布的需要。运输业发展规划需要“适度超前”，但也不宜超越过多，把握发展节奏，合理有序、平稳较快地推进交通基础设施建设，加速形成基础设施网络，加快提升运输保障能力。

（2）运输规划要符合国情，协调发展　制定运输规划既要考虑国际惯例，也要符合我国国情。我国地势西高东低，东部、中部经济、交通较发达；西部地域广阔，多为高原、大山，自然条件较差，交通不便，但资源丰富，极有发展前途。编制运输规划既要看到发展，也要考虑我国实际情况。对于资源密集的西部地区，运输规划应因地制宜采取大规模、大运量、低成本的运输方式，如水运、铁路水路联运、公路水路联运等；而东部地区需要发展快速、舒适、便捷的运输方式。总之，编制运输规划应根据我国的具体情况，不宜贪大求全，要讲究经济效益、讲究实用。

（3）运输规划要适应社会生产发展和市场需求　交通运输是构造和奠定社会经济的重要物质基础，运输市场是社会主义市场不可缺少的组成部分，不发展运输市场，难以建设统一、有序、高效的全国市场体系。所以，编制运输规划，要注意适应社会生产的发展和市场要求，建立和完善适应市场经济体制要求和符合交通运输发展规律的新体制、新机制，把握好政府与市场的关系，调动民间发展的积极性。

（4）运输规划要科学合理，鼓励创新发展　运输规划是对未来运输的一种调控方式，应做到科学合理。具体来说，制定运输规划时既要考虑当前利益，也要考虑长远利益；既要考虑局部利益，也要考虑整体利益；既要考虑运输企业内部利益，也要考虑与运输企业相关的各方面的利益；所采用的方法，应将定性与定量方法结合起来；以世界眼光、战略思维谋划交通运输发展，以科技进步和信息化改造和提升交通运输业。

（5）确保绿色、安全运输的发展　发展交通运输必须特别重视环境保护，这一方面在过去有很多的教训，如海岸线遭到破坏、河道堵塞、鱼类洄游不了而灭种等。现在乃至将来的任何运输项目的发展都要有可接受的环境报告，确保不对环境造成破坏。要把可持续发展作为基本要求，促进绿色发展。树立绿色、低碳的发展理念，继续推进资源节约型、环境友好型交通行业建设，实现交通运输绿色发展。牢固树立“安全第一”的思想，发展好运输业。

二、运输规划的经济分析

在一定的运输需求和运输环境下，依照所给的约束条件和需考虑的主要因素，为实现特定的运输目标，通过分析各备选方案的优劣、得失，而为决策方案的选择提供依据的过程，称为运输规划评价。运输规划评价的任务是在对原有交通运输网络（简称“运网”）综合分析的基础上，根据运网所在地域未来社会、经济、国防等各方面的发展规划和要求，提出新的规划目标和任务，然后选出最优化的运输规划方案，为运输规划的决策提供依据。运输规划的评价应当从定性与定量相结合的角度，综合地考虑各种因素来开展评价工作，尽量避免主观臆断，力求评价的科学性。

运输规划评价的指标既要体现出运输规划的目标要求，又要符合运输规划的基本原则。运输规划的总体目标是：四通八达、干支结合、布局合理、效益最佳。

运输规划在社会经济和运输现状及自然条件的基础上，充分体现国家政策，与社会经济规划相适应，同时兼顾国防、政治等各方面的要求，运网的发展建设和实施，都必须以此为原则。

运输规划主要是进行综合运输网的规划。运输网规划的评价内容主要有三个方面，即社会评价、技术评价和经济评价，详见表 9-1。

表 9-1　运输网规划评价表

<table>
<tr><td rowspan="16">运输网规划评价指标体系</td><td rowspan="8">社会评价</td><td>与国家政策及地区经济发展规划的一致性</td></tr>
<tr><td>满足国防、政治需要的程度</td></tr>
<tr><td>促进产业开发、经济增长的程度</td></tr>
<tr><td>促进劳动就业的程度</td></tr>
<tr><td>对综合运输网的影响程度</td></tr>
<tr><td>布局合理性</td></tr>
<tr><td>对生活环境的影响</td></tr>
<tr><td>环境污染</td></tr>
<tr><td rowspan="4">技术评价</td><td>规划方案的技术水平与国情符合的程度及可行性</td></tr>
<tr><td>技术的先进性</td></tr>
<tr><td>运输网运力与需求的整体适应性</td></tr>
<tr><td>负荷均匀性</td></tr>
<tr><td rowspan="4">经济评价</td><td>规划项目的净现值</td></tr>
<tr><td>规划项目的效益费用比</td></tr>
<tr><td>规划项目的内部收益率</td></tr>
<tr><td>规划项目的投资回收期</td></tr>
</table>

社会评价主要讨论运输网的发展规划将给社会经济等各方面带来什么影响、产生哪些效益。运输网规划评价应首先检验规划方案与国家政策、区域经济发展规划一致的程度，满足兼顾特殊的国防需要和出于民族团结等考虑的政治需要的程度；劳动就业是指提供就业机会的多少；对综合运输网的影响主要看与其他运输方式是否协调、是否对全社会的综合运输有利；布局合理性是从运输网的空间分布、综合运输网布局及配置等方面来把握；对生活环境的影响则表现为对居民生活条件的影响，可用规划方案实施将需移民人数的多少来反映；而环境污染则从噪声和空气污染两方面来衡量。

技术评价是对运输系统的内部结构（包括速度、安全、便利、舒适等方面和功能）的综合评价。技术条件与国情相符合的程度及可行性是规划方案在物力、财力方面的要求是否与区域的实际承受能力相符合，只有相符合的规划方案才是可行的；技术的先进性是规划方案综合技术水平的反映，包括操作简便、安全可靠和低消耗等内容；整体适应性是平均意义下的道路流量与道路通行能力的比值，反映了运输网运力与需求的整体平衡水平；负荷均匀性则反映了“瓶颈口”路段供需矛盾的尖锐程度。

经济评价是采用技术经济评价指标——净现值、效益费用比、内部收益率和投资回收期，对运输规划建设项目进行经济效益评价。

三、运输基础设施建设的经济特点

（一）运输基础设施可以是公共产品，也可以是私人产品

作为运输业基础设施的道路、铁路、航道、客站、货站、港口、机场等固定资产具有一些不同于一般基础设施的特性，主要有：

1．社会公益性

基础设施都具有不同程度的公益性，交通运输基础也不例外。例如：国家用纳税人缴纳的税费修建的基础设施，其受益者虽然也是社会成员，包括纳税人自己，但受益者和贡献者并不一定一一对应；对于一个普通的社会成员，他的贡献与受益也并不完全相当。这种现象反映了运输基础设施的社会公益性质，反映其全社会使用、全社会拥有的社会公益特性。

2．运输基础设施的价值和使用价值

运输基础设施当然具有价值和使用价值。运输基础设施也同其他商品一样凝结着无差别的人类劳动，并且由社会必要劳动时间所决定，这是它们的价值。商品满足人们的需要所发挥的效用就是使用价值，它是商品最重要的属性。运输基础设施能使货畅其流，人便于行，实现客、货位移效用和时间效用，这是其使用价值。由此可见，运输基础设施也具有价值和使用价值这个一般商品所固有的属性。同其他商品一样，该属性是由运输基础设施的劳动二重性，即具体劳动和抽象劳动所决定的。

3．运输基础设施的级差效益

有些运输基础设施，尤其是公路具有级差效益。公路等级不同，提供相同服务时所产

生的效益也不相同。完成相同运输工作量，使用高等级公路高出使用一般公路的效益，就被称为级差效益，正如不同等级土地具有差别地租一样。正是这种特别的效益性质决定了高等级公路的补偿形式可以采用区别于一般公路产品的补偿形式，具体讲就是可以对使用者进行“直接买卖交易”，即通过交费过路方式对高等级公路进行价值补偿。目前，我国对高速公路实行过路收费就体现了这种性质。其他运输基础设施也有类似的情形。

4．运输基础设施的商品属性

运输基础设施在本质上是公共产品，但是也具有一些商品属性。例如，它们有价值和使用价值，有级差效益等，这些都是运输基础设施具有商品属性的表现。因此，世界上一些国家对运输基础设施的建设采取多渠道集资、发行股票、经营权转让等形式进行或对其采取使用收费的方法进行。对这些运输设施既不能看成纯粹的公共产品、纯粹的社会公益事业；也不能以完全的私有物品对待，在具体操作中不能片面强调它们的商品属性，从而简单地以市场竞争机制来运作和规范，以免走弯路，造成浪费和混乱。

5．运输业作为基础设施在经济发展中的先行性

任何国家或地区的经济发展、国家或者地区之间的专业分工、商品的交流都是以安全、高效的运输为前提的。经济的发展必然要求先建设运输通道和相关的基础设施。只有具备了高效率的运输体系，才能实现地区的经济发展，才能把国民经济的各个部分连接起来，才能使一个国家的国民经济加入世界大市场的商品交换和经济交流。相反，如果一个国家的运输业滞后于经济的发展，则势必导致对经济发展的制约和干扰，造成不必要的消费，从而阻碍经济的发展。一个能充分发挥作用、完全满足国民经济不断增长的运输需求的优良的交通运输体系，需要有一定的提前性，要“适度超前”。

世界各发达国家的经济发展历程表明，在其整个发展经济的过程中，都有一个运输业超前发展的经验，这条经验被经济学家总结成一个普遍性的经济规律，叫作交通运输对国民经济发展的适当超前性规律。美国、日本等国家，从工业化初期直到 20 世纪 60 年代之后，在其发展经济的过程中，无不超前发展自己的运输基础设施，包括铁路、公路、管道、航空乃至港口。总之，运输基础设施的建设是启动经济发展的动力。保持一定的运输能力的储备，是商品经济高度发展和社会化大生产的客观要求。

（二）运输基础设施的不可分割性和规模效益

1．运输业是资金密集型产业

一般来说，运输业的固定资产由两大部分构成，一类是不可移动的固定资产，另一类是可移动的固定资产。它们的数量和质量标志着一个国家的交通运输业，乃至国民经济发展的水平。在国民经济各产业部门中，运输业是固定资产总值数量最大的部门，特别是构成运输体系的公路、铁路、航道和各种枢纽，投资额巨大，是国有资产的重要组成部分。以我国 2012 年年末全国公路总里程达 423.75 万千米为例，如果以每千米平均 200 万元计算，仅全国公路一项，总值也在万亿元以上。其他运输方式，如铁路、水路、管道也都需要大量的投资。交通运输业的可移动固定资产，如飞机、火车、轮船等运输工具和设备，价值大、数量多，也是构成运输业固定资产的重要组成部分。由此可见，交通运输业是很

典型的资金密集型产业。

2．运输基础设施的不可分割性

运输基础设施在建设和使用上有很强的不可分割性。对于公路、铁路和航道而言，其建设一次至少要求在两个社会经济活动中心点之间全线完成。它不同于一般商品，生产规模可大可小，销售数量可批可零。但是公路、铁路和航道却不能在建设规划或使用中按里程任意截取而破坏其整体性。

运输基础设施除了具有不可分割性之外，无论是线路还是枢纽，其地面及其以上的设施与其所占土地之间也是不可能分割的。例如，公路路面上的设施（栏杆、路标、路灯等）与公路路面、路基与所占土地不可分割。在形成的公路路产价值中，既包括公路设施的路基、路面价值，又包括所占土地的价值。两者的关系使得地价影响公路工程的价格，而公路工程的建成使用反过来又会提高其影响波及范围内土地的价格。铁路、航道也具有与公路上述相类似的性质。

3．运输业的规模效益

规模经济是指在一定的产量范围内，随着产量的增加，平均成本不断降低，总收益增加的规模收益递增经济现象。但是如果随着产量的增加，平均成本增加，总收益减少，就称为规模不经济，此时规模收益递减。

在一般情况下，运输基础设施都体现出规模收益递增规律。以高速公路为例，如果将日通行 10 000 辆次的四车道高速公路规模扩大 50%，达到六车道时，日均通行能力可以增加 150%，达到 25 000 辆次，当车道数继续增加时，其通行能力继续以规模收益递增的规律变化。据运输经济学家研究，当高速公路达到十二车道后，规模收益就由递增转化为递减了。其他交通运输设施，如飞机场、港口、客货车站等都有与公路相似的规律。掌握运输基础设施的规模效益规律，对于交通运输规划、交通运输建设项目的可行性论证及其他运输问题研究都有重要的指导意义。

四、成本——收益分析

成本——收益分析是交通运输建设投资决策的基本方法，以投资产生的收益能弥补成本为原则，确定投资项目和投资标准。成本——收益分析有两种方式：一种是以直接的成本和收益进行项目评估，类似于生产企业的分析方法；另一种是综合社会成本和福利的成本——收益分析，包括经济、环境、生活影响等各方面，表 9-2 引用了瑞典公路投资项目分析模型的主要成分。基于交通运输设施的社会性和长久性，对交通运输设施的成本——收益分析应包含社会整体的因素，主要方面有：

1）运输项目投资的收益不能仅考虑投资者直接的经济收益，而应以社会剩余最大化为标准进行收益核算。

2）投资不仅是直接的支出成本，还应考虑到社会成本。

3）收益是一种长期的收益，包括对周围地区的促进作用。

4）环境成本是交通运输设施投资的必须考虑因素。

表 9-2 瑞典公路投资项目分析模型的主要成分

交通节约和道路养护	对环境和土地利用的影响	区域发展等
交通安全 旅行时间 舒适 车辆成本 养护	噪声 空气污染 阻碍作用 供水 震动 风景/景色 自然保护 土地开发	区域平衡 对商业和旅游业的影响

第四节 运输管理政策

【导读案例】《交通运输“十二五”发展规划》基本原则

——把发展作为第一要务，保持持续发展。按照“适度超前”的原则，把握发展节奏，合理有序、平稳较快地推进交通基础设施建设，加速形成基础设施网络，加快提升运输保障能力，优化交通结构、提升质量效率，坚持速度、结构、质量、效益相统一，在发展中促转变，在转变中谋发展，实现交通运输又好又快发展。

——把统筹兼顾作为根本方法，推进协调发展。统筹各种运输方式协调发展，加快综合运输体系建设，坚持建、养、运、管并重，着力提升服务水平。统筹区域、城乡交通运输发展，进一步向西部地区、“老少边穷”地区倾斜，推进公共服务均等化，使人民群众共享交通改革发展的成果，实现交通运输协调发展。

——把深化改革作为强大动力，鼓励创新发展。坚持解放思想，抢抓战略机遇，深化交通运输领域的各项改革，坚持理念创新、科技创新、体制机制创新、政策创新，以世界眼光、战略思维谋划交通运输发展，以科技进步和信息化改造和提升交通运输业，建立和完善适应市场经济体制要求和符合交通运输发展规律的新体制、新机制，构建交通运输科学发展的政策环境，实现交通运输创新发展。

——把可持续发展作为基本要求，促进绿色发展。树立绿色、低碳的发展理念，继续推进资源节约型、环境友好型交通行业建设，加快建立以低碳为特征的交通运输体系，强化节能减排，集约节约利用资源，促进资源循环利用，加强生态和环境保护，实现交通运输绿色发展。

——把保障安全作为重要前提，坚持安全发展。牢固树立“安全第一”的思想，努力提高安全保障能力，强化安全监督管理，切实加强预防预警和应急处置体系建设，为经济社会发展提供安全可靠的运输服务，实现交通运输安全发展。

问题与思考：《交通运输“十二五”发展规划》的基本原则反映出了哪些交通政策？

一、运输市场管理的必要性

运输管理政策是国家对运输业实施调控的重要手段。政府通过运输管理政策的制定和实施，旨在实现资源配置、产业布局、环境保护以及运输业与其他产业的协调发展。运输管理政策主要由运输投资政策、运输财政政策和运输价格政策等组成。政府通过运输投资政策引导运输投资方向，确定运输投资总量及其占国民经济投资总量的比重和运输投资总量在不同运输方式之间的分配。运输财政政策是调节国民收入再分配的重要手段，政府通过税收政策、补贴政策以及信贷政策鼓励或限制某种运输方式的发展。运输价格政策是为了对运输价格进行控制、监督和管理。运输管理政策是为实现政府的经济社会目标服务的，具有明确的倾向性。

（一）航运的管理

我国的航运业是改革开放之初最先实行市场化的行业，走在各行业改革开放的前列。鉴于航运业所具有的特殊条件，政府也在不断地进行宏观管理。政府除了进行财政、金融调控以外，也进行直接干预。直接干预分为两大方面：一方面直接对市场进行管理，通过运力管理、经营权和资质管理、船舶登记管理、船舶口岸管理等，通过航运企业设立审批、班轮航线审批、运价报备等措施，调控市场的供求关系；另一方面通过航行安全、防污染等进行间接市场管理。

（二）公路运输市场的管理

公路运输市场的管理，是为了保障运输服务交换的合法性和承托双方的正当权益，按照国家对有关政策与法规，通过经济的、法律的、行政的手段，对运输市场进行组织、协调和监督等管理活动的全过程，其目的是保证运输市场活动的有序性和高效性。

在我国，公路道路建设由政府承担，在路网建设中充分体现了政府的控制手段。公路运输市场管理的对象与范围，是在社会经济活动中从事营业性运输的所有企业与车辆。它不仅包括专业运输企业，还包括以企业自有车辆从事营业性运输的运输活动。公路运输市场管理的内容则涉及工商行政、税务稽查、物价管制、银行信贷、公安、保险等诸多部门的工作。其具体内容主要有：

1）通过对公路运输市场的规划、组织工作，实现运力、运量的综合平衡，调控运力与经济发展相配合，提高企业及社会的运输效率与效益。

2）对运输企业按期征缴养路费、新车购置税、管理费等规费并专款专用。

3）运输行政管理工作，如营运线路审批、营运企业的经营资格审批，这些工作从总体上把握运输的供给能力，从而保证运输市场上的总供给与总需求的平衡。对企业所得税、增值税的按期征收，也是政府维护国家利益，对公路运输业进行行政管理的重要内容。

4）运价管理工作。在允许和鼓励企业进行价格竞争的同时，反对不公平的价格竞争，对于哄抬运价或采取低于成本费用的价格更是要坚决制止。

5）公安与保险工作。采取有效措施对交通事故进行防范，如定期进行安全教育与检查、强制淘汰有安全隐患的运输工具、强制车辆保险等，降低运输风险。

6）公路运输的信息系统。对道路设施中的沿线通信设施、卫星定位系统（GPS）、气象发布、电子政务、地理信息系统（GIS）、遥感技术（RS）、运输服务信息系统等进行建设、维护和管理。

7）公路运输市场的综合管理。一是实施公平原则，对待国有企业、私营（民营）企业及其他运输企业一视同仁，制止欺行霸市现象；二是制止行业不正之风，如索贿、回扣行贿、欺诈用户等；三是加强精神文明建设和行业诚信体系建设。

总之，公路运输市场管理工作复杂、烦琐，必须由各行政职能部门综合运用直接参与、经济手段、行政手段、法律手段，达到依法治理和科学管理的目标。

（三）公路运输企业的管理

公路运输市场的主体是公路运输企业。在我国，公路运输企业数量众多，大部分层次较低、规模较小。作为运输网络的重要组成部分，公路运输企业必须以先进的运输工具为生产手段，实现规范化经营和集约化经营。为此，进入公路运输领域的企业，应当进行两个方面的战略调整。

首先，调整运力结构，装备先进的运输工具，发展专业运输。目前，我国运输市场上的客货源结构已发生很大变化，市场对运力的需求趋向重型化、专业化和舒适化，汽车运输企业必须依靠先进的运输工具，才能推动企业发展。作为行业主管部门，各地交通运输管理部门在宏观上要优化运输车辆结构，特别是鼓励重型及集装箱专用车辆的增长。作为运输企业，则要从优化配置生产要素着手，为形成专业运输规模进行有计划的投入，向技术先进、装备精良、规模化运输的现代化方向发展。发展集装箱、厢式、冷藏、散装、液罐、城市配送等专用运输车辆和标准车型，促进高效、节能运输车辆的发展。只要抓好车辆结构调整，运输企业就可以提高市场占有率，巩固国有运输企业在运输经济中的骨干地位。

其次，要加快资产重组，发展运输企业集团。目前的专业运输企业大部分处于规模小且经营单一的状态，没有系列化、专业化运输能力。按照社会化大生产的要求，运输管理部门应采取措施，鼓励资产重组，用集团化方式重组现有汽车运输企业，形成大、中、小企业合理分工和协调发展的经营格局。公路运输企业集团的组建方式可以多样化，但资产的纽带关系必须保证。这类企业集团应当集运输、装卸、仓储、配送、代理等流通功能为一体。

（四）高速公路运输市场的管理

高速公路是在普通公路基础上利用新的科技成果发展起来的，是现代化公路运输的高级形式，也是衡量一个国家公路交通运输发达与否的重要标志。因此，高速公路运输管理代表着一个国家的公路运输管理水平。

1. 世界各国的高速公路管理

世界最早建设高速公路的是欧洲，现在高速公路已在全世界范围内全面发展，其中欧洲是最发达的地区。由于高速公路本身的优势及其在运输系统中的重要地位，世界各国都把高速公路作为国家干线公路来进行管理。

1）通过立法确立对高速公路进行管理的政策，包括高速公路资金的筹集与使用、高速公路的规划与建设程序、高速公路的技术标准、高速公路交通管理等。

2）在高速公路的使用和管理中，强调行政各部门之间的协调与配合。一般将高速公路的管理分为高速公路行政管理和高速公路交通管理。前者以保障公路设施和辅助设施的完好为管理目标；后者以保障交通畅通为管理目标。公路行政主管部门和公安部门共同配合以保证高速公路的安全和畅通。

3）把运行安全作为高速公路管理工作的首要目标。以日本高速公路的交通管制系统为例，为了确保安全采取了如下措施：①在高速公路两旁设置各种固定的标号，如入口、分口、地名、警告、紧急停车等；②每隔一段距离装有超声波车辆感应器，在一些重要路段安装摄像装置；③派出巡逻车进行监视巡逻，处理交通事故，维护公路设施与行车安全。

4）高速公路的收费管理。大部分国家通过对高速公路使用者收取费用以偿还高速公路建设的贷款或债务，并以此集聚高速公路建设资金。另外，高速公路的维护与管理费用也从收费中取得。近几年来，收费管理开始市场经营化，采取高科技进行管理。例如，采取自动化无人收费系统，自动化车辆识别技术装置，“影子通行费”制度（从公路交通量折算的燃油税中提取该路段的通行费）等，通过这些方法以达到不断降低成本、提高经济效益和服务质量的目的。

5）减少公害的管制。高速公路交通所产生的噪声、废气、振动和其他公害日益受到重视，各国纷纷制定了噪声限制标准、废气排放标准等法规。大多数国家对高速公路的时速也加以限制。

6）强化高速公路的景观功能和社会服务功能。许多国家在考虑高速公路建设、养护与使用的经济性的同时，还考虑保护动物、植物的生态平衡，从而建设一个自然环境协调的人工构造景观。在总体考虑下，设置汽车修理、加油、餐馆、厕所、商店、小花园等建筑物，连紧急出口、紧急停车、防灾装置的设计也体现了对美学的考虑。

2. 我国高速公路的管理

我国高速公路的建设最早始于台湾省，大陆的高速公路到2015年底已建成12.35万千米，并且增长速度很快。从我国现在的管理政策上看，“谁建设、谁管理、谁收益”的政策，激励了高速公路的增长，但尚未形成一个统一的管理体制，仍需要解决以下问题：

首先是立法和执法问题。在高速公路建设和营运中，各种社会利益关系和管理关系都影响着高速公路管理的效果，尤其是政府有关执法部门之间的关系，如公安和公路主管部门的协作问题，目前需要加以规范。同时，还要根据高速公路经营管理的发展，不断完善高速公路管理法规。

其次是如何规范各地的高速公路管理体制，实行统一管理的问题。如道路使用费率的统一，各地主管部门的行为规范统一等。

最后是建立高速公路信息管理系统。采用电子计算机技术，对公路状态、行车状态及事故问题进行全线的封闭式的监测与数据处理，以提高运输行政效率与公路营运效益。

二、政府干预的经济目标

从我国经济发展的过程来看，交通运输长期以来处于供不应求的状态，是经济发展的瓶颈，政府管理的主要目标是不断促进运输能力的提高，满足经济和社会发展对交通运输的需求。经过多年的发展，如今在运输供给方面已经基本满足了经济发展需要，随着运输市场化的发展，运输市场的竞争性和市场秩序的稳定性已成为多数运输市场的主要矛盾。当前我国政府干预的基本目标是保持运力稳定，加快更新换代，提高运输效率，维持市场公平竞争和市场秩序。

运输业本身也是国民经济的重要组成部门，不仅投入了大量的社会资源，还吸纳了大量的就业，因此保护生产者的权益，维持正常的运输经营和合理的收益，也是政府干预的一项重要目标。

国际运输不仅是国际贸易的基础条件，同时也是外汇收入的一个重要来源。鼓励和促进国际运输能力的发展，也是政府干预的一项目标。

三、政府对运输管理和干预的方法

（一）运输政策的职能

1. 调整运输布局，使之与产业结构相适应

自然资源的分布是大自然赋予的，无法人为改变，而且资源的分布又往往与国民经济发展不相适应。有些国家自然矿产资源匮乏，而有些国家资源的分布较分散，资源所在地由于经济或自然原因而无法建立工厂对资源直接利用。这使得运输成为在地区间资源配置中必不可少的条件。资源的配置不仅牵涉到自然资源，还牵涉到半成品和成品的生产。

由于自然和经济的原因，原材料产地不一定适合建立生产基地，而产品的生产地又往往不在消费者集中的所在地。这就要求运输克服资源（自然资源和产品资源）在生产和使用上的空间障碍。

合理的运输政策往往鼓励和支持在原材料产地和生产基地之间建立大型的运输干线以保证资源配置的及时、合理。而对产品与消费者之间的联系，各国的运输主管部门给予了高度的重视。为了使某些偏僻地区（可能是自然资源的产地）与外界社会（可能是生产基地）联系起来，多数国家都不惜巨资建立公路或铁路等运输通道。这样做，一方面是为了政治、社会和文化的需要；另一方面在客观上非常有利于促进资源在地区间的合理配置。

2. 促进运输合理化，形成高效的运输模式

运输合理化是各国运输政策追求的最主要目标之一。运输合理化主要包括运输布局的合理化、运输结构的合理化和运输组织的合理化。

运输布局应服从于资源分布和服务于工业布局。但是多数运输方式（除航空外）的运输线路均需要依靠一定的自然地理条件，因而运输布局又受到不同地形构成的影响。为了满足工农业生产和国民经济发展的需要以及广大人民群众出行的需要，运输布局就必须在给定的自然条件下合理地规划。

运输结构是指各种运输方式的运输能力和实际运输量在总运输能力和运输量中所占的比重。运输结构的合理化不仅是运输资源合理配置的要求，更是国民经济发展的要求。运输政策是对运输结构在宏观上的要求，可以充分有效地利用各种运输方式优势和地理地形优势，最经济地为国民经济和人民生活提供服务。

运输组织的合理化是指在现有的运输布局的基础上最有效地利用各种运输方式，减少或避免运输的不合理性，如对流运输、迂回运输、重复运输和过远运输。在计划经济体制下，我国曾经利用国家计划手段来实行运输组织的合理化。在社会主义市场经济体制下，对运输组织的合理化并不是放任不管了，只是政府为达到这一目的的手段应该转变为利用建立合理高效的市场机制和指导性政策，而不是仅仅使用行政命令和计划。

3. 加强环境保护

由于运输产生的各种污染压力的增加以及人们环境保护意识的普遍增强，各国政府在制定运输发展政策时相应地制定了环境保护政策。由于运输发达程度与各国经济发展水平相关，而在相当长的时间里运输带来的环境污染又与运输发展程度成正比，因而在经济发展程度不同的国家或同一国家在不同的经济发展阶段,其运输环境保护的重视程度就不同,采取的运输政策也就不同。一般来说，越是经济发展水平高的国家，运输就越发达，对环境保护的要求就越高，国家和民众对环境的重视程度也就越高，环境保护投入相应也就越多。但另外一种情况是比较普遍的，即在经济不发达的国家中，由于经济对运输的需求大，而经济和技术条件又差，因而被迫使用技术性能差、污染严重而价格便宜的运输方式和运输工具。由于经济条件差，发生污染又得不到及时有效的治理。

政府环境保护政策的实施主要是通过一系列的环境保护法规来实行的。有些国家已经通过各种政策来限制某种运输方式在某些地区的发展，或引导企业和个人使用节能以及无污染或少污染的运输方式。例如，欧盟出台的种种与运输相关的政策都相对地有利于铁路和内河运输而不利于公路运输的发展，这在很大程度上是从环境保护的角度来考虑的。在城市交通中，为了减轻城市中心地区的环保压力，不少国家的市政府规定城市中心地区限制各种车辆的运行，而且不惜花巨额财政资金来补贴城市公共交通。这样做即是为了能够向一般市民提供运输福利，同时也是为了抑制小汽车的发展和保护城市环境。

（二）运输投资政策

运输投资政策是政府为了使交通运输业适应国民经济发展形成合理布局而制定的有关运输投资总量占国民经济投资总量的比例和国家投资在各种运输方式中的分配，以及引导或限制社会资本投向运输业而制定的相关的法规、政策或采取的措施。

1. 运输投资政策的制定应遵守的原则

（1）运输投资政策与本国经济发展相适应的原则　国民经济的发展离不开发达的交通运输网络。几乎所有国家的政府都将运输看成国民经济发展的先行产业。因而各国政府在制定运输投资政策时，都将适应国民经济发展需要看成交通运输投资政策制定的最重要的原则。由于交通运输基础设施一般具有较长的建设期，加之配套设施多，一般不能马上形成生产力；同时国民经济发展的不同阶段对交通运输的要求有所不同，因而交通运输投资就必须具有一定的超前性。这需要对国民经济各部门的发展具有比较准确合理的预期，以及就国民经济各部门发展对交通运输的需求做出准确合理的预期。只有正确地预测国民经济发展对交通运输发展需求和交通基础设施形成预期生产力所需的投资时间和投资数额，才能得出政府在不同阶段对交通运输业的投资总额。“五五”期间，我国的交通运输建设投资只占国民经济投资比重的 13%，港口建设投资仅占国民经济投资的 0.36%。由于投资比重过低，造成了沿海港口吞吐量的严重不足，根本无法满足国民经济发展的需要，造成外贸船舶在港口停泊时间大大延长。而现在，我国需要重点发展高速公路、高速铁路、航空运输等高性能的运输方式，鼓励综合运输的发展。

（2）运输投资政策与本国经济实力相适应的原则　如上所述，交通运输要与国民经济发展相适应，就必须在投资时间和规模上具有超前性。然而这种超前性必须与本国经济实力相适应。即使我们根据国外经验明确知道交通运输业发展的方向是电气化、成组化、联运化等，但由于受到本国经济实力的制约，有时无法一步到位地赶上世界最新的交通运输发展潮流。虽然在交通运输基础设施上不排除可借助于国际金融机构进行借贷投资的情况，但是无论是借债的规模还是投资项目的先进性，必须在总体上与本国国民经济发展水平相适应，否则就会造成国民经济发展的失衡。

（3）运输投资政策与交通运输技术相适应的原则　在科学技术发展日新月异的今天，交通运输技术的发展也出现了突飞猛进。铁路运输高速化、公路运输高速化、船舶运输大型化以及出现在各种运输方式中的自动化等都为交通运输提高效率、提高服务水平提供了技术保障。国家运输投资政策一方面鼓励和支持交通运输高新技术的发展，另一方面运输投资政策也要求本国的各项投资项目能够充分利用现有的科学技术成果，尽早地使科技成果转换为生产力。

2．运输基础设施的投资政策

（1）国家直接投资政策　国家直接投资政策是指直接由国家财政将资金投向某一地区的某一运输方式。这种形式的投资能够直接地体现国家的意图，也能够较快地实现国家的投资目标。但是由于这种形式的投资需要从国家财政直接投入，因而其规模往往视国家财力大小而定，一般与一国的国民经济发展程度成一定的比例关系。

国家直接投资的交通运输项目往往是涉及一国交通运输总体网络的项目，私人投资或企业投资不愿意投向的项目，或者由于投资数额过大，企业无力投资的项目。另外，一些国家急于发展某些具有国防或其他战略意义的项目，政府一般不愿意让企业投资或参与这些项目，更不愿意使这些项目受企业所控制，因而这些项目也成为国家直接投资的对象。我国大多数的铁路建设、公路建设、港口的水下工程均是由国家直接投资建设完成的。

（2）国家引导投资政策　国家引导投资政策是国家通过财政、税收、信贷等经济杠杆引导或者限制社会资本投向某一运输项目。运输业有五种方式，而且都具有投资数额巨大的特征。由于财力有限，政府不可能包揽运输业所需的全部投资。加之有些运输方式需要具有一定的竞争性，因而各国政府都希望利用社会资金来完成国家无法完成的其他的交通运输项目的投资。由于企业所追求的目标是自身利润最大化，而国家需要投资的却往往是社会效益较好的项目，这两者比较难以统一，为此，各国政府会采取各种优惠政策来加以鼓励。在我国，为了吸引境外资本投向公路、港口、机场等基础设施工程项目，专门颁发了鼓励外国资本投资基础设施的法规。随着我国对外开放步伐的加快，我国交通运输建设中吸收的外资将越来越多。

由于多数交通运输项目具有公益性和基础性，国家为了防止垄断带来社会净效益的损失，同时也为了国家交通运输网络的完整和高效率运转，国家会将鼓励投资与限制投资相结合使用。

（三）运输价格政策

运输价格政策是指政府对运输业价格制定的引导、限制和规范等方面的政策。制定价格政策的动因较多，但归纳起来主要是为了促进运输业稳步发展和维护消费者的合法权益。

1．政府运输价格政策的目标

（1）稳定运输价格，维护消费者权益，促进经济和贸易的发展　由于运输业在国民经济中的特殊地位及其对国民经济其他部门，尤其是贸易和工业、农业生产的影响，政府和广大的运输服务的消费者都迫切需要长期稳定的和优质的运输服务。过高的运输价格不仅会增加交易成本，有些还会严重影响贸易的成交。稳定运输价格并不意味着政府要求企业降低价格，而是要求运输企业将运输价格稳定在一个合理的水平上。当然更多的情况是政府希望运输企业提供低价服务。例如，要求公共交通企业为居民提供最为便宜的价格。这种做法主要是达到政府的福利目标。然而这种做法的后果往往是比较复杂的。一方面减少了运输企业的收入，甚至造成亏损，另一方面政府为了维护这种运输服务又不得不对其进行长期补贴。而长期补贴又会造成经营效率低下，使得企业亏损情况更为严重。这种恶性循环已经成为很多国家公共交通所面临的最为头疼的问题。

（2）合理地配置资源　运输业是国民经济中最重要的部门之一。优先发展交通运输业不仅成为各国政府的共识，事实上也是多数经济发达国家的成功经验。要发展运输业，没有政府的投资不行，没有扶植政策不行，但是运输业真正发展还要依靠企业的广泛参与。为了达到优先发展运输业的目标，政府的运输价格政策就不能过多地限制运输价格，因为这样会导致运输企业的亏损和资源配置的不合理，进而影响到整个运输业的发展。运输价格还是资源在各种不同的运输方式之间配置的重要信号。由于多数运输方式之间存在一定的竞争性和可替代性，因而错误的价格信号可能导致某种运输方式的过度发展或者过度萎缩。

（3）反对无序竞争和垄断　由于运输业具有固定投入大、投资报酬率低的特点，企业的倒闭和转向必然会导致社会资源的巨大浪费；同时，市场无序和不规范的竞争可能使消费者无法得到稳定和高质量的服务。因此，在市场出现价格战的情况下，政府往往加以干涉，使之趋于平息。造成运输垄断的原因主要是由于运输投资规模巨大，运输生产过程中潜藏着规模经济性等，加之有些运输部门如港口、机场、车站存在着地理位置的垄断，因而运输业者就有可能借机提高运输价格以实现其超额利润。政府为了防止这种状况出现，也会制定一定的运输价格政策对其进行控制，减轻垄断的危害。

2．政府对运输价格控制的主要方法

在市场经济较为发达的国家，政府一般不采用直接的方法来控制运输价格，而是通过“反不公平竞争法”“反垄断法”等一系列的法规对运输价格进行规范和调节。

（1）价格上限的确定　对可能形成的垄断或者缺少竞争的运输服务，为了防止垄断，政府一般都采取制定价格上限的方法。这种方法旨在防止出现过高的垄断利润。一般的价格上限是由政府通过对该行业进行测算，确定了企业平均生产成本和边际生产成本后再来决定的。从理论上讲，政府制定的价格上限应该处于垄断定价和平均成本定价这两种价格

之间。这样做一方面限制了运输企业产生过高的垄断利润，另一方面由于限价高于平均成本，因而不会造成运输企业亏损。

（2）价格的审批和报备　价格审批是指运输企业制定的运输价格在其实施之前须经政府主管部门审批。这样做同样是为了防止运输业垄断利润的产生。政府在审批过程中必须先为每一种运输服务找到一个合理的价格范围，只有这样才能起到价格审批的作用。否则，没有根据地批准或驳回企业价格计划，这样做具有很大的盲目性，同样会对运输市场产生冲击，根本无法从宏观上管理好运输价格。

价格的报备制度是一些国家（如中国、美国等）为了稳定某些运输市场（如班轮市场）而采取的一种价格管理办法。运输企业必须将其要实施的价格报其主管部门（如中国交通运输部、美国的联邦海事委员会）备案，并规定在一定时间里不得变更其价格，实行对运输价格的限制。

（3）制定计划运输价格　制定计划运输价格是指政府代替企业来确定价格细目，并由政府公布执行。这种方法在计划经济体制下曾经广泛采用。现行的铁路运输价格仍然采取政府定价的方式。另外，政府采购运输服务的价格也多为政府定价。

（四）政府对运输干预的方法

运输政策是一国经济政策的组成部分，是一国政府为实现一定时期的目标而制定的协调参与运输活动的各个经济主体利益关系的行为准则。作为国家宏观经济政策的一部分的运输政策，不仅具有合理配置运输资源的作用，而且还具有与国家的其他宏观经济政策一道影响和促进国民经济的产业合理布局以及其他宏观总量的协调发展的作用。政府对运输干预的方法主要有：

（1）税收和补贴　政府可以利用财政手段对运输业或某种运输方式进行鼓励和限制。具体说，就是增加或减少税收，给予或者取消补贴。这种税收和补贴不仅可以直接地施之于运输业本身，而且还可以施之于运输业投入要素的生产。例如，对钢铁生产征收较低的税费或者给予补贴就必然会降低船舶和汽车的制造（均使用大量钢材）成本，从而降低水路和公路的运输成本。

（2）直接投资建设运输基础设施和提供运输服务　中央和地方政府可以通过对运输基础设施的直接投资和对运输企业的拥有来建设运输基础设施和提供部分运输服务，采取国营的方式经营，如我国的铁路运输。

（3）制定有关运输法规　制定有关运输法规是政府实施运输政策的主要手段。通过有关法律和规章的实施来规划运输市场行为，控制运输公害，引导运输生产和消费。需要指出的是，一般运输法律与运输政策是有区别的。严格地讲，运输法律是由立法机关提出的，旨在规范运输行为，明确何种运输行为是受法律保护的，何种运输行为是受法律制裁的正式法律条文。而运输政策则强调作为政策组织和引导运输业的作用，通常有比较明确的目标。然而为了实施政府的有关运输政策，各国政府往往制定较多的规定、规章、规则来补充国家有关的运输法律并使其细则化。因为运输规章等与运输法律密不可分，所以可以将运输法规看成实施运输政策的工具。

（4）政府对运输服务的直接购买　由于政府往往是最大的运输服务的用户，因而政府可以通过对运输服务的直接购买来支持和倡导某种运输方式，或限制政府购买来限制和调节某种运输方式的使用。在我国，由于公有经济占经济成分的比重较高，因而这种购买就变得非常重要。

另外，政府会制定运输发展规划，引导运输业的发展。政府可以利用宣传来达到防止污染和减少交通事故发生的目的。政府还可以通过发放或吊销营业执照的方式来鼓励或限制某一运输方式的发展。直接进行有关运输技术和管理问题的研究，也是政府制定和实施运输政策的重要手段。

案例思考

铁路运价平均提高 1.5 分钱，增收 300 亿元

2013 年年底，据媒体报道，为促进铁路建设和运营健康可持续发展，国家发改委决定自 2014 年 2 月 15 日起适当调整铁路货物运价，国家铁路货物统一运价率平均每吨千米提高 1.5 分钱，即由之前的 13.01 分钱提高到 14.51 分钱，涨幅达 11.5%。铁路货物运价由政府定价改为政府指导价。国铁普通运营线以国家规定的统一运价为上限，铁路运输企业可以根据市场供求自主确定具体运价水平。

业内对于铁路货运提价有个算法，1 分钱的货运提价可为铁路运输部门带来超 200 亿元的新增收入。据此推算，提价 1.5 分钱可为中国铁路总公司新增 300 亿元收入。考虑到铁路货运需求仍相对较旺盛，未来还有提价可能。

据统计，2013 年年底铁路债余额为 8 810 亿元，年增 300 亿元对铁路债务危机的解决仍是杯水车薪。尽管这次提价并不能从根本上解决资金难题，但能给中国铁路总公司带来部分实质性的营收提升，减轻公司的偿债压力。

11.5%的涨幅对某些依赖铁路运输重要原材料的企业影响比较大。还有一些需要运输钢材和大量货物的企业，因为它们的运量大，而且只能大量地依靠铁路运输，因此提价高给这些企业的盈利和生产带来一定的影响。

点评：由于铁路总公司债务沉重，并面临着巨额基建投资，铁路货运提价被看成是铁路基建融资的一大渠道。提价是手段不是目的，只有全面深入的改革才能真正解决铁路资金危机。

思考题

1. 什么是宏观调控？简述国家对交通运输宏观调控的措施。
2. 简述制定运输规划的指导思想和原则。
3. 运输基础设施建设的经济特点有哪些？
4. 为什么要对公路运输市场进行管理？
5. 运输政策的职能有哪些？
6. 政府一般采取哪些手段来干预运输业的发展？

第十章
国际运输市场

【学习目标】

掌握国际运输的主要方式及其特征；
了解国际运输市场的特征和交易方式；
了解国际运输市场的发展；
掌握国际运输市场的价格和汇率机制，及其对运价和运费收入的影响。

【导读案例】上海航运交易所 2015/2016 年集装箱水运形势报告

2015 年国际市场

集运需求增速回落。受全球经济增速回落影响，集运需求增速出现回落。据克拉克森 2015 年 12 月的预测报告，2015 年全球集装箱运输量增速约为 2.5%，同比下跌 2.9 个百分点。其中：远东—欧洲、泛太平洋航线运输需求受地区经济走势影响而出现分化，预计集装箱运量分别为 2 180 万 TEU、2 270 万 TEU，同比分别下跌 1.8%、上升 2.3%；亚洲区域内集装箱运量将达到 4 940 万 TEU，增速为 3.1%。

大船运力持续增长。据克拉克森统计，截至 2016 年 1 月初，全球集装箱船舶运力规模达 1 973.5 万 TEU，同比增长 8.1%。其中，大型及超大型船运力继续保持高速增长，8 000～1.2 万 TEU 型船运力规模达 478.8 万 TEU，1.2 万 TEU 及以上型船运力规模达 345.7 万 TEU，同比分别增长 16.9%和 28.3%。8 000TEU 及以上型船占集装箱船舶总运力规模的比重为 41.8%，同比上升 4.6 个百分点。

2015 年，闲置运力规模呈先抑后扬走势。上半年，闲置运力规模在运力基数不断上升的背景下仍保持相对低位。进入下半年，随着运输需求增长显现颓势，包括东西向主干航线在内的多数航线供需关系开始逐步恶化，班轮公司采取持续性的运力收缩措施。至2015年年底，闲置运力占总运力比重回升至6.8%，较2015年2月份低位上升6个百分点。

问题与思考：如何看待国际运输市场的国际化？国际运输市场的供给、需求及供求关系由哪些因素决定？

第一节　国际运输方式

一、国际运输

1．国际运输的概念和特性

国际运输是指在不同国家和地区之间所进行的运输，包括旅客运输和货物运输。由于国家的划分特征，国际运输主要是跨越海洋的运输。因而在国际运输中，货物运输主要以船舶运输为主，辅以少量铁路和公路运输；而旅客运输则以航空运输为主，辅以少量铁路和公路运输。

国际运输的特性：

1）线路长、环节多。国际运输的运输里程长，要经历漫长的海运或长时间的飞行。绝大多数国际运输都要经历国内与国际运输的转换及多次装卸换装，运输环节多，因而国际运输所耗用的时间较多。

2）所遭遇的环境较为恶劣，货运风险较大。长距离的国际海运和航空飞行，使得运输过程常会遭遇恶劣的海况和气候，也容易造成货物的损害。而国际运输特别是海运的特殊风险承担制度，使得货物损失的多数风险要由货方承担，货运运输风险较大。

3）受到多重的管理和管制。国际运输不断出入各国口岸，各国口岸管理的制度不仅差别甚大，而且手续烦琐，甚至还要遭遇壁垒和限制。

4）面对不同的文化和语言。跨越不同国家的国际运输行为，自然要使用各国语言和文字，了解并尊重各国的文化和风俗习惯。语言的差别对国际运输造成了巨大的沟通、管理和控制困难，国际交往中还会因为语言文字造成错误和误解。

5）运输行为需遵从不同的法律制度。在不同国家所进行的国际运输行为，需要遵守相关国家的法律和制度。甚至可以说，一个运输过程需要符合多个国家的法规，使得运输复杂性大大提高，也隐含着法律方面的风险。

6）直接面对全球的竞争。国际运输中的海上运输和航空运输可以说都是在全球竞争中进行，世界各国的航运公司和航空公司都参与竞争。而在相邻两国的公路和铁路运输，也是两国运输企业直接竞争的领域。

7）使用不同的货币，承受的汇率风险较大。国际运输的收费和运输中的费用支付需要使用不同的货币，存在着汇率变动的风险。

2．国际运输的作用

在现代社会中，人们已经充分认识到国际运输在经济、社会发展中的重要作用，各国都在为发展本国的国际运输能力不断增大投入，采取各种方式提高本国国际运输的竞争力。

（1）国际运输是国际交往的基础，是国际贸易的条件　国际间的人员往来、物品传递都需要国际运输的支持。国际运输从产生之日起就是为国际贸易服务的，换言之，因为有了国际运输的条件，才可以开展国际贸易。国际贸易被许多国家称为海外贸易，显然它与船舶和海运是不可分离的。现代国际运输的发展，已极大改变了国际贸易的格局和流向，带来国际贸易的巨量增长。

（2）国际运输是国际服务贸易的重要组成部分　国际服务贸易是通过对外国或外国人提供劳务并获得外汇收入的行为。国际服务贸易已发展成为国际经济的重要组成部分。其总量已达到国际经济活动的 1/3。国际运输本身就是国际服务贸易的组成部分。国际服务贸易还包括与交通运输有关的辅助性、支持性服务，如运输工具维修、供应、支持服务，船舶引航、拖航，场站服务、运输代理、仓储、理货等。通过提供国际运输服务使得运输企业获得国际收入，为国家获得外汇收入，对本国货物的国际运输使得外汇支出减少。发展一国的国际运输，就是在发展该国的服务贸易。

（3）国际运输本身的发展也代表着生产力的发展　国际运输系统的运输工具、港口、机场、铁路线和车辆本身就是生产力发展的表现。超大型、高速度的运输工具，高效率装卸的港口、机场，四通八达的铁路线和高速公路，不仅是高投入的产品，而且是高科技充分运用的结果。船舶、飞机、汽车的制造，港口、机场、道路的建设，不仅其本身就是经济发展的成果，而且因此带动着巨量的相关投入和经济产出。可以说，使人员和货物空间移动的规模和能力，以及用什么手段和什么速度进行这种移动，已成为一个国家发达水平的重要标志和文明水平的体现。

（4）国际运输对国际经济的发展和各国的发展起到重要的促进作用　因为有了国际运输才有国际贸易，才能将本国丰富的产品在国际市场上销售，才能够进口本国不足的原料和产品，满足本国生产的发展。在便利的国际运输条件下，甚至于产品的生产过程都可以在全球进行分散布局的生产，充分利用各国各地区的各种优势资源和要素。国际经济的发展，离不开国际运输的发展。近几十年来的船舶大型化、集装箱运输使得国际运输成本大幅降低，是这些年来以外向型经济发展为特征的全球经济发展的核心动力，并带来了国际经济一体化的发展趋势。

（5）国际运输是国防建设的重要组成部分　国际运输不仅能提供民用服务，同时也能为军事和国防服务。现代航海和航空的发展，可以说都带有国防和国际军事需要的痕迹。多数军事强国都把民用商船队作为本国的第二海军力量；普遍存在的军民两用机场，更是为了达到某种军事目的。

二、国际运输方式的分类

（一）海洋运输

地球表面约 70%被海洋覆盖，使得被海洋分割的七大洲之间具有便利的海运条件。在国际货物运输中，最广泛的是海洋运输。海洋运输也称为国际航运或远洋运输、国际水路运输，是由船舶、港口、航线组成的完整的运输体系。船舶是海洋运输的核心，因此海洋运输也称为船舶运输。港口是船舶装卸货物的场所，是连接陆运和海运的枢纽。航线则是通过海域或其他水域将港口相连接的船舶航行线路，航线由天然水域和人工航道组成，必须具有足够的水深才能保证船舶航行。目前，海运量在国际货物运输总量中占90%以上。国际集装箱运输的普遍采用，加快了航运的节奏，使得运输速度大大提高。

1．我国国际海上运输的状况

根据《2015年交通运输行业发展统计公报》，2015年底，全国拥有水上运输船舶16.59万艘、净载重量27 244.29万吨。其中内河运输船舶15.25万艘、净载重量12 494.01万吨；沿海运输船舶10 721艘，净载重量6 857.99万吨；远洋运输船舶2 689艘，净载重量7 892.29万吨。

2015年，远洋运输完成货运量7.47亿吨、货物周转量54 236.09亿吨千米。全国港口完成外贸货物吞吐量36.64亿吨，比2014年增长2.0%。其中，沿海港口完成33.01亿吨，内河港口完成3.63亿吨，分别增长1.0%和12.2%。

2016年2月18日，中国远洋海运集团有限公司在上海正式成立。集团资产规模超过6 100亿元，成为世界上综合运输能力第一的航运企业，拥有各类船舶1 114艘，综合运力8 532万载重吨。其中，干散货自有船队运力、油轮运力和杂货特种船队运力均是世界第一。集装箱船队规模居世界第四，集装箱码头吞吐量居世界第二。

截至2016年9月，我国备案的国际船舶代理企业约2 169家，比2015年增加180家。2016年9月23日，我国取得无船承运人（NVOCC）经营资格的企业有5 468家。

2．世界主要航线

（1）太平洋航线　远东—北美、加勒比、南美西海岸航线；远东—东南亚、澳大利亚、新西兰航线；澳大利亚、新西兰—北美航线。

（2）大西洋航线　西北欧—北美东海岸、加勒比航线；北美东海岸—地中海；西北欧、地中海—南美东海岸航线；西北欧、北美东海岸—好望角航线；南美东海岸—好望角航线。

（3）印度洋航线　东南亚—波斯湾—苏伊士运河航线；东南亚—好望角航线；澳大利亚、新西兰—好望角航线。

（二）铁路运输

在国际货物运输中，铁路运输是仅次于海洋运输的主要货物运输方式，是我国与东亚、中亚、北亚、东欧以至西欧各国重要的国际货物运输方式。

1．主要国际铁路线路

1）西伯利亚铁路。起自俄罗斯首都莫斯科，终到符拉迪沃斯托克，西联欧洲，东联中国。

2）欧洲铁路网。欧洲已经形成了覆盖欧洲大陆、联通英国的铁路网。

3）北美横贯东西铁路线。贯穿北美大陆，形成北美大陆桥。

4）西亚—欧洲铁路线。从中国经由哈萨克斯坦往俄罗斯，进入欧洲铁路。

5）我国与相邻国家的铁路线：中越、中哈、中朝、中蒙、中俄铁路线。

2．我国国际铁路货物运输的作用

1）有利于发展同欧亚各国的贸易。通过铁路把欧亚大陆连成一片，为发展我国与中近东和欧洲各国的贸易提供了有利的条件。

2）有利于内地开展同港澳地区的贸易，并通过香港进行转口贸易。铁路运输是我国内地与香港地区开展贸易的一种重要的运输方式。随着内地对香港出口的不断扩大，其运输量逐年增加，并可利用香港港口、机场的国际运输进行转口贸易。

3）利用欧亚大陆桥运输发展内地（西部）经济。我国目前开办的新欧亚大陆桥的铁路，对发展我国与中亚及欧洲各国的贸易提供了便利的运输条件，对西部地区的经济发展起到强大的带动作用。而横跨大陆的陆桥运输，大大缩短了亚欧运输的距离和时间。

（三）航空运输

航空运输是一种现代化的运输方式，虽然起步较晚，但发展异常迅速。航空运输在国际运输中的作用表现为：

1）航空运输的便捷性和快速性，使得航空运输成为国际旅客运输的主要运输方式。

2）使进出口货物能够抢行市，卖出好价钱，增强商品的竞争能力，对国际贸易的发展起到了很大的推动作用。

3）有利于开辟远距离的市场和内地市场。

4）可以利用航空来运输像计算机、精密仪器等价值高的商品，能快速适应市场的变化，可以利用速度快、商品周转快等优点弥补运费高的缺陷。

5）航空运输是国际多式联运的重要组成部分，与其他运输方式配合，使各种运输方式各显其长，相得益彰。

（四）国际公路运输

国际公路运输在国际运输中具有以下作用：

1）直接进行跨国运输。国际贸易的货物借助汽车等运载工具，沿着公路做跨及两个或两个以上国家或地区的运输，直接进行门到门运输。

2）其他运输方式的衔接。国际公路运输是车站、港口和机场集散国际贸易货物的重要手段，也承担着国际多式联运的首尾段运输，同时其也是大陆桥运输的一种重要方式。

（五）国际管道运输

国际管道运输是指在不同国家通过相连接的管道进行气体、液体和浆体运输的一种方式，如石油或天然气、淡水运输，有些国家也开展煤浆管道运输。

我国主要的国际管道有：中哈原油管道、中俄油气管道、中亚西气东送管道、中缅天然气管道、中朝原油管道等。

三、国际多式联运

国际多式联运是指多式联运经营人把船舶、铁路、公路、航空运输等各种传统的单一运输方式有机地结合起来，组成一种国际间连贯运输的运输组织方式，一次性地向客户提供服务。

多式联运经营人按照国际多式联运合同，以至少两种不同的运输方式，将货物从一国境内接管货物的地点运至另一国境内指定的交付货物的地点。

国际多式联运具有以下特点：

1）必须具有一份多式联运合同。该运输合同是对多式联运经营人或者承运人与托运人之间权利、义务、责任与豁免的合同关系和运输性质的确定，也是区别多式联运与一般货物运输方式的主要依据。

2）必须使用一份全程多式联运单证。该单证应满足不同运输方式的需要，并按单一运费率计收全程运费。

3）必须是至少两种不同运输方式的连续运输。

4）必须是国际间的货物运输。这不仅是区别于国内货物运输，而且还涉及国际运输法规的适用问题。

5）必须由一个多式联运经营人对货物运输的全程负责。该多式联运经营人不仅是订立多式联运合同的当事人，也是多式联运单证的签发人。当然，在多式联运经营人履行多式联运合同所规定的运输责任的同时，可将全部或部分运输委托他人（分承运人）完成，并订立分运合同。但分运合同的承运人与原托运人之间不存在任何合同关系。

由此可见，国际多式联运是由多式联运经营人对托运人签订一个运输合同，统一组织全程运输，实行运输全程一次托运、一单到底、一次收费、统一理赔和全程负责。它是一种以方便托运人和货主为目的的先进的货物运输组织形式。

第二节　国际运输市场及其供求分析

一、国际运输市场概念

国际运输市场是指国际运输供给和需求交易的场所。这种交易既包括具体的供给与需求的交易，还包括反映市场状况、调节供求关系、确定市场均衡价格、引导资源流动、进行市场干预的完整的市场功能所涉及的条件、活动和机构等。国际运输市场是由各个独立的、相互之间基本缺乏直接联系的各种运输分市场具体活动所构成的混合概念。它由各种具体的运输方式市场、各货种交易市场、地区交易市场、有形的和无形的交易市场共同组成。

国际运输市场涉及比国内运输市场更加广泛的关系，涉及世界各国的各种主体的参与，市场的资源在国际间流动，涉及国际关系甚至于国家利益的冲突。构成国际市场的主要要素为货运市场、运输工具市场以及参与运输市场活动的各种机构和组织。

货运市场是以解决贸易物资的国际运输而形成的货物要素的集中，是运输市场的需求方。货物按照种类的不同，可以分为贸易产品的普通杂货、生产原料的干散货、能源的石油煤炭、农产品的粮食谷物等。随着世界经济和国际贸易的发展、国际经济联系的密切化和国际经济一体化的发展，货物运输需求不断增长。

运输工具市场则是运输市场的供给方，在运输市场中提供运输能力。国际运输最主要的是国际船舶运输，还有国际铁路运输、国际航空运输、国际公路运输和管道运输。而各种运输方式也形成相对独立的运输工具市场。由于国际运输具有特殊性且运输管理需要较高标准，并要求符合各国（国际公约）所限定的最低标准，为了能够在国际上具有竞争力，因而需要有较高的技术状态和管理水平。运输工具市场同时还是运输工具本身交易的市场，在该市场中进行船舶、飞机、汽车等的交易。

在国际运输市场中有众多的各种机构，如交易所、经纪人，以及相关的法律、商务、保险、金融等服务机构，还有代表各个国家的管理机构和国际组织等。

国际运输市场的政府干预则体现为世界各国政府干预的总和，各国政府通过其管辖的资源和在管辖权范围内进行局部的直接干预，进而影响到国际运输市场，或者通过国际组织制定国际运输公约进行直接的干预，如防污染公约、安全公约等。

二、国际运输市场的需求

国际运输市场的需求是指包括国际贸易产品、国际生产物资、国际旅行人员和行李在内的对运输的需要。

1. 国际运输市场的需求的种类

（1）国际运输物资　国际运输物资可按不同标准进行分类：

国际运输物资从物资种类上可以分为农产品、矿产品、工业品三类。其中：农产品分为动物、动物产品、植物、植物产品；矿产品分为金属矿、非金属矿、石油；工业品分为化工产品、塑料和橡胶、金属、纸制品、纺织品、机电产品。

依货物的经济性质不同，国际运输物资可以分为国际贸易商品、国际加工材料、国际援助物资、行李和邮件，其中国际贸易商品占有较大的数量。近几十年来随着跨国公司的发展，国际加工的发展使得加工材料运输量的增长幅度较大。

（2）国际运输主要货种

1）石油　石油已成为现代社会核心的能源，各国对石油的需求量越来越大。大多数国家都不具有石油矿藏，如日本、韩国、地中海各国等，完全依赖进口；而美国、中国虽然有一定的石油产量，但还需要大量进口补充。主要石油出口国家和地区为中东波斯湾各国、俄罗斯、英国、西非和北非、加勒比海地区。2014 年原油海运量同比增幅 2.25%，达 21.37 亿吨；成品油海运量同比增幅 3.35%，为 9.88 亿吨。

2）铁矿石　铁矿石是钢铁工业的“粮食”，铁矿石的分布和各国铁矿石的质量的不同，是铁矿石国际运输的诱因。最大的铁矿石进口国为中国，日本、美国等国都是主要铁矿石进口国。主要铁矿石出口国为澳大利亚、巴西、印度等。

3）煤炭　煤炭仍然是人类使用的最为重要的能源之一，主要分为用于发电的电煤和炼钢的焦煤。2012 年煤炭海上运量超 10 亿吨，主要进口国家和地区为日本、韩国、西欧、地中海地区等。煤炭主要出口国为澳大利亚、南非、印度尼西亚、美国、哥伦比亚、俄罗斯、加拿大等。

4）粮食　国际气候的多变对粮食生产有着严重的影响，各国粮食产量常常多变，往往需要通过购买国外粮食进行调节。一些国家具有优良的气候条件，较为适合粮食生产，成为主要的粮食出口国，主要粮食出口国为美国、加拿大、澳大利亚、阿根廷。粮食主要进口国家和地区为日本、中东地区、欧洲，有些国家常常因具体年度气候条件不同，成为短期的进口国，如中国。

5）集装箱货物　集装箱运输是自 20 世纪 50 年代开始于铁路、公路的运输方式。由于集装箱运输具有多方面的优越性，使得集装箱运输在海上货物运输中得以大规模发展，基本上形成了件杂类货物集装箱化的格局，这些货物主要是各种产成品，如机电产品、服装、食品、工业材料、日用杂货等。集装箱已成为班轮运输的主要对象，班轮运输也成为集装箱运输的代名词。集装箱运输的流向主要发生在工业化国家之间、工业化国家与初步工业化的发展中国家之间，如东亚至北美、北美至欧洲、东亚至欧洲之间。

6）钢铁和商品汽车　钢铁作为现代工业的基础材料，随着各国经济的发展，消费量不断增大。主要的钢铁出口国家为中国、日本、俄罗斯、巴西、美国、英国等。多数的发展中国家需要进口钢铁。目前，商品汽车仍然还是工业化国家的主要出口产品，也是工业化国家之间贸易和运输的主要货物。

（3）国际旅客运输　国际旅客运输可以划分为商务旅客运输和旅游旅客运输。

商务旅客运输是指为了公务或者商业活动而进行的国际旅行，与国际政治、经济与贸易活动的活跃程度相关，商务旅客运输往往以经济较为发达地区之间运输为主，并且具有往复性。

旅游则是休闲的活动，与旅游业的发展和世界政局的稳定密切相关，人们在经济条件较好时愿意更多地进行旅游活动。旅游旅客运输往往具有明显的集中和分散的特征，以及游客向旅游区运输并返回的运输过程；旅游旅客运输还具有明显的季节性和峰谷特征，以及假日前期和假日后期的反向性。

2. 国际运输需求的特征

（1）大批量　2014 年国际海运的总量达到 98.42 亿吨，其中油气 28.26 亿吨、散货 31.12 亿吨、干货 39.03 亿吨。国际资源分布的特性决定了大宗货物运输成为国际运输的主要对象，占总海运量的 60%，大宗货物的大批量性代表着国际运输的典型特征。

（2）恒向性　国际资源的固定分布、粮食生产和加工工业的基本布局均较为稳定，国际物资消费的分布也大都固定，因而国际运输的流向整体上较为稳定。

（3）周期性变化　随着国际经济的周期性波动，国际运输也呈现相应的周期性变化现象，运输需求的周期性波动极为明显。同时，伴随各地节庆的旺季和淡季，运输需求的变化明显。

（4）突变性　由于国际各种矛盾的影响，国际间时常会发生区域性政局不稳或冲突，个别国家突发性的经济危机，选举政策的影响，都会使得国际运输需求产生短期的大幅波动。

三、国际运输市场供给

（一）国际运输的供给量

国际运输供给来源于国际运输工具的发展，在国际货物运输中最重要的供给是船舶运输，船舶运输约占国际运输的90%，其次为铁路运输和管道运输。而旅客运输主要由航空运输承担。

海运的供给由船舶数量和船舶载重量来表示，现今船舶的数量不断增长，单船的载重吨位不断加大，船舶的种类随着专业化的发展显现出多元化的特点。

铁路运输的供给量则是根据铁路线的通过能力来确定。铁路线的状态对供给量也有较大的影响，单线运输供给量较小，复线运输供给量大量增加，电气化线路因为速度提高而增加供给能力。

航空运输供给能力则是以飞机的数量为依据，由于飞机的飞行速度快，因而飞机的周转次数及飞行次数对运输供给也有极大的影响。

（二）国际运输供给的特点

1）国际运输市场的不完全竞争性。国际运输市场具有较大的垄断性，世界各国对国际运输企业均实行反托拉斯豁免，并不限制国际运输企业的垄断行为。而国际运输企业通过跨国联合经营或跨国兼并，大大加强其实力和规模，形成垄断能力。国际铁路运输实行国有国营的单一经营模式，2008年以前班轮运输中普遍存在的班轮公会更是当时国际航运垄断的代表。

2）国际运输受各国政府的直接干预程度高。国际铁路运输往往采取国有国营的方式经营，由政府进行直接控制。国际海运为各国争相鼓励发展的行业，大多数国家采取金融、税收优惠政策，甚至以补贴等方式进行鼓励，并对外国船舶运输实施限制和设置障碍，以保护本国的运输。航空运输的航线经营权、班轮航线审批权等更使得政府能对国际运输直接进行干预。

3）国际运输受自然和社会因素的直接影响大。由于各国对国际运输开放口岸的限制，当某个或某些口岸受到自然或政治因素影响时，港口或车站、机场出现堵塞，将会大量积压运输能力，使运输供给量减少。

4）国际运输总供给量的短期确定性。国际铁路、跨国公路建设的长周期性、船舶建造的时间较长和计划性，使得国际运输供给的增长较为稳定。而正在运输的船舶、铁路受限于周转速度，其最大供给量在短期是确定的，并不会因运输需求的增长而瞬间增加。

5）国际运输供给的替代性较小。对于大多数国际运输来说，因运输条件和运价承受能力的限定，往往只有一种运输方式，并且不容易被其他运输方式替代。只有在少数国家和地区之间，具有铁路和海运条件时，会发生一定的替代。例如，中国到欧洲的运输，可以完全采用海运，也可以经铁路运输，或采用空运。

6）国际运输供给的价格弹性较小。国际运输供给的有限性和不完全竞争性使得运输供给的价格弹性较小，当市场价格发生变动时，市场的运输供给量并不会发生很大的变化。相反，当供给量发生少量变化时，价格弹性发生较大的变化。

四、主要国际运输交易市场

海运交易市场又称为租船市场，是需求船舶和运输的承租人和提供船舶和运力的出租人协商、洽谈租船业务，进行海运交易的场所。国际海运交易市场通过在市场中活动的众多经纪人，为世界各地的国际海上运输需求方和船舶经营人提供交易服务。交易市场有设立集中场所的有形市场；也有不设立集中场所的市场，经纪人通过通信工具撮合交易。在国际上最为集中的交易市场是伦敦市场和纽约市场。

伦敦市场是历史最为悠久的海运交易市场，具有专门的场所和组织（波罗的海海运交易所，The Baltic Mercantile and Shipping Exchange)，交易所提供租船交易、船舶买卖交易、大宗货物交易以及航空租机业务服务。

纽约市场在第二次世界大战后逐渐发展成全球性市场，该市场没有专门的场所，租船业务主要由经纪人通过通信联系进行，主要进行大宗货物运输租船交易，如石油、煤炭、粮食等的运输。

此外还有众多的区域交易市场，主要促进区域性海运交易服务，如位于东京、香港、奥斯陆、汉堡、鹿特丹等地的区域交易市场。由于各市场的背景和形成的历史原因不同，往往具有较为明显的特征。有些市场主要由船舶所有人活动，如奥斯陆、汉堡、鹿特丹市场；有些市场则集中大量的货主，如东京市场。

五、国际航运市场的发展趋势和反垄断

国际航运是在国际市场机制下满足国际贸易对海上运输需求的一种活动，是国际运输市场最典型的代表。近年来，全球贸易一体化进程的加快、世界贸易量的不断增长，促使全球航运业在市场机制调整下迅猛发展，以更好地适应市场需求。国际航运发展在保护和管制中呈现以下趋势：

1．全球航运一体化趋势的确立

跨国生产及贸易活动的规模，对全球贸易运输活动产生了巨大的影响。与跨国公司建立良好的合作关系，已成为全球各大班轮公司的一项极其重要的工作。为此，世界各大班轮公司纷纷扩大航线经营范围。全球经济一体化极大地推动了全球航运一体化进程，标志着全球承运人时代已经到来。

2．班轮公司联营趋势不可阻挡

班轮公司为了做到既降低成本、减少经营风险，又能提供适应市场需求的规模运输，纷纷采取联盟、合营、兼并等形式，以更好地开展全球化的集装箱班轮运输。21 世纪初国际上前 20 位的班轮公司中，15 家班轮公司参与了相关联营体。应该看到，这一时期各大班轮公司进行的合作与联盟，多数是采取统一规划航线，达到有效扩大联盟成员业务范围、增强竞争实力、降低经营成本的目的；然而，各联盟成员在运价和附加费方面并没有采取一致行动，其运价反映的仍然是联盟成员各自的运价政策。全球航运联盟还随着国际航运形势的变化而进一步调整和整合，并形成对国际航运市场公平竞争和稳定发展起到更大作用的全球航运新体系。

全球航运联盟不仅在海上运输方面进行了十分有效的合作，而且通过相互间在运输技术、计算机网络和管理方面的相互沟通和学习，特别是通过签订相互间陆上网络系统的合作与开发，进一步完善了全球多式联运网络，提高了多式联运效率。

3. 国际航运业反垄断豁免权之争

关于反垄断豁免的限制争论是全球航运自由化浪潮的一部分，未来几年可能对班轮公司的政策环境产生影响，使竞争更加激烈。承运人的反垄断豁免问题，曾经是制定 1998 年美国航运改革法的过程中讨论的焦点内容之一。1998 年，在经过艰难的谈判之后，美国国会决定不取消承运人的反垄断豁免权，但在保留这种权利的同时，首次允许托运人和承运人签订秘密合同，从而达成妥协。此举强烈地削弱了班轮联盟的统一性，法案公布后，诸如太平洋西行运价协定、亚洲北美东西运价协定等运价联盟纷纷解体，市场运作已由货主联盟和承运人公会两大集体间的谈判改为货主和承运人签订秘密合同。

世界经济合作与发展组织（OECD）有关部门拟取消承运人之间成立的任何运价制定组织的反垄断豁免，这一问题在 2000 年 5 月巴黎举行的海运政策改革讨论会上进行讨论。后来包括中国香港在内的新兴经济体，在日本与 OECD 海事委员会举行会议，就促进海运领域的自由化和公平竞争达成了广泛的不具约束力的原则共识。除了 OECD 外，一些国家（如加拿大、澳大利亚和日本）和组织（如欧盟），正在重新审视它们的竞争政策。对于不公平贸易行为，各国政府态度鲜明，纷纷加强了微观竞争的市场监督和处罚力度。欧盟委员会曾于 1998 年 9 月 16 日对泛大西洋运费协议（TACA）的 15 名成员处以 2.73 亿欧洲货币单位的罚款，原因是这些大型船公司在大西洋航线上采取共同制定运费、加价和涉及“垄断”的行为，这是该委员会有史以来裁定的最大一笔罚款金额。随后，2000 年 3 月欧盟委员会又开始调查 1999 年 9 月欧洲出口美国航线上的承运人是否非法联手收取设备调运附加费。2006 年，欧盟颁布了旨在取消班轮公会反垄断豁免权的第 1419/2006 号条例，于 2008 年 10 月 18 日起正式取消了班轮公会反垄断豁免权，但继续保留联营体和战略联盟的反垄断豁免权。我国 2002 年的《国际海运条例》仅要求涉及中国港口的班轮公会协议、运营协议、运价协议等，应当自协议订立之日起 15 日内将协议副本向国务院交通主管部门备案。

虽然美国反对改变现状的力量很强大，但随着时间的变化可能会削弱。由于美国主要班轮公司已被外国公司收购，它们的影响力已经减弱。今后，有可能出现部分取消豁免权，同时保留联营协定的豁免权。从发展来看，国际航运市场自由化的呼声日益高涨。托运人要求运费的制定遵循市场自由竞争的原则，国际航运业反垄断豁免权正在受到各方面的挑战。各国政府和国际组织也在研究进一步建立合法制度，以确保远洋运输在自由市场经济的框架下更好地发展，同时保证托运人和贸易方的利益。

第三节 国际运输价格与汇率

国际运输的运费往往需要采用外国货币计费和支付，因而必然涉及国际货币交换和费率的问题。

一、外汇和汇率

（一）外汇与汇率的主要术语

外汇是指外国货币，或者外国货币的索取权，如在外国的支付承诺和存款等。作为外汇需具有两个条件：一是本国货币表示；二是可以兑换。根据兑换的自由度不同，分为自由外汇和记账外汇。主要的自由外汇有美元、欧元、日元、英镑、加拿大元、港币等。

汇率也称为“汇价”，是指一国货币单位同他国货币单位的兑换比率。外汇汇率有直接标价法、间接标价法和美元标价法。

直接标价法又称为付出报价，是以 1 单位或者 100 单位外国货币，折算成一定数额的本国货币的标价方式。例如，1 美元=6.934 2 元人民币。

间接标价法又称为收进报价，是以 1 单位或 100 单位本国货币为标准，折算为一定数额的外国货币。纽约、伦敦外汇市场采用间接标价法，如英国伦敦外汇市场“1 英镑=1.609 8 美元”。

美元标价法，在国际间进行外汇交易时，银行之间通常以本币与美元的汇率进行报价，而不直接用两国汇率报价。

在外汇买卖时，银行卖出外汇的价格称为银行卖价，银行买进的价格称为银行买价。卖价高于买价，两者之间一般有 1‰至 5‰的差额。将卖出价与买入价进行平均，就得到中间价。中间价是衡量一国货币价值的重要指标，但不是实际交易价格。

（二）外汇的升值与贬值

本币升值是指用本国货币所表示的外币数额减少了（下跌了）。例如，1 美元兑 6.2 元人民币，下降到 1 美元兑 6.1 元人民币，表示人民币升值了，相应地，则说明美元贬值。相似的，在汇率价格上，日元比美元更值钱时，日元升值而美元贬值。

如果汇率是因为货币市场的供求关系的变化所引起的升值或贬值，则称为灵活或者浮动汇率制；由政府确定汇率及其升值或者贬值的汇率称为固定汇率制。政府对汇率的变动采取间接影响措施称为干预。

在买卖成交后于当天或者次日办理交割的汇率指的是即期汇率。通过签署买卖外汇合同，预约在未来一定时期进行交割所使用的预定汇率则是远期汇率。远期汇率是在即期汇率的基础上加减一定的差额（即远期差价）所形成的。

$$远期汇率=即期汇率\pm远期差价$$

远期差价用升水、贴水、平价来表示。升水表示远期汇率比即期汇率贵；反之为贴水。平价则为两者相等。

除了直接采用两种货币比较反应货币的升值和贬值外，还有采用指数的方式综合表示一种货币的升跌走势，如：美元指数（US Dollar Index&reg，USDX），是综合反映美元在国际外汇市场的汇率情况的指标，用来衡量美元对一篮子货币的汇率变化程度，来衡量美元的强弱程度。2017 年 1 月，美元指数达到 103.8 点的历史高位。

（三）汇率的决定

1. 汇率决定理论

（1）购买力平价理论　虽然说汇率是货币的比价，但一国的货币具有在货币使用国购买一定商品的能力，即货币具有价值的表示能力。在两国购买相同商品的价值是相同的，那么相同商品用两国货币所表示的金额之间的关系就是该两种货币的汇率。也就是说两国货币的购买力之比决定了两国货币的交换比率。这就是绝对购买力平价说。当然其中的商品选择必须具有广泛的代表性，俗称为一篮子商品。

$$R_0=P_a/P_b$$

式中 P_a、P_b——分别表示两国各自的物价水平；

R_0——汇率。

如果一国或者两国的商品价格出现波动，则自然要造成汇率的变动。那么，根据两国物价的变动关系确定新汇率的方法就称为相对购买力平价说。

$$R'=GP_a/GP_b \cdot R_0$$

式中 GP_a、GP_b——分别表示两国各自的物价水平的变动率（通货膨胀率）；

R'——新汇率。

（2）外国对本国货币的需求 外国对本国货币的需求包括需要购买本国产品，要在本国进行投资，或者仅因为本国货币具有较高的利率收益或预计会升值而持有等。外国需求的增加，自然要以外币进行交换，呈现出本币需求增加，外币供给也在增加的局面，最终使本币升值，外币贬值。如图 10-1 所示，当本币供给曲线 S 保持不变，外国对本币的需求曲线由 D_0 上升到 D_1，则汇率由 R_0 上升到 R_1。

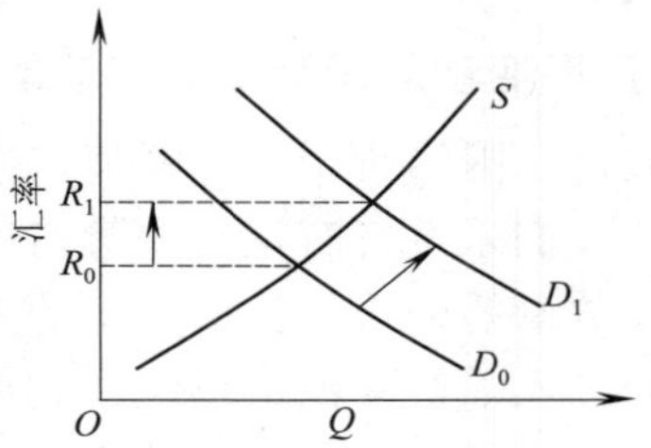

图 10-1 对本币的需求使得汇率上升

2. 影响汇率的因素

影响汇率的主要因素是对国际货币的需求，此外还包括人们的心理判断和预测、金融资产的增值和保值、政治、投机行为以及干预行为等。具体有以下因素：

（1）国际收支 国际收支对汇率有直接的影响。国际收支顺差引起外国对本国货币需求的增加，引起本币升值、汇率上升；国际收支逆差引起本国对外汇的需求，形成本币输出，本币供给增加，从而本币贬值、汇率下降。

（2）通货膨胀 通货膨胀直接造成本国商品价格的上升，自然使本币贬值，汇率下降。

（3）实际利率 实际利率的高低直接影响着金融资产的收益，高利率的货币被作为持有的对象，造成升值。利率降低，持有人抛售该货币，导致汇率下降。

（4）经济增长率 经济增长一般会带来商品需求强劲，投资增加，外向型经济的出口增长等现象。对外国的商品需求增加会使得汇率下降，外国在本国的投资增加和出口增长会使得汇率上升。因而经济增长与汇率的关系需要分析具体情况。

（5）财政收支 对于外向型的经济体而言，财政盈余会使得本币坚挺，财政赤字往往使得本币贬值。

（6）外汇储备 一个国家具有充足的外汇储备，使得该国具有较强的汇率干预能力，特别是维持汇率的能力。

（四）汇率变动对经济活动的影响

1. 汇率变动对进出口的影响

本国汇率下跌，货币贬值，则相同单位的本国货币所兑换的外国货币减少，所能购买的外国产品减少，使得进口减少；但外国所能购买的本国商品增加，出口产品数量增长。反之，货币升值，能换取更多的外国货币，购买更多外国商品，使进口增加；但外国人对本国产品的购买量减少，出口减少。

2. 汇率变动对服务贸易的影响

汇率变动导致的本国货币贬值使得相对的物价比外国便宜，促进外国人到本国消费，促进旅游和其他服务消费，但会减少在本国的以本币支付工资的劳务活动和服务贸易，而有利于本国人到外国的劳务活动和服务贸易。而在货币升值时，对外服务贸易及交通运输服务会减少。

3. 汇率变动对国际资本流动的影响

如果说一国的货币趋于贬值，则人们会放弃该货币，使得资本外流。当预计到本币会升值时，人们乐意持有该货币等待升值以获得利益，大量资本流入。但在货币已实际贬值后，同样数量的外币能换取更多的本币，此时是到该国进行投资的最佳时机，也会促进长期资本的进入。在外汇市场上，利用汇率的波动进行投机是国际金融的重要活动。而对于资本输出国来说，保持较高的汇率是使资本获得更多利益的重要手段。

4. 汇率变动对国内经济的影响

一国货币贬值后，使得出口增长、进口减少，该国的生产就会扩大，提高就业，促进经济发展。但如果一国已达到充分就业，则只会引起物价上升，经济并无发展。同时，货币贬值后，吸引外资的流入、国际收支改善，会使得国内利率总水平降低，最终物价还是会上升。因而说货币贬值对一国而言只会带来短期的利益，长期而言却会因为大众对汇率的不信任和别国采取的汇率报复，带来更大的损失。

二、国际运输运费与汇率

1. 国际运输运费与汇率风险

由本国运输经营人提供的国际运输的运费是国际运输服务的收入。当使用外汇收费时，也是国家的外汇收入之一。由于国际上普遍采用浮动汇率制，在运费定价和收费期间自然受到汇率变动的直接影响，从而形成汇率风险。

（1）以本币计费的运费与汇率　以本币计费从收费方面来说不受汇率变动的影响，可以确保收费的安全。但是国际运输要延伸到国外，甚至于完全在国外进行，则运输成本和费用的支出需要使用外汇。当本币贬值或者所用于支付成本的外汇升值时，实际上造成了运输成本增加，使得收益减少。当本币升值或者外币贬值时，用外汇支付的运输成本和费用支出减少，收益增加。

（2）以外币计费的运费与汇率　以外币计费的运费则不受运输成本所要支付的外汇汇

率的影响，但在本币升值时，所收取的运费外汇兑本币时收益减少；本币贬值时，则获得额外的收益。

（3）到付运费与汇率　到付运费或者结算运费等属于远期付款，承运人需承受外汇汇率下跌的风险。当外汇汇率在收费时低于交易时的汇率时，即外币贬值时，承运人的本币实际收入会减少从而造成损失。当收费时外币升值，则承运人获得本币实际收入增加。

（4）外汇买卖风险　如果承运人将所获得的外汇收入卖给银行后，当其支付运输成本需要从银行购买外汇时，就将遇到银行的买卖差价损失。若所要购买的外汇不是卖给银行的外汇，而两种外汇的变动方向相反，如卖出的外汇升值，所要买入的外汇贬值，损失则更大。

2．汇率风险的防范

（1）经营多样化　国际汇率的升值和贬值是相对的变化，一种货币升值，则必然是另一种货币贬值。在多种经营或者多方向经营时，获得多种外汇收入和需要相应地支出多种外汇，则汇率变动的影响会相互抵消，减轻不利影响。在多方向运输经营时，还可以对有不利的汇率变动的业务进行控制或暂停，加强汇率有利变动的经营。

（2）货币选择　只采用本币收费和本币支出是消除汇率风险的最彻底的方法，或者变相地仅以一种外币为收支货币。但在国际运输中要做到这一点比较困难。选用外币时遵循“收硬付软”的原则：收取汇率稳定趋升的货币，即所谓“硬”币；支付汇率趋降的货币，即所谓“软”币。

（3）改变和调整收汇和付汇时间　在汇率最高时收进外汇，在汇率最低时付出。虽然说运输费用收付时机不具有太大的调整空间，但通过与外汇储蓄账户的结合，可以适当地控制风险。

（4）利用外汇交易市场转移汇率风险　在外汇市场上进行套期保值、外汇期货交易等操作，抵消风险。

三、国际运输与国际收支

1．国际收支

国际收支是指一国在一定的时期内，对外国的全部经济交往所引起的对外货币收支的综合状况，即一定时期内一国居民与外国居民的经济交易的系统记录。对外货币交易包括金融资产、商品、劳务的交易。国际运输所引起的外国货币的收入和支出也直接构成了国际收支的组成部分。国际收支统计最终反映了一个国家在国际经济活动中的状况，即顺差还是逆差、一国外汇储备的变动情况。

国际收支集中反映在国际收支平衡表中。国际收支平衡表采取会计复式簿记原理编制。国际收支平衡表的组成项目有经常项目、资本项目和平衡项目。

（1）经常项目　也称为经常账户。它包括货物贸易、劳务收支、转移收支三部分。

（2）资本项目　也称为资本和金融账户。它包括长期资本的贷款和投资、国际资本流动的短期资本。

（3）平衡项目　也称为结算项目，是为调节经常项目与资本项目借贷余额，使国际收支平衡表保持平衡而设置的，主要记录官方储备的增减、分配的特别提款权以及因统计误差带来的错误与遗漏。

2．国际收支的顺差和逆差

在国际收支平衡表中，经常项目和资本项目的收支（借贷）不相等时，就是国际收支不平衡。如果贷方大于借方，即总收入大于总支出，则国际收支顺差，或者说国际收支有盈余。如果借方大于贷方，即总支出大于总收入，则国际收支逆差，或者说国际收支有赤字。当国际收支顺差，即有盈余时，会有黄金或者外汇流入，使官方储备增加；当国际收支逆差，即有赤字时，会有黄金或者外汇流出，储备减少。一般认为，顺差时国际收支状况良好；逆差时国际收支恶化，会耗用国家的外汇储备。但是大量的顺差也并非好事，将会大量增加外汇储备，增加本国货币的投放量，产生通货膨胀的压力，同时还因为外国对本国货币需求的增加使得汇率上升。

而对于各项目和子项来说，也存在着局部的收支不平衡和顺差、逆差。例如，运输项目顺差，则表示本国对外提供了较多的运输服务，反之，则为国内厂商大量接受外国运输服务。

3．国际收支的调节政策

（1）调整进出口　在有国际收支赤字时，鼓励出口、限制进口，鼓励货物进出口由本国船队进行运输。在国际收支盈余巨大时，增加进口，适当控制出口。

（2）调整利率　利率可以直接影响国际短期资本的流动。在国际收支赤字时，通过调高外汇存款利率，吸引外汇流入；反之，盈余时，通过降低外汇存款利率，使外汇流出。

（3）调整汇率　一般来说，货币贬值，可以增加出口，改善国际收支。

（4）开展国际合作　通过鼓励对外投资、开展对外贷款等方式缓解顺差。利用国际借贷或吸引国际投资改善逆差状态。

4．国际运输直接带来外汇收入

国际运输服务本身就可以获得外汇收入，或者本国厂商采用本国运输，减少外汇支出。

国际运输所引起的外汇收支表现在国际收支平衡表的经常项目中的劳务收支子项。当本国运输企业对外提供运输服务时，获得外汇收入，使得国际收支顺差增加（或逆差减少）；当本国进出口企业向外国运输企业支付外汇运输费用时，则使得国际收支逆差增加（或顺差减少）。

思考题

1．国际运输有什么特点和作用？国际运输有哪些方式？
2．国际运输的需求来自于哪些方面？有什么类型？
3．国际运输供给有什么特点？
4．什么是外汇？汇率有哪些表示方式？汇率如何确定？
5．哪些因素影响汇率？
6．国际运输有哪些汇率风险？如何防止汇率变动对运费收入的影响？
7．人民币汇率上升对我国经济会产生什么样的影响？

第十一章 国际运输与服务贸易

【学习目标】

理解服务的概念，了解服务贸易的分类，掌握服务贸易的四种提供方式，了解服务贸易的发展规律；

理解交通运输服务贸易的特征，了解主要的国际运输公约；

理解运输服务贸易壁垒的存在形式，熟悉市场准入和国民待遇原则；

了解 WTO 的宗旨和职能、运输服务相关规定及各国承诺。

【导读案例】服务贸易及中国服务贸易进出口情况

商务部、国家统计局发布了新修订的《国际服务贸易统计制度》。此次修订是结合近两年我国服务贸易发展的实际情况和特点，对 2012 年 8 月印发的《国际服务贸易统计制度》进行的修订，以建立符合国际规范的服务贸易统计体系，科学、有效地开展服务贸易统计工作，促进服务贸易的健康发展。

中国的服务贸易统计主要包括服务进出口统计、外国附属机构服务贸易统计和自然人移动统计三个方面。

改革开放以来，我国服务贸易以年均 17.7%的速度增长，大大高于世界服务贸易年均 8.4%的增长速度。1982 年，我国服务贸易进出口额只有 44 亿美元，居世界第 34 位，占世界服务贸易进出口额的比重仅为 0.6%；2000 年，我国服务贸易进出口额扩大到 660 亿美元，居世界第 11 位；金融危机的 2009 年，虽然我国服务贸易进出口额出现下降，但占世界的比重却上升到 4.5%，居世界第 4 位，2012 年首次进入前三位，2014 年上升至第二位。

2015 年，我国服务进出口总额达 7 130 亿美元，比 2014 年增长 14.6%，占对外贸易总额（货物和服务进出口之和）的比重为 15.4%。其中，服务出口 2 882 亿美元，增长 9.2%；服务进口 4 248 亿美元，增长 18.6%。服务进出口逆差 1 366 亿美元。

2015 年，我国高附加值服务出口规模进一步扩大，服务出口结构继续优化。电信、计算机和信息服务出口 270 亿美元，同比增长 25%；专业管理和咨询服务出口 291 亿美元，同比增长 13.6%；广告服务、文化和娱乐服务、知识产权使用费出口增幅分别达 37.1%、43.9%、64.9%。我国正处于经济增长方式转变和产业结构调整的进程之中，服务贸易具有知识含量高、资本和技术密集、资源消耗少等特点，其比重的提升将有力促进我国外贸结构优化。

2015 年我国服务进出口总额继续保持世界第二，其中服务出口居第五位，服务进口居第二位，占世界服务进出口额比重为 7.7%。2015 年世界服务进出口总额 92 450 亿美元，进出口规模前五位国家为：美国、中国、英国、德国、法国；出口规模前五位国家为：美国、英国、德国、法国、中国。（根据资料整编）

问题与思考：什么是服务贸易？哪些属于服务贸易？服务贸易与一般贸易有什么不同？对我国服务贸易的发展你有什么想法？

第一节　服务贸易与运输服务贸易

一、服务的概念与特征

1. 服务的概念

服务是人们在交往过程中为满足他人的某种需要和意愿而进行的一种涉及无形因素的活动。把服务与商品在经济学含义上等同起来，形成一种独立的社会分工和专业化劳动，是随着商品生产与交换的发展和社会生活方式的进步才逐渐确立的。从纯商品延伸到纯服务可分为四种变化类型：

1）纯有形商品，如香皂、牙膏等由消费者自行使用的产品，没有附带服务。

2）附带服务的有形商品，利用服务来吸引招徕顾客，如计算机、特种设备销售服务。

3）附带少部分商品成分的服务行为，如医疗、餐饮。

4）纯服务，如家政服务、旅游、心理咨询、法律咨询、文化艺术、运输等。

2. 服务的特征

1）服务的生产与消费同时进行，服务提供者与消费者的不可分离性。

2）服务一旦被生产出来之后，不可能把它储存起来等待消费者，而是立即被消费掉。

3）服务属于非实物形态的经济物品，具有无形性。

4）服务产品在提供服务的质量上存在差异，或者说具有可伸缩性和异质性。

二、服务贸易的形式

国际服务贸易是指不同国家之间所发生的服务买卖与交易活动。服务的提供国称为服务的出口国，服务的消费国称为服务的进口国，各国的服务出口额之和构成国际服务贸易额。

1995年1月1日正式生效的《服务贸易总协定》(General Agreement on Trade in Services，简称 GATS）是迄今为止第一套有关服务贸易的具有法律效力的多边规则，为世界各国开展别具特色的服务贸易提供了所需的法律基础和行为准则。《服务贸易总协定》所确定的国际服务贸易的提供方式有以下四种：

（1）跨境交付（Cross-Border Supply） 指从一成员方境内向另一成员方境内提供服务，即服务的提供者与消费者在各成员方境内并不需要移动而实现的服务贸易。例如，通过电信、邮政、计算机网络实现的视、听、金融、信息咨询等服务。

（2）境外消费（Consumption Abroad） 指在一成员方境内向另一成员方的服务消费者提供服务，即消费者到境外去享用境外服务提供者的服务。例如，为外国游客提供旅游服务，在国内为国外病人提供医疗服务，接受外国留学生等。

（3）商业存在（Commercial Presence） 指一成员方的服务提供者，在另一成员方境内通过商业存在的方式提供服务。商业存在既可以是在一成员方境内组建、收购或维持一个法人实体，也可以是创建、维持一个分支机构或代表处。例如，一成员方的银行或保险公司到另一成员方境内开设分行或分公司，提供金融、保险服务等。一般认为，商业存在是四种服务贸易提供方式中最为重要的方式。

（4）自然人流动（Movement of Natural Persons） 指一成员方的服务提供者在另一成员方境内通过自然人存在提供服务。例如：某先生是甲国的律师，他来到乙国后，没有设立自己的律师事务所，而直接提供法律咨询服务；一国的艺术家到另一国从事表演服务；建筑设计与工程承包中的服务人员输出等。

世界贸易组织根据《服务贸易总协定》的规定，按照一般国家标准（GNS）分类法，将服务贸易分为12大类150个服务项目。这12个大类依次是：商业服务，通信服务，建筑及有关工程服务，销售服务，教育服务，环境服务，金融服务，健康及社会服务，旅游及相关服务，文化及体育服务，运输服务，上述以外的服务。服务贸易的内容十分丰富，而且随着科技进步和国际分工的深化发展，服务贸易还将涵盖越来越多的新领域。

三、世界服务贸易的发展趋势

1. 服务贸易的快速发展

无论是伴随商品贸易的服务还是独立的服务，其占国际经济活动的比重不断增长，是当前经济全球化新的显著特征，依然是未来国际经济活动的重要内容。促进服务贸易发展主要动因：①经济的开放合作是当代国际社会的国际主旋律。②生产的国际化带动了服务的国际化。跨国公司在全球范围内组织生产活动，也需要获得全球化的贸易、金融、通信、运输等服务，许多生产性服务业向国外扩张。③以 IT 为主导的高新技术在世界服务业中的应用，从而更大程度地带动了服务的发展。

2. 世界服务贸易结构调整，新兴服务贸易快速增长

20 世纪 80 年代以来，知识经济的发展使得世界服务贸易的结构发生了很大的变化，

服务贸易结构日益向知识技术密集型方向转变。全球信息技术的不断发展、互联网的普及，增强了服务活动及其过程的可贸易性，通信、计算机和信息服务、会计、咨询、电商网购等新兴服务行业不断扩张。世界服务贸易将逐渐由以自然资源或劳动密集型为基础的传统服务贸易，转向以知识技术密集型为基础的现代服务贸易。

3. 服务外包成为推动全球经济增长的重要力量

20 世纪 90 年代以来，便捷的信息服务、各国的人力资源差异和国际分工的发展，使得离岸服务外包得到快速发展。服务外包离岸外移及与其相伴的服务贸易全球化，已成为推动全球经济增长的重要力量之一，促进了各国的发展。

四、运输服务贸易的概念与分类

1. 运输服务贸易的概念

从狭义上说，运输服务贸易是指以运输服务为交易对象的服务贸易活动，即运输一方为另一方提供运输服务，以实现货物和人员在空间上的转移。

伴随着现代运输业的发展，运输服务贸易的内涵和外延也得到了相当大的拓展。从广义上理解，运输服务贸易已不仅仅局限于人员或货物在一定空间内转移的服务，还应包括许多与该服务有关的辅助性、支持性服务，它们对人员或货物的转移来说是至关重要的。例如，港口服务贸易、船舶租赁服务贸易、飞机修理与维护服务贸易、火车牵引服务贸易等。

2. 运输服务贸易的分类

按照世界贸易组织各成员国较为普遍采用的一般国家标准分类法（GNS 分类法），运输服务贸易被列入国际服务贸易的第十一大类，其包括 9 小类 33 个服务项目。GNS 分类法对运输服务贸易分类如下：

运输服务：

A 海运服务

116. 客运

117. 货运

118. 包船

119. 船舶维修

120. 船舶牵引服务

121. 船舶的支持服务

B 内河航运

122. 客运

123. 货运

124. 包船

125. 船舶维修

126. 船舶牵引服务

127. 内河航运的支持服务

C 空运服务

128．客运

129．货运

130．包机

131．飞机维修

132．空运的支持服务

D 外层空间运输

E 铁路运输服务

133．客运

134．货运

135．牵引服务

136．铁路运输设备维修

137．铁路运输的支持服务

F 公路运输服务

138．客运

139．货运

140．包车

141．公路运输设备维修

142．公路运输的支持服务

G 管道运输

143．燃料运输

144．其他物质运输

H 所有运输方式的辅助性服务

145．理货

146．仓储服务

147．货运代理服务

148．其他

I 其他服务

五、运输服务贸易的特征

运输服务贸易同其他各种类型的服务贸易一样，也具有异质性、不对等性、无形性、增值性、超前性、开放性等特征。同时，运输服务贸易作为一个独立的服务部门，也有其自身的特征：

1）在运输服务贸易中，服务提供者需要有大量的运输设备投入，运输的对象既可以是商品，也可以是旅客。

2）运输服务贸易的可替代性较强，可以有公路、铁路、水路、航空、管道等多种运输方式可供选择。

3）运输服务贸易的活动空间十分广阔，它在陆地、海洋、地上、地下甚至外层空间中都可进行。

4）运输服务贸易与商品贸易有着极为密切的关系，可以说，现代运输服务贸易主要是为商品贸易服务的。

5）在运输服务贸易中，中介人或代理人的活动非常活跃。仅就海运服务而言，就包括船舶代理、货运代理、运输代理、票务代理等服务。

6）运输服务必然需要跨境交付。

六、运输服务贸易的产生

运输是随着商品的生产和商品的交换而产生、发展的，没有运输（即货物的位移），要进行商品的交换几乎是不可能的。在国际货物贸易中，进出口商品在空间上流通范围更为广阔，货物运输更是不可缺少的环节。商品成交后，通过运输，按照约定的时间、地点和交货条件把商品交给对方或者代理人，国际货物贸易的全过程才最后完成。

随着商品生产的不断发展和商品交换范围的日益扩大，运输业也得到了相应的发展，而运输业的发展变化为开拓越来越远的市场提供了可能。这是因为随着运输业的发展，加快了货物流转速度，增加了货物的运载量，缩短了货物流转时间，节省了货物流通费用，扩大了各国对外贸易商品的流通量，从而大力推动了国际货物贸易的发展。可以说，运输服务贸易就是伴随着国际货物贸易的产生、发展而逐渐形成并壮大起来的。

国际人员流动需要国际旅客运输条件的支持，目前主要以航空运输为主，辅以少量的海上运输和铁路运输。随着国际交流的密切、国际旅游业的发展，旅客运输在不断增长。2015 年全球航空旅客运输量达到 35 亿人次。

第二节　运输服务贸易壁垒与运输自由化

一、运输服务贸易壁垒

服务贸易壁垒是指一国政府对外国服务生产者或提供者的服务提供或销售所设置的有障碍作用的政策措施，即凡直接或间接地使外国服务生产者或提供者增加生产或销售成本的政策措施，都有可能被外国服务厂商认为属于贸易壁垒。

服务贸易壁垒可分为关税壁垒和非关税壁垒两大类。关税壁垒是指通过征收关税，提高外国服务者的成本，降低其竞争力，限制外国服务产品的流入；非关税壁垒采取除关税以外的各种办法，对外国来的服务进行调节、管理和控制的一切政策与手段，其目的就是试图在一定程度上限制进口，以免对本国服务业构成威胁。由于服务的无形性，服务贸易往往可以绕过海关流入或流出，因此，各国政府主要采取非关税措施，即以政府制定或实施的各种行业管制的形式限制或制约服务贸易。

服务贸易壁垒，尤其是非关税壁垒，其数目和种类之多似乎在检验人类的各种想象力和创造性。据统计，截止到 20 世纪 80 年代初，各国就已经设计出了 2 000 多种贸易壁垒形式，用于保护本国的银行、通信、保险公司、运输公司、数据处理结构和其他服务部门。下面以美国为例，介绍海运服务贸易壁垒的主要表现形式。

1．沿海运输权

多年来，国际法一直承认每个国家把本国的沿海贸易运输保留给本国的无上权力，在实践中许多国家也都确实是将沿海运输权保留给本国，但是没有一个国家像美国那样对这一规定实行得如此坚决和彻底。

美国沿海运输权是受美国法律严格保护的。根据美国沿海运输法的规定，只有美国建造且入美国籍的船舶才可以承运美国的沿海贸易货物，包括东西海岸之间的运输。早在第一个船籍登记法通过的 1889～1921 年间，就只有其国内建造的船舶才能享受入籍本国并从事沿海运输的权益。在外国建造的商船被禁止参与沿海贸易运输这一条款，至今还一直保留在美国沿海运输法中，只是在第一次世界大战期间才有中断，这主要是因为在战争期间美国的商船几乎全部参与了战时的运输服务，美国国会才允许外国商船从事美国沿海货物运输。第一次世界大战结束后，美国立即重新恢复了沿海运输权的法律效力，并在《1920 年航运法》第 27 部分重申沿海运输权立法，这就是著名的《琼斯法案》。

在有关沿海运输权方面，《琼斯法案》对美国沿海客货运输做了如下规定：禁止悬挂外国国旗的船舶从事国内港口间的运输；美国籍船舶的船员必须是美国人；船舶必须为美国建造、在美国登记并为美国人所拥有。同时，该法的第三部分把沿海航行的范围延伸到美国的本土和占领地区。

2．货载保留

货载保留就是国家通过各种法规及双边协议，为本国船舶保留承运一定比例的对外贸易货物或保留承运外贸货物的优先权。多数国家都采取 4:4:2 的货载保留政策，即与别国订立的货载保留协议中，两国间的货物运输由本国船舶运输的各占 40%，剩余 20%可以由第三国船舶运输。

美国是最典型的货载保留国家。在通常情况下，美国政府对美国的各类外贸货物，均有一些相应的立法为美国籍船舶保留一定比例的货载或货载优先权。美国关于货载保留有诸多的法律，但最为重要的有《1904 年货载保留法》《1934 年第 17 号政府决议案》和《1954 年货载保留法》。这些关于货载保留的法律对美国籍船舶至关重要，在美国籍船舶运输的货物中有 40%的货物属于货载保留的配额。

3．税收优惠

税收优惠是世界上许多国家和地区对海运业进行补贴的一种主要方式，相当于政府给予海运业的无息贷款资助，而不是纯粹地直接提供资金补贴，直接补贴在当今往往会引起其他国家的反对。美国所提供的税收优惠主要有：

（1）资本准备金　该制度始于美国《1936 年海商法》。实施资本准备金（CRF）制度，船运经营人可以将一部分收入充作资本准备金，政府对该部分资金予以免税。设立 CRF 制度的目的在于确保经营人有计划地存入一笔定额的资金，以便于对船舶及设备的更新使用。这一制度一直持续到第二次世界大战时终止。

（2）资本建设基金　美国《1970 年海商法》在资本准备金的基础上，又修改设立了资本建设基金（CCF），并将其适用范围扩大到非补贴公司及在外国航线、五大湖和非邻接国内沿岸航线营运的船运公司。该基金可用于在美国内制造、登记的船舶。根据该法的规定，只要拥有或租得美国造及美国籍船舶并用于美国货运或捕鱼的美国公民，都可以建立这样的基金，这就使得美国船舶所有人可以最广泛地享受美国政府对航运业的税收优惠补贴。这种方法实际上是通过税收延期的方式给经营人以资助。

4．政府融资担保

美国 1938 年修改的《1936 年海商法》第 11 章，增补了为补贴船舶建造融资的政府融资保证计划的立法内容。1972 年该项计划被修改为融资担保。根据该项规定，美国的海运总署被授予担保义务，以便用以资助建造或改造船舶。规定凡在美国国内登记的船舶，政府均可提供 75%的造船保证金，不享受营运补贴的船舶则提供船价 87.5%的保证金。该项规定的目的是促进船舶建设和改建中的私人投资，而不是由政府直接投资。该项担保规定：船舶所有人必须是美国公民，而且船舶所有人或经营人必须具有经营船舶的必要资格，预期的计划在经济上应是合理的。

从经济角度分析，融资担保减少了贷款人的利息成本，因而也是政府对海运业的一种间接的财政援助。1993 年美国政府又进一步扩大了政府担保的贷款范围，扩大后的贷款范围适用于外国船舶所有人，即只要在美国船厂订造 5 000 总吨以上的出口船舶，都可以获得政府担保的造船贷款，其数额可达合同价的 87.5%，期限为 25 年以上。

许多国家的政府都在融资保证与出口信贷方面为海运业提供扶持与资助。

5．造船差额补贴

建造船舶的航运企业申请“给予造船差额补贴以资助建造用于美国外贸运输的新船”。造船差额补贴旨在使美国的航商在美国船厂订造的船舶与在国外船厂订造同类型的船舶所消耗的费用相等，亦即由政府向造船厂补贴国内外造船的差额。1970 年《海商法》未修订前，这样的补贴仅支付给购船的经营者或运输者。1970 年修改了《海商法》，将之扩展到可直接支付给造船厂商。造船差额补贴到 1989 年因美国政府财政状况恶化而停止。

6．营运差额补贴

营运差额补贴给予在美国主要对外贸易航线上经营的美国船东，旨在抵补美国船东经营此种主要航线时所支付的成本高于国外同行成本的差额。这种主要航线一般包括客运和货运班轮航线。1970 年修订了 1936 年的《海商法》，使散货船经营人也可享受此类补贴。确定营运差额时，主要考虑保险费、维护费、修理费、船员工资及其津贴。接受营运差额补贴的经营人必须保证每年提供不少于规定的航次，必须使用在美国建造且悬挂美国旗的商船，该商船又必须配备美国船员，补贴的主要项目是工资，往往占补贴总额的 80%以上。营运差额补贴政策到 1997 年终止，但它对美国航运业的发展确实起到推动作用，尤其对改善美国的几家大班轮公司的经营状况更起到重要作用。营运差额补贴终止后，美国政府代之以“海运安全方案”，对纳入“海运安全船队”的船舶继续实行每条船每年 210 万美元的补贴，为期 10 年。可以看出，美国无论何时都强调能随时拥有最好的为国家安全服务的商船队。

7．对受控承运人的控制与歧视

美国“受控承运人”规则是一个典型的“反保护规制政策”。反保护规制政策是发达航运国家现今流行的一种航运保护政策。这种航运保护政策一般具有不确定性，它是以“反保护”来推行保护，即以他国实行某一航运保护政策为前提，而对进入本国航运市场的享受前述航运保护主义政策的他国航运实施的一种制裁，以保护本国的航运业，即“为了反对他国航运企业享受航运保护政策而对本国航运企业进行保护”。

“受控承运人”原是冷战的产物，1972 年美国与苏联首脑在莫斯科会晤后，双方改善关系，并签署了海运协定，这样苏联的商船得以进入美国国际海运市场，但其低价位竞争揽货策略引起美国船运公司的不满，可是按照当时的美国法律，这一问题得不到很好的解决，于是就出现了《1978 年受控承运人法》。

按照《1984 年航运法》规定，受控承运人是指“其本身或者其营运资产是由其所悬挂国旗的国家政府直接拥有或控制的远洋公共承运人”。据此定义，如果某一受控承运人悬挂方便旗，则可避开受控承运人的地位。《1998 年航运改革法》则对受控承运人的定义进行了修改，把“所悬挂国旗的”删去，从而使受控承运人悬挂方便旗来规避其不利地位成为不可能。《1998 年航运改革法》增加了新的关于仲裁条款的规定，从而使受控承运人在仲裁时丧失了本国法律优先权。

各国的航运保护措施的经济学含义：①限制供给，市场不能实现完全竞争，市场供给减少，提高市场均衡价格；②补贴使得供给成本降低，促进供给的增加，厂商具有稳定的收益。

二、运输服务贸易自由化

国际服务贸易在世界经济领域占有日益重要的地位，甚至决定着世界经济的增长。服务贸易壁垒对其阻滞作用也日渐明显。消除贸易壁垒，实现服务贸易的自由化，受到了世界各国的普遍关注，《服务贸易总协定》应运而生。

运输服务贸易受到《服务贸易总协定》法律制度和原则的约束和调整。《服务贸易总协定》中有关自由化承诺的具体规定，主要是指市场准入和国民待遇两项内容。它们不是自动适用于各服务部门，而是要通过谈判由各成员方具体确定其适用的服务部门，各成员方有权决定在其承诺表中列入哪些服务部门，以及维持哪些条件和限制。协定将市场准入和国民待遇的概念划分开来，各成员方的承诺表为两者设定单独栏目，将能够开放的部门、分部门及给予国民待遇的资格、条件等分别列出。

1．市场准入

市场准入就是允许国外服务提供者进入本国市场的程度，它涉及贸易限制的各个方面。成员方可决定其给予其他成员方的服务和服务提供者市场准入的期限、限制和条件。在其承担市场准入义务的服务部门中，成员方不得采用和维持下列措施，除非在承诺表中列明：

1）数量限制，即采用数量配额、垄断和专营方式，或要求测定经济需求的方式，以限制服务提供者数量、服务交易或资产的总金额、服务的总产出量，以及某一服务部门或服务提供者为提供某一特定服务而需要雇用自然人的总数。

2）对法律实体形式的限制，即规定服务提供者需要提供特定的法人实体或合营企业才可提供服务。

3）对外资份额的限制，即对参股的外国资本限定最高股权比例或对个别的或累计的外国资本投资总额予以限制。

市场准入条款是《服务贸易总协定》最重要的条款，也是各成员方争论的焦点。各国在进行部门开放谈判时，应充分考虑到各国发展水平的不同和实际情况，本着“利益互惠”的原则来达成市场准入方面的具体承诺。

2．国民待遇

国民待遇是指成员方在其承诺表所列的服务部门中，根据表内所述的各种条件和资格，应给予其他成员方的服务和服务提供者以不低于其给予本国相同的服务和服务提供者的待遇。无论这些待遇在形式上是否相同，只要不造成对其他成员方服务提供者事实上的歧视，就不为违反该条款。反之，如果形式相同或不同的待遇改变了竞争条件，使其有利于国内服务和服务提供者，就被认为实施了歧视待遇而违背了该条款。

与货物贸易领域的国民待遇制度不同，服务贸易领域的国民待遇不是一般义务，而是一项特定义务，各成员方只在自己承诺开放的服务部门中给予外国服务和服务提供者以国民待遇。为了避免给发展中成员方的服务业造成巨大的冲击，各成员方应就在哪些部门或分部门以及在何种情况下使用国民待遇原则进行谈判。

第三节　WTO 与运输服务贸易

一、WTO 及其宗旨和职能

1．WTO 的宗旨

世界贸易组织（World Trade Organization，WTO）简称世贸组织。它是根据乌拉圭回合多边贸易谈判所达成的《建立世界贸易组织协定》于 1995 年 1 月 1 日建立的，取代了 1947 年的关税与贸易总协定，并按照乌拉圭回合多边贸易谈判所达成的一整套协定和协议的条款作为国际法律规则，对各成员之间在经济贸易关系方面的权利和义务进行监督、管理和履行的正式国际经济贸易组织。中国于 2001 年 12 月 11 日正式成为世界贸易组织成员。

在《建立世界贸易组织协定》序言部分，规定了 WTO 的宗旨：

1）提高各成员生活水平、确保充分就业、大幅度稳定地增加实际收入和有效需求。

2）扩大货物、服务的生产和贸易。

3）坚持走可持续发展之路，各成员应促进对世界资源的最优利用，保护和维持环境，并以符合不同经济发展水平下各成员需要和相符的方式，加强采取各种相应的措施。

4）积极努力以确保发展中国家成员，尤其是最不发达国家成员，在国际贸易增长中获得与其经济发展水平相应的份额和利益。

5）建立与发展一个完整的、更具有活力和永久性的多边贸易体系。

6）签订实质性减少关税和其他贸易壁垒的各种对等互利贸易协定。

7）维护世界多边贸易体系的基本原则，巩固多边贸易体系的基础。

2. WTO 的职能

根据《建立世界贸易组织协定》，WTO 的职能为：

1）监督和管理其统辖范围内的各项协定、协议的贯彻实施，并推动其各项宗旨的实现。

2）为各成员提供处理各协定、协议有关事务的谈判场所，并为 WTO 发动多边贸易谈判提供场所、谈判准备和框架草案。

3）解决各成员间发生的贸易争端，负责管理 WTO 争端解决协议。

4）按照有关贸易政策审议机制，对各成员的贸易政策、法规进行定期审评。

5）协调与国际货币基金组织（IMF）和世界银行（World Bank）等国际经济组织的关系，以保障全球经济决策的凝聚力和一致性，避免政策冲突。

二、WTO 海运服务贸易相关规定及各国承诺

1. WTO 海运服务贸易相关规定

国际海运服务贸易是国际服务贸易中的一个重要部门，随着乌拉圭回合多边协议的达成和世贸组织的建立，海运服务贸易也被纳入了世贸组织的多边体系中，受到《服务贸易总协定》法律制度和原则的约束和调整。

但是，由于各国的承诺有待进一步谈判确定以及美国和欧盟在海运法律和政策上的悬殊差异，《服务贸易总协定》并未在海运服务贸易方面达成协议。

尽管如此，海运服务贸易仍受《服务贸易总协定》总体框架和原则的调整，其主要内容包括：

1）成员方均享受任何一方给予另一方的优惠，除非有最惠国待遇豁免。但这种最惠国待遇条款范围很小，仅指服务贸易中的市场准入和国民待遇两方面的优惠待遇，且其并不扩大到协议外的待遇。

2）关于市场准入和国民待遇：市场准入和国民待遇仅是体现成员方在开放本国服务贸易市场的程度，任何一方都不承担给予其他成员方无条件市场准入和完全国民待遇的义务，而仅指在承诺中两方面给予其他国起码的待遇，并约束本国。

3）关于参加服务贸易协定的条件：现在没有一个标准来约束参加国必须在哪些方面给予哪些开放的起码条件。

4）关于《服务贸易总协定》条款与成员方立法冲突问题，一般参加方不会让自己的立法与协定有冲突，因为服务贸易协定的承诺是较低水平的，而且在承诺表中除各部门承诺外，在总的承诺表中，参加国可以通过本国法律的条件约束协定范围，如确有冲突，成员方应通过谈判要求对方给予某些承诺以回避国内立法冲突。

5）关于发达国家和发展中国家平衡问题，《服务贸易总协定》并不以对等为条件，也没有对成员方有起码限制，发展中国家开放程度可以与发达国家不同，可以通过互相谈判，达成协议。

2. 各成员方海运服务贸易相关承诺

WTO 主要成员方在海运服务贸易上的相关承诺，主要涉及国际海上运输、辅助服务、港口服务和其他等四个方面。多数成员方在国际海上运输中存在一定的商业限制：保留沿海运输权；在海运辅助服务方面不做承诺；在港口服务方面以需要合资为主。

3. 我国海运服务贸易的主要承诺

我国于 1990 年参与《关贸总协定》服务贸易谈判，为海运谈判组的正式成员，并且分别于 1991 年 7 月、1992 年 3 月和 1993 年的 9 月提交了海运部门承诺开价清单和最惠国待遇豁免清单，与 10 个国家进行了谈判。综合几年来的谈判情况，我国海运部门对外承诺可概述如下：

（1）海运　根据实际经济需要可通过合营形式建立海运公司，并根据需要开辟班轮运输航线；通过合营形式从事集装箱装卸和仓储业务；外国商船可在对外籍开放的港口从事国际货物运输；按照惯例和对等原则，允许外国轮船公司在我国境内开办独资或合资船务企业，为其自有船舶运输我国进出口物资而办理揽货、签单、结汇、签订业务合同等，但不得经营沿海运输和内河运输。

（2）港口设施　鼓励中外合资建设并经营公用码头泊位，允许合营企业经营装卸业务，经营货物堆存、拆装、包装以及相关的国内公路客货运输；允许中外合资企业租赁码头；允许外商独资建设货主专用码头和专用航道；外商投资开发经营成片土地时，可在地块范围内建设和经营专用港区和码头。

另外，根据我国的海运状况和我国海运企业在他国受到的限制和歧视待遇，我国向他国提出的主要要价包括：逐步取消货载保护措施，允许我国企业在他国从事正常合理的商务活动，平等对待国有企业和私营企业等。

三、WTO 空运服务贸易相关规定及各国承诺

1. WTO 空运服务贸易相关规定

在 WTO 多边贸易体系中，空运服务是一个非常独特的部门。《服务贸易总协定》在其空运服务贸易方面的规定中仅覆盖了整个空运服务的一小部分，而并未将空运服务的主体纳入其调整范围之内。《服务贸易总协定》有关空运服务的附件列明了该协定管辖范围的空运服务贸易：

1）飞机的维修与维护服务。

2）空运服务的销售与营销服务。

3）计算机订票系统（CRS）服务。

2. 各成员方空运服务贸易相关承诺

空运服务贸易的承诺内容包括飞机的维修与维护服务、空运服务的销售与营销服务、计算机订票系统（CRS）服务等项目。

飞机修理与维护服务方面，跨境交付完全承诺的有 15 个国家；境外消费完全承诺的有 31 个国家；商业存在完全承诺的有 23 个国家；自然人流动完全承诺的仅有 1 国，部分承诺的有 32 个国家。

在空运服务的销售与营销服务方面，跨境交付完全承诺的有 15 个国家；境外消费完全承诺的有 21 个国家；商业存在完全承诺的有 17 个国家；自然人流动完全承诺的仅有 1 国，部分承诺的有 20 个国家。

在 CRS 服务方面，跨境交付完全承诺的有 24 个国家；境外消费完全承诺的有 27 个国家；商业存在完全承诺的有 22 个国家；自然人流动完全承诺的仅有 1 国，部分承诺的有 26 个国家。

3. 我国空运服务贸易主要承诺

中国民航承诺开放飞机的维修与维护服务和计算机订票系统服务两个领域。中国民航对外具体承诺如下：

（1）关于飞机的维修与维护服务条款

1）承诺开放境外消费，即我国航空公司的飞机到外国飞机维修企业修理。

2）承诺开放商业存在，允许外国服务提供者在中国境内成立合资飞机维修企业提供维修服务。

3）承诺开放自然人流动，即我国的飞机维修企业可以雇用外国技术专家、经营管理人员。

（2）关于计算机订票系统服务条款

1）承诺开放跨境交付，即外国的计算机订票系统可通过与中国的网络订票系统联网，向中国的航空公司提供服务。

2）承诺开放境外消费，即在彼此成员方境内为他国的服务消费者（如航空公司），提供计算机订票系统服务。

3）承诺开放自然人流动，即可以雇用外国技术人员。

4）不允许商业存在，即外国不能到我国开公司设立该项服务。

四、WTO 铁路运输服务贸易相关规定及各国承诺

1. WTO 铁路运输服务贸易相关规定

各种类型的陆路货物运输有一个共同特点，就是都受《关贸总协定》中相关原则规定的调整，并已形成初步的法理框架：

1）影响产品的国内运输的法令、条例和规定不应用来对国内生产提供保护。

2）实施国内差别运输费用，应纯系基于运输工具的经济使用而与产品的国别无关。

3）按照最便于国际过境的路线通过每一缔约方的领土是一种自由，不应受到不必要的迟延或限制。

4）对过境运输所征收的费用及实施的条件、手续方面必须合理，不得有所歧视。

此外，铁路运输服务贸易还必须受《服务贸易总协定》总体框架和原则的约束和调整。前文已经就海运服务贸易方式做过分析，此处不再赘述。

2. 各成员方铁路运输服务贸易相关承诺

世界贸易组织将铁路运输服务贸易分为 5 个分支部门：旅客运输、货物运输、推送和牵引服务、铁路运输设备的维修和保养以及铁路运输支持服务。对铁路运输做出承诺的共

有 22 个成员方，其中欧盟作为一个成员方。各成员方的承诺情况见表 11-1。

表 11-1　WTO 各成员方铁路运输服务贸易承诺国家数量分析

市场准入（做出承诺的成员方数目）	跨境交付			境外消费			商业存在			自然人流动		
	完全	部分	无	完全	部分	无	完全	部分	无	完全	部分	无
铁路客运	4	1	5	10	0	0	2	7	1	2	8	0
铁路货运	4	1	5	9	0	1	2	6	1	1	9	0
推送和牵引服务	3	0	2	5	0	0	3	2	0	0	5	0
铁路运输设备的维修和保养	4	0	13	16	0	1	12	3	2	1	16	1
铁路运输支持服务	2	0	2	4	0	0	2	2	0	0	4	0

五、WTO 公路运输服务贸易相关规定及各国承诺

世界贸易组织将公路运输服务贸易分为 5 个分支部门：公路客运服务、公路货运服务、商业性车辆出租、公路运输设备维修和公路运输的支持性服务。关于公路运输服务贸易，各成员方的承诺公路客运服务的有 27 个国家，公路货运服务的有 24 个国家，商业性车辆出租的有 12 个国家，公路运输设备维修的有 23 个国家，公路运输的支持性服务仅有 5 个国家。

六、WTO 管道运输服务贸易相关规定及各国承诺

世界贸易组织将管道运输服务贸易分为 2 个分支部门：燃料运输及其他物质运输。通过管道运输的货物主要是能源产品。油气能源不可能或不便储存的特点，以及通过管道的运输和分销网络近乎准自然垄断的性质不同于其他货物，所以关于管道运输服务贸易的具体承诺很有限。只有澳大利亚、匈牙利、新西兰 3 个成员方对燃料的管道运输做出承诺。

思考题

1. 服务具有哪些特征？
2. 《服务贸易总协定》是如何对服务贸易的提供方式做出分类的？
3. 交通运输服务贸易具有哪些特征？
4. 交通运输服务贸易对国际经济产生了哪些重要的影响？
5. 主要的国际运输公约有哪些？
6. 怎样理解海运服务贸易壁垒的存在形式？对我国有哪些借鉴意义？
7. 针对运输自由化的要求，各国应如何遵循市场准入和国民待遇原则？
8. 简述 WTO 的宗旨和职能。
9. 我国在服务贸易谈判中对运输部门的开放做了哪些承诺？

参考文献

[1] 缪代文．微观经济学与宏观经济学[M]．6 版．北京：高等教育出版社，2017.

[2] 陈贻龙，邵振一．运输经济学[M]．北京：人民交通出版社，1999.

[3] 陈树文，刘金涛，王大刚，等．公共经济学[M]．2 版．大连：大连理工大学出版社，2011.

[4] 梁东黎．宏观经济学[M]．南京：南京大学出版社，2001.

[5] 梁小民．西方经济学教程[M]．北京：中国统计出版社，2001.

[6] 谢康．国际服务贸易[M]．广州：中山大学出版社，1998.

[7] 丁以中．交通运输网络规划[M]．大连：大连海事大学出版社，2000.

[8] 胡美芬，王义源．远洋运输业务[M]．4 版．北京：人民交通出版社，2006.

[9] 杨君昌．公共定价理论[M]．上海：上海财经大学出版社，2002.

[10] 约瑟夫 E 斯蒂格利茨卡尔 E 沃尔什．经济学[M]．黄险峰，张帆，译．4 版．北京：中国人民大学出版社，2013.

[11] 肯尼思•巴顿．运输经济学[M]．李晶，吕靖，贾晓惠，等译．北京：机械工业出版社，2012.

[12] 贾顺平．交通运输经济学[M]．3 版．北京：人民交通出版社，2019.

[13] 张丽娟．运输经济学[M]．北京：中国人民大学出版社，2015.

[14] 国家统计局统计科学研究所“交通运输业发展状况研究”课题组．我国交通运输业发展状况及延伸影响[J]．调研世界，2016（4）:3-7.

[15] 张启人．绿色：低碳经济科技纵横[M]．北京：经济科学出版社，2015.